城市与区域空间结构研究丛书
主编　吴殿廷

区域系统分析方法研究
REGION SYSTEM STUDY OF ANALYTICAL METHOD

吴殿廷　著

南京·2014

内容提要

本书利用简单、实用的方法，对区域结构、功能、效益、态势、运行机制等进行定量分析；通过对区域经济学、经济地理学和人文地理学几个经典模型进行改造，提出了多模型结合、定性与定量结合的研究方案；对我国城乡协调、区域协调及现代化进程等进行了定量评价；创新性地提出了区域可持续发展的时空耦合模型、区域发展与产业布局耦合模型、微分回归建模方法、社会经济系统加权建模方法、用断裂点理论进行区域划分的方法等。

本书适合以下人员参考或阅读：国内外从事区域发展研究、社会科学研究人员；各级政府综合部门的一般管理人员；区域经济学、经济地理学和人文地理学等相关领域的在校博士生、研究生和高年级本科生。

图书在版编目(CIP)数据

区域系统分析方法研究/吴殿廷著. —南京：东南大学出版社，2014.10（2024.8重印）

（城市与区域空间结构研究丛书/吴殿廷主编）

ISBN 978-7-5641-5157-7

Ⅰ.①区… Ⅱ.①吴… Ⅲ.①区域经济—分析方法—研究 Ⅳ.①F061.5-34

中国版本图书馆CIP数据核字(2014)第190781号

书　　名	区域系统分析方法研究
著　　者	吴殿廷
责任编辑	孙惠玉　徐步政　　编辑邮箱：894456253@qq.com
文字编辑	李　倩
出版发行	东南大学出版社
社　　址	南京市四牌楼2号　　邮　编：210096
网　　址	http://www.seupress.com
出 版 人	江建中
印　　刷	广东虎彩云印刷有限公司
排　　版	南京新翰博图文制作有限公司
开　　本	787mm×1092mm　1/16　印张：15.5　字数：349千
版 印 次	2014年10月第1版　2024年8月第2次印刷
书　　号	ISBN 978-7-5641-5157-7
定　　价	49.00元
经　　销	全国各地新华书店
发行热线	025-83790519　83791830

* 版权所有，侵权必究

* 凡购买东大版图书如有印装质量问题，请直接与营销部联系（电话：025-83791830）

总序

任何事物的发展都是在时空中展开的,当这个事物的体量很大时,其内部的分异就不容忽视。中国经济社会系统就是这样的事物,中国的很多省区、很多城市,也是这样的事物,而且还都处在快速分异、分化之中。所以,在中国,以研究空间结构为主的学科——地理学,在当前是最具生命力的学科,全世界还没有哪一个国家的地理学研究人员和高校招生规模可与中国媲美。

以北京师范大学为例,从改革开放初期的一个地理系,发展到目前的"三宫六院点点红"(地理学院、环境学院、资源学院、水科学研究院、防灾减灾研究院等),现有全职教师300多名,在岗教授100多名,每年招收博士生数以百计。当然,中国在这方面的研究水平还不高,与美国、德国、日本等发达国家相比还有很大差距。但凭借着人多势众的研究队伍和广泛的社会需要刺激,中国的空间结构研究必将在不远的将来站在世界的前沿,甚至引领世界此方面的发展。

空间结构是指在一定地域范围内不同要素的相对区位关系和分布形式,它是在地球表层系统长期发展过程中人类活动和区位选择的积累结果与空间表现形式,反映了人类活动的区位特点以及在地域空间中的相互关系。我们策划的《城市—区域统筹协调发展的中国模式研究丛书》,拟定出版和即将出版的专著近10部,其中4部著作近期出版。这些成果重在研究城乡之间、区域之间的统筹协调发展问题。按照中国人的思维习惯,先从宏观整体出发,然后逐渐深入到微观具体层面,本套丛书我们将视角放在城市和区域内部,以一线城市、部分二线城市和发达地区为主要研究对象,利用城市地理学、区域经济学等最新理论和GIS等现代手段,探索快速发展的城市和区域空间演变规律,旨在为正处在全面城镇化的国家决策和转型与跨越发展的区域决策提供支撑。

中国的空间结构研究从2005年开始进入爆发式发展时期。在中国知网上,以"区域空间结构"为主题进行检索,2000年可检索到文献7篇,2005年可检索到41篇,2010年可检索到86篇,2012年可检索到176篇;以"城市空间结构"为主题进行检索,2000年可检索到文献18篇,2005年可检索到203篇,2010年可检索到437篇,2012年更可检索到568篇!由此可见,空间结构研究契合了国内研究的热潮。我们将广泛吸收国内外同仁加盟,总结、探索推出具有中国特色的城市与区域空间结构研究系列成果,以推动中国城市与区域的可持续发展。

高瞻远瞩遥感者,博大精深地理人。科学发展纵横论,强邦富民要躬行。地理学以其独特的空间思维迎合了大国崛起的现实需要,成为当前最具价值的战略学科。我们为地理学迅速成长欢欣鼓舞的同时,也深感责任重于泰山。是为序,并与国内外同仁共勉。

本丛书的出版,得益于东南大学出版社的支持,尤其是徐步政老师、孙惠玉老师的帮助。在当今人们都热衷于追求经济利益的大背景下,他们却对学术著作出版热心扶持,其高尚之情怀令人感动。特借丛书出版之际,向东南大学出版社表示敬意和谢意。

吴殿廷

2013 年 5 月 25 日于北京师范大学

目录

总序

1 区域分析的基本原理和方法体系 /1
  1.1 系统分析和区域系统分析 /1
    1.1.1 系统分析 /1
    1.1.2 区域系统分析 /2
    1.1.3 区域系统定量分析 /4
  1.2 区域系统定量分析及其检验中的几个基本问题 /6
    1.2.1 定性分析与定量分析之间的关系 /6
    1.2.2 区域系统的构建 /7
    1.2.3 区域指标的量化 /8
    1.2.4 区域分析中的多模型、多方法结合 /10
  1.3 多模型选优原理及实例 /10
    1.3.1 影响碳排放强度的单因素分析 /11
    1.3.2 影响碳排放强度的多因素分析 /15
    1.3.3 碳排放强度与社会经济发展阶段之间的关系 /17
    1.3.4 结论和讨论 /19
  1.4 区域系统分析中的加权建模方法 /20
    1.4.1 社会经济研究中加权建模的必要性 /21
    1.4.2 加权建模的领域和方法 /21
    1.4.3 权重及其确定的方法 /25
    1.4.4 案例检验 /25
    1.4.5 结论与讨论 /27

2 区域系统结构分析 /29
  2.1 结构分析概述 /29
    2.1.1 区域系统结构分析的内容 /29
    2.1.2 区域系统结构分析方法 /30
  2.2 区域产业结构分析 /40
    2.2.1 产业结构高级化的定量描述 /40

        2.2.2 产业结构合理性的测定 /42
　2.3 区域差异分析 /44
        2.3.1 差异的产生和表现 /44
        2.3.2 区域差异的识别与描述 /51
        2.3.3 库兹涅茨比率的分解及其在我国地区差异分析中的应用 /54
　2.4 系统诊断技术 /59
        2.4.1 系统诊断技术概述 /59
        2.4.2 吉林省非金属开发中现存问题的诊断 /59
　2.5 主体功能区划分 /61
        2.5.1 主体功能区的基本内涵 /62
        2.5.2 主体功能区的特点 /62
        2.5.3 主体功能区的划分 /63
        2.5.4 辽宁主体功能区划分实践 /67
        2.5.5 结论和讨论 /69
　2.6 用突变理论进行地理区划的探索 /70
        2.6.1 对自然区划的重新认识 /70
        2.6.2 用突变理论指导自然区划的尝试 /72
        2.6.3 几点讨论 /73
　2.7 断裂点理论与城市经济区划分 /74
        2.7.1 断裂点理论模型 /74
        2.7.2 利用断裂点模型对东北城市经济区进行划分 /79
　2.8 区域合作潜力评价模型——以金砖国家农业合作为例 /84
        2.8.1 金砖国家农业合作的基础条件分析 /85
        2.8.2 金砖国家农业合作潜力评价的思路与方法 /89
        2.8.3 农业合作潜力评价结果 /91
        2.8.4 结论和讨论 /96

3　区域系统功能效益的比较和评价 /99
　3.1 比较和评价概述 /99
        3.1.1 区域经济的比较与评价 /99
        3.1.2 区域经济综合评价方法 /103
　3.2 主成分分析法及其在多指标综合评价中的应用 /108
        3.2.1 主成分分析法概述 /108
        3.2.2 主成分分析法的计算步骤 /108
        3.2.3 主成分分析法用于多指标综合评价中应该注意的问题 /110
　3.3 中国宏观经济特征的国际评价 /111
        3.3.1 导言 /111

        3.3.2 产值和产量 /112
        3.3.3 速度与效益 /113
        3.3.4 水平与结构 /114
        3.3.5 结论和讨论 /117
    3.4 城乡协调发展评价 /119
        3.4.1 城乡协调发展的内涵与目标 /119
        3.4.2 基于效率与公平统一的评价模型 /122
        3.4.3 我国各地区城乡协调发展分析与预测 /124
        3.4.4 我国各地区"十二五"期末城乡协调状态的预测 /129
        3.4.5 结论和讨论 /132
    3.5 我国各地区新型城镇化进程评价 /132
        3.5.1 新型城镇化的内涵和特征 /133
        3.5.2 新型城镇化评价指标及数据处理 /135
        3.5.3 评价方法 /136
        3.5.4 评价结果 /137
        3.5.5 结论和讨论 /139
    3.6 我国各地区现代化进程的比较和评价 /141
        3.6.1 现代化指标 /141
        3.6.2 数据分析 /142
        3.6.3 我国各地区现代化水平的整体特点分析 /143
        3.6.4 各省区现代化程度分类 /145
        3.6.5 结论 /146

4 区域系统预测方法研究 /147
    4.1 系统预测概述 /147
        4.1.1 预测的过程 /147
        4.1.2 预测研究的特性 /147
        4.1.3 区域分析中的预测问题 /147
    4.2 微分回归建模的初步研究 /148
        4.2.1 概述 /148
        4.2.2 建模过程 /148
        4.2.3 灰色预测方法 /149
    4.3 区域发展态势的多模型预测 /151
        4.3.1 将旅游业建设成为战略性支柱产业的必要性 /152
        4.3.2 将旅游业建设成为战略性支柱产业的可能性 /153
        4.3.3 遵循地域分异规律,尊重地方战略部署,有序推进旅游战略性支柱产业建设 /155

    4.3.4 结论和讨论 /156

5 区域系统决策—对策方法研究 /157
  5.1 决策—对策概述 /157
    5.1.1 决策的问题与类型 /157
    5.1.2 非确定型决策问题的分析方法 /157
  5.2 层次分析法的不足及其改进建议 /159
    5.2.1 层次分析法需要改进的地方 /160
    5.2.2 对层次分析法的若干改进建议 /160
    5.2.3 案例 /162
    5.2.4 结论与讨论 /163
  5.3 农作物优化布局模型研究 /164
    5.3.1 农作物布局问题分析 /164
    5.3.2 农作物布局决策的简化模型 /165
    5.3.3 考虑间套复种情况的数学描述 /169
  5.4 产业布局与区域发展的耦合关系模型 /170
    5.4.1 引言 /170
    5.4.2 假设条件和符号设定 /171
    5.4.3 区域发展和产业布局的数学描述 /172
    5.4.4 耦合分析 /174
    5.4.5 结论和讨论 /177
  5.5 区域可持续发展的时空耦合模型 /178
    5.5.1 区域发展决策分析 /178
    5.5.2 空间优化模型 /179
    5.5.3 考虑多种项目的静态模型 /181
    5.5.4 区域经济发展的时空耦合分析 /182
    5.5.5 稀缺资源在两个区域之间的利益分配模型 /182
    5.5.6 结语与讨论 /183
  5.6 模糊线性规划的实践探索 /183
    5.6.1 重点开发矿种和重点开发地区的确定 /184
    5.6.2 资源开采量的模糊线性规划 /184
    5.6.3 开发方案的模拟和选择 /187
  5.7 高校招生名额分配模型研究 /189
    5.7.1 引言 /189
    5.7.2 高等教育资源的分配思路 /190
    5.7.3 我国国办重点高校招生名额地区分配的特点 /192
    5.7.4 高校名额分配模型构建 /194

  5.7.5 结论与讨论 /201
 5.8 首都区位论——用定量方法确定首都选址 /201
  5.8.1 中国的区域重心 /202
  5.8.2 中国新都的位置选择 /204

6 因素贡献率分析 /206
 6.1 因素贡献率分析原理 /206
  6.1.1 子系统贡献率分析 /206
  6.1.2 我国南北差异中的要素贡献率分析 /206
  6.1.3 结论 /213
 6.2 偶发因素影响效果分析 /213
  6.2.1 概述 /213
  6.2.2 偶发因素对北京市涉外旅游的影响分析 /213
  6.2.3 东道主效应及2008年奥运会中国金牌超过美国的可行性预测 /216
  6.1.4 城市化的四岛效应——以西北五省区首府为例 /224

图片来源 /235
表格来源 /236
后记 /238

1 区域分析的基本原理和方法体系

1.1 系统分析和区域系统分析

1.1.1 系统分析

1) 概念及起源

"系统分析"一词起源于20世纪40年代,是美国兰德公司(Rand)在完成美国空军的"洲际战争"研究项目——"研究与开发"计划的过程中首次提出并使用的。在当时,系统分析的内涵是指对符合系统目标的不同方案进行费用和效果的经济评价。第二次世界大战以后,系统分析技术被广泛应用,特别是计算机的广泛使用,使得系统分析思想和方法得到快速推广。

目前,尽管对系统分析的概念有不同的提法,如系统分析、系统工程、系统科学方法等,但有两个基本观点是一致的,即系统分析工作都与特定的决策者相联系,其中决策者可以处在不同的层次;系统分析是一种思考和研究问题的策略体系,而不是具体的技术方法,系统分析方法必须根据研究对象和分析问题的不同而有所不同。

2) 原则

系统分析原则概括起来有如下四点。

(1) 整体性原则

从整体上考虑并解决问题,把研究对象看成有机整体(系统),在分析对象各个组成部分的相对独立性时,在研究对象的各个组成层次时,总是强调从整体考察部分,认为整体不是部分的机械加和,而是它们有秩序的组合,客观上可能存在这样的最优或较优的各部分的有机组合秩序(状态),使得总体的功能大于各部分的功能简单加和,这就是整体优化的思想。特定组合状态是否为优化状态,必须以它是否有利于构成总体优化作为考虑前提,由此建立分析问题和解决问题的模式。这就是说,"整体(系统)"既是考虑问题的出发点,也是解决问题的归宿(或目标)。

(2) 动态性原则

区域系统都是开放的,离开了环境将不复存在。开放的系统不可能是静止的,必然表现出动态变化的特征。那么,它的演化机制是什么?表现形式是怎样?未来趋势又如何?只有把握了这些内容,才能对系统进行优化控制。因此,我们必须对系统进行动态分析,从历史变化过程中把握其动态演化规律,结合环境变化,预测其未来发展方向;从系统的输入—输出过程探索其内在演化机制,寻求有效控制的途径和措施。

(3) 优化性原则

研究区域系统的目的是为了改造和更好地利用这个系统。而改造、利用这个系统的目的是为了获取更多的利益。这个"获取更多利益"就是寻优,即优化。应该说,优化思想古已有之,如"两害相较求其轻;两利相较求其大"等,但系统分析中的优化指的是整体的优化,动态的优化,这和以前局部的最优、静态的最优有明显的不同。不仅如此,现代系统科学已经发现,对于一个较大的区域系统来说,其最优解虽然有可能存在,但却是很难找到的。因此,在区域规划中,不应该强调绝对的最优解,而应通过寻求满意解(相对最优)逐步靠近绝对的最优解。寻优是一个持续的过程,也是在寻优费用和寻优效果之间权衡的过程。

(4) 模型化原则

模型是反映事物变化过程特征和内在联系的简化表现形式。对区域系统进行分析,不仅要揭示系统的结构和功能特征,也要能描述清楚系统内部各组成部分(要素或子系统)之间的相互依存关系和时间、空间上的联系,尽可能把握系统与环境之间的相互作用方式和强度。即要对系统及其环境进行定性、定量的综合研究,并用规范的语言、尽量简化的形式描述研究过程和研究结果。模型化是对区域进行深入研究的必然过程。模型,特别是数学模型,是区域系统分析中必不可少的工具。

以上四个原则不是平列的,而是有主次分别的。其中,整体性原则是根本原则,其他原则是对整体性原则的深化和补充。整体优化思想是系统科学的精髓,是区域系统分析的思想原则和方法论基础。

1.1.2 区域系统分析

1) 区域系统分析的特点

区域系统分析的特点概括起来有如下四点。

(1) 多学科性

区域分析的对象是个复杂的大系统,这个大系统是许多学科的共同研究客体,有多种作用影响着区域系统的存在和发展。譬如,在做能源方面的分析时,就必然要涉及物理学、工程学、气候学、生物学、生态学、管理学、经济学、社会学及环境学等多个学科的有关概念、理论和方法;在做自然资源利用方面的分析时,则需要涉及土地资源、生物资源、矿产资源、水资源、生态学、水文学、气候学、地质学、经济学、管理学、环境学等多个学科的内容。因此,在做区域系统分析和区域规划时,必须依靠多个学科专家的通力合作。

(2) 分析结果的多方案性

在区域开发与规划的研究过程中,系统分析人员与决策人员的职能往往是不一致的(正因为如此,才有决策支持之说)。系统分析者的任务是向决策者提供解决某一问题的可行方案,然后由决策者进行决策方案的选择。这就要求系统分析人员必须提供两个或两个以上的可行方案,否则,要决策者选择就成了空话。此外,前已述及,区域系统是一个非常复杂的大系统,对这个大系统进行开发,其最优解可能存在,但一般很难找寻。能够得到的,都是在一定约束条件下的最优解。而约束条件往往是变化的,也常常是不确定的,因而必须从不同的角度或者不同前提条件的假设下进行优化,从而得到不同的最优开发方案。通过多方案的综合比较,才能选出既切实可行,又较为满意的开发方案,最大程度确保区域开发目的的顺利实现。

（3）定性分析与定量分析相结合

区域系统分析离不开数学模型。定量预测客观、推理严谨，应该大力提倡。但因区域系统异常复杂，并不是所有的要素及其变化都能被准确量化。所以，定量预测不能变成数字游戏，在进行区域系统分析时，要注意定性分析与定量分析相结合。首先把握研究对象的本质特征，然后用恰当的指标描述这种特征，再选择合适的模型方法进行模拟和预测。如果将区域系统分析单纯地理解为数量分析，将直接影响区域系统分析的进展和质量，从而得出偏颇的结论。

（4）创造性

区域系统分析虽然具有多学科融合的性质，但它绝对不是多学科的简单叠加。在区域系统分析中，一方面应广泛吸取自然科学、社会科学等各个领域中已有的研究成果，另一方面要善于总结和创造，提出新问题，研究新领域，探索新规律，建立起自己的研究内容体系和方法论体系，为区域开发和规划做出更大的贡献[①]。

2）区域系统分析的基本范畴

从区域开发与规划的角度看，区域系统分析包括以下几个范畴。

（1）目标

目标即区域系统的要求和要达到的目的。目标既是系统分析的出发点——系统分析的一切工作都要围绕系统分析目标而进行，也是系统分析的归宿——系统分析的一切工作都是为系统分析目的服务的。在进行区域系统分析时，首先要明确被分析对象的要求和目标，为其他分析奠定基础。

（2）替代方案

在区域开发活动中，为了实现同一目标，可以采取不同的方式或途径，这些实现目标的不同方式或途径就叫做替代方案。区域开发系统分析的一项重要任务，就是在深入细致的调查研究基础之上，通过分析、建模、计算、模拟、比较各种方案的利弊，向决策者提供其决策过程中可能需要用到的有用信息。提供高质量的替代方案，是区域开发决策成功的关键。

（3）费用与效益

在区域开发过程中，任何一个建设或改造项目，都需要花费大量的投资费用，而项目一旦完成，又可以获得一定的效益。区域开发系统分析时，总是希望通过费用与效益的对比分析来确定最佳的方案。一般说来，效益大、费用小的方案是可取的。有时以效益最大为准，有时以效益/费用之比最大为准。对于效益的考量，不仅要考虑项目在财务上体现的直接收益，很多公共项目还需要考量其难以定价的间接社会效益。

（4）模型

模型是对实际系统的抽象描述，通过模型可以将复杂的问题转化为易于处理的形式。在区域开发系统分析过程中，为了研究拟定达到的目标与方案之间的关系、费用与

---

① 徐建华.现代地理学中的数学方法[M].北京：高等教育出版社，1996.

效果之间的关系,往往需要建立模型。对于一些尚待建设的项目,可以通过一定的模型设计求得系统分析所需要的参数,并据此确定各种约束条件。同时,还可以根据模型来预测各种替代方案的性能、费用和效益,以便于对各种替代方案进行分析和比较。

(5) 评价准则

在区域开发系统分析中,为了对各种可行的方案进行比较排序,需要有一定的评价准则。一般而言,区域开发系统分析评价准则的确定,应该遵循以下几项原则:

① 外部条件与内部因素相结合;
② 短期利益与长远利益相结合;
③ 局部利益与整体利益相结合;
④ 定性分析与定量分析相结合。

3) 区域系统分析的步骤

系统分析的目的是为了给决策者提供直接判断和制定最佳方案所需要的信息,系统分析的过程就是系统分析者从系统的观点出发,运用科学的方法和工具(主要指计算机),对系统的目标、功能、环境、费用、效益等进行调查研究,收集、分析和处理有关的数据和资料,并据此建立若干替代方案和必要的模型,进行模拟运算和仿真试验,最后将各种运算和试验结果进行比较和评价,整理成完整的、综合的、有效的信息,供决策者作为选择决策方案的依据。据此,可总结出区域系统分析的主要步骤:

(1) 界定问题,识别系统边界;鉴定和描述系统的各个组成部分以及彼此之间的相互关系;提出初步的研究目标。

(2) 建立数学或逻辑的模型;分析系统的性能并根据要求的准则,如成本、体积、效果和风险等来研究可行的各种备选方案。

(3) 根据特定的准则,选择最优系统(方案)。

(4) 建立或实现已选择的物质或抽象的系统(执行方案)。

这几项步骤彼此互相关联,需要不断进行观察、反馈、修正,直到取得满意的结果。

系统分析要求人们在确定或构成一个问题时,首先对整个系统所处的环境进行深入的研究。要把系统理解为一个从周围环境中划分出来的整体。只有在弄清所有从属部分时,才能充分地理解这个整体的作用。系统的划分是越来越小的,即先确定一个大系统,再分成若干子系统,每个子系统又划分成更低一级的分支系统,以便于分别进行最优处理,统一协调,达到整个系统的最优化。

1.1.3 区域系统定量分析

区域系统分析和规划中通常会使用很多定量分析的数学方法。根据研究的内容和目的,区域分析和规划所使用的数学方法可以被分成五大类,即系统分析模型、系统预测模型、系统综合(设计)模型、系统规划优化模型、系统决策对策模型。如果把基本统计模型单拿出来,则就有六大类。

区域系统分析主要是在确定区域系统边界、明确区域研究目的的基础上,对该系统的技术性能、经济指标、社会效果和生态影响等进行分析评价,对系统的现状进行估算,从而揭示系统的结构、功能特性,发现系统存在的问题以及各问题之间的相互关系,以便寻求解决问题的方法。

系统预测主要是根据已掌握的信息,利用科学的预测方法,对系统的未来状态作出推断,为系统的优化控制提供参考。

系统综合就是对区域开发方案的优化设计,即在满足总目标的前提下,运用大系统分解协调原理与数学模型,设计和协调具体的优化方案,并总结生成若干可供选择的总体优化方案,为最终的规划和决策提供选择的基础。

系统规划优化模型是根据区域开发目的和系统预测结果等构建的总体优化数学模型,用特定的模型方法,确定具体的规划目标,揭示各约束条件(资源、资金、市场、劳动力、设备等)对区域发展目标的作用,确保区域经济持续良好地发展。

系统决策对策是从实践的角度实施和评价规划方案,并根据可能出现的情况提出对策措施。

上述五大类模型之间的关系可用图 1-1 表示,各类模型中所包含的具体模型、方法见表 1-1。

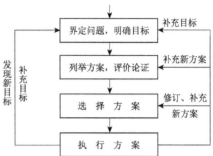

图 1-1 区域系统分析过程示意图

表 1-1 区域分析中的数学模型和方法

类别	目标	方法/模型
系统分析	研究系统要素本身变化规律	概率分析,统计特征值分析等
	分析要素间或子系统间的关系	相关分析(线性相关、非线性相关),灰色关联分析,模糊贴近度分析,因子分析,空间相互作用分析,投入产出分析,诊断模型分析,回归分析,计量经济模型分析等
	研究系统要素空间变化规律	趋势面分析,对应分析,空间洛伦兹曲线分析等
	研究系统的结构特性	多样化指数,集中化指数,韦弗组合指数,专业化指数,区位熵指数,聚类(系统聚类、灰色聚类、模糊聚类等)分析,投入产出分析,对应分析,因子分析,洛伦兹曲线分析等
	分析系统的功能、效益	价值工程法,功能对比分析,模糊综合评价,生产函数模型,层次分析模型等
系统预测	分析系统演化规律,推断未来变化趋势	时间序列分析方法; 定性预测:专家咨询法,问卷调查法等; 定量预测:回归预测,自回归预测,平滑预测,灰色预测,模糊预测,仿真预测,类比预测等
系统综合	设计开发方案	特尔菲法,头脑风暴法,情景分析法,类比法,比例法等
规划与优化	控制系统朝着最佳方向发展	运筹学模型:线性规划(包括0—1规划、整数规划),动态规划,目标规划,网络规划等; 控制论模型:一般控制论模型,大系统递阶模型等
决策与对策	评价,设计,实施	模糊综合评价,计划评审技术,功能对比分析,层次分析等
	依据可能出现的情况提出对策措施	单目标决策:确定型决策,非确定型决策,风险决策; 多目标决策:主导目标法,线性加权法,功效系数法,费用效果法,序列优化法,主分量层次分析法等; 矩阵对策:双方对策与多方对策,零和对策与非零和对策,情景分析法等

1.2 区域系统定量分析及其检验中的几个基本问题

1.2.1 定性分析与定量分析之间的关系

关于定性分析与定量分析关系的问题，一般认为，定性是基础，定量服从于定性。对于这种看法，笔者不敢苟同。笔者认为，定性分析和定量分析既是区域研究过程中的两个阶段，也是区域研究内容的两个方面，只有将二者结合起来才能完成区域研究的任务。

首先，一个完整的区域分析过程总是由定性分析到定量分析，再由定量分析到新的定性分析的螺旋式上升过程。事物及其发展具有质的规定性，先初步分析一事物的质(定性分析)，在此基础上进行定量分析，提示其量的关系，然后根据定量分析的结果认识事物的质和质变，或者说是从更广泛、更深刻的意义上认识事物的质和质变。这样循环往复，把区域研究引向更深层次。如果要求定量服从于定性，一是使定量失去意义，二是把区域研究禁锢在预先划定的框子里，从而使之停滞不前，甚至走上歧路，这一点笔者在进行长白山区特产资源开发研究中体会尤深。

为了制定一个既现实可行又科学合理的长白山区特产资源技术开发战略规划，笔者坚持把定量分析与定性分析结合起来，由粗到细，由浅入深，两种方法交替使用，相互衔接配合，收到了很好的效果。首先根据社会经济生态复合系统的基本运行机制，找出有关变量及其相互制约关系(定性分析)，建立状态方程，编制仿真程序上机运算(定量分析)，得到了五种典型的开发方案，即高生态效益型方案、高社会效益型方案、高经济效益型方案、趋势型方案和协调型方案，其中高生态效益型方案和高社会效益型方案的工农业总产值和社会总产值在2000年时均没有实现翻两番(和20世纪80年代相比)；趋势型方案和高经济效益型方案达到了翻两番的要求，但生态效益却有所下降。特别是后者，生态效益比1985年下降21.2%，所以，这几个方案都不宜提倡。这样，根据定量分析(仿真)的结果得出结论，长白山区特产资源技术开发只能走协调发展的道路。

据此，进一步提出了长白山区特产资源开发的指导方针(定性分析)，并结合特产资源开发的人力、物力、财力和特产产品市场变化的定量分析(仿真、预测)结果，建立了主要特产资源开发的线性规划模型(目标函数和约束方程)，借此模型即得到了主要特产资源开发的具体目标。为了保证实现这些目标，又通过定性分析的方法提出了一系列对策措施，最终圆满地完成了长白山区特产资源技术开发战略规划的制定任务。

这个例子也说明，定量分析与定性分析既可能像钱学森先生倡导的"定性定量综合集成方法"那样，两者在同一层次上相互印证、反馈调整，也可以在不同层次上相互衔接。定量分析是把定性分析的结论数量化、具体化，从而使区域研究不断由粗到细、由宏观到微观、由软到硬的步步深入，定性分析则是对定量分析结果的概括和综合，并用形象化的语言表达出来，以便为社会所理解和接受。

其次，区域规律本身就有定性规律和定量规律之分。虽然事物的质和量是不可分割的，质变是量变的积累，但有的区域特征变化是以质变为主，如长白山北侧自然景观由低到高依次更替为针阔混交林暗棕壤地带、山地暗针叶林漂灰土地带、山地岳桦林生草林森土地带和山地苔原土地带,有的区域特征变化以量的变化为主,如长白山北侧的温度和降水量随海拔的增加而变化——温度呈线性规律递减,降水量呈指数规律递增。搞区域研究,既要努力揭示区域的质变规律(这需要对区域进行定性分析);也要努力找出区域特征的量变规律(这需要对区域特征的变化进行定量分析);尤其要努力探讨区域特征的量变引起其质变的规律(这需要对区域特征进行定性与定量的综合分析)。

从以上分析可以知道,定性分析与定量分析是区域研究的"车之两轮,鸟之双翼",二者相辅相成,不能互相替代和决定。从这个意义上讲,说定量分析为定性分析服务也不确切。正确的结论是,定性与定量互为基础,相互促进。定量分析的目的,不仅仅在于检验已有的定性结论,更主要在于发现那些用定性方法无法得到的新的区域规律,从而促进区域研究的深入,推进区域科学的发展。

1.2.2 区域系统的构建

区域思维的最大特点是用普遍联系的、相互作用的综合的观点来看待问题、思考问题和解决问题,所以,要对区域特征进行定量分析,必须首先把它放到适当的系统当中,即构建恰当的区域系统,确定内生变量和外生变量,以便建立数学模型。

由于考虑问题的角度不同,一个具体的研究对象可以被划到不同等级或类别的系统之中,而从不同等级或类别的系统出发来解决问题,其复杂程度(工作难度)、社会效果是大不一样的。这样做的目的是,既要尽可能全面地考察所研究的对象,把有关因素都尽可能地考虑进去,又要尽量减少工作难度,使所要解决的问题不至于因工作量太大,耗费太多的人力、财力,或因所涉及的范围太大,关系太复杂而无法解决。也就是说,搞区域研究既要经济,又要合理,还要可行。

构建区域系统的关键,是确定区域系统的组成要素,划分内生变量和外生变量,为此,必须努力把一切与研究对象有重要联系的因素都找出来,而把其他因素暂搁一边。笔者不赞同用"列清单"法构建区域系统的思想,谨提供一种新的构建区域系统的思路——由果溯因来确定区域系统有关的要素。具体做法是:设所要解决的问题为 A,一切与 A 有直接联系(常是因果关系)的要素为 B,$B=\{B_1, B_2, \cdots, B_m\}$,直接与 $B_i(i=1, 2, \cdots, m)$ 有联系的要素为 C_i,$C_i=\{C_{i1}, C_{i2}, \cdots\}$,直接与 C_{ij} 有联系的要素为 D_{ij},$D_{ij}=\{D_{ij1}, D_{ij2}, \cdots\}$,这样,问题与制约它的要素之间就可以被看成多级因果关系(环),其中 B 与 A、C 与 B、D 与 C 是直接联系,C 与 A、D 与 A、D 与 B 则是间接联系。用图式表示即如图 1-2 所示,图中的 B_i 与 C_{jq} 可能有直接联系,因此,在实际研究中允许 $C_{jl}=C_{jq}$。同时,B_i 与 B_j、C_{il} 与 C_{jq} 也可有能有直接联系,但目的是解决问题 A,因而不必深究 B_i 与 B_j、C_{il} 与 C_{jq} 的关系,这与系统动态学处理因果关系环的原理是一致的,而且这种思考问题的方法可以直接被用于系统动态学的研究之中。

图 1-2 问题 A 及其制约因素分级联系示意图

如果人力、物力和其他条件允许,应尽可能多几级地考察制约问题 A 的因素。但如确实有困难,或实际并不要求如此,就可以只考察 B 与 A 或 C 与 B、B 与 A 的关系,即只把 B 或 B 与 C 看作内生变量,而把其他要素均看作外生变量。这在实践中是有意义的。以长白山区特产资源开发研究实践为例,大家知道,长白山区的特产资源是十分丰富的,制约特产资源开发的因素是十分复杂,在有限的时间和人力、财力的条件下,提出一个合理和可行的战略规划不是一件容易的事。

在总结前人工作成果的基础上,根据任务要求,按照由果溯因法的思路,首先构建了特产资源开发问题系统,如:

问题 A——特产资源如何开发。

直接制约 A 的因素 B,$B=\{B_1,B_2,B_3\}$。B_1——特产资源的储量和产量;B_2——特产资源的加工情况;B_3——特产资源产品市场状况。

直接制约 B 的因素很多,如制约 B_3 的为 C_3,$C_3=\{C_{31},C_{32},\cdots,C_{36}\}$。$C_{31}$——国内社会商品购习力的发展;$C_{32}$——城乡居民消费水平的变化;$C_{33}$——国内人口老龄化的趋势;$C_{34}$——国际同类资源、产品的生产加工情况和长白山区可能占据的份额;C_{35}——国际市场潜力;C_{36}——国际同类资源产品的生产加工情况和长白山区特产资源产品的地位。

制约 C 的因素更多,可根据人力和时间限制,细化下去。

由果溯因法不仅可用于上述的区域资源开发等宏观决策研究之中,还可用于中观乃至微观的布局选点等传统区域科学研究领域,如上海交通大学王浣尘、王鹤祥先生所做的"对上海新港址进行评价和选优研究"[①]的实质也是由果溯因法。他们的基本思路可以概括为:

问题 A——新港址选在哪里。

制约 A 的因素为 B,B_1——可行性;B_2——满意性。

制约 B_1 的因素为 C_1,C_{11}——气候条件;C_{12}——航道现状;C_{13}——航道稳定性……

制约 B_2 的因素为 C_2,C_{21}——经济效益合理性;C_{22}——社会效益满意性。制约 C_{21} 的有 D_{211}——符合"十二大"提出的总方针程度;D_{212}——符合"一要吃饭、二要建设"的程度;D_{213}——对国民经济翻两番影响大小。制约 C_{22} 的因素有 D_{221}——与军港建设的关系;D_{222}——对国家安全和社会治安的影响……

通过这种逐层逐级追溯,使问题 A 及其制约因素环环相扣,层次分明,既便于定性分析,也便于定量分析。

概括由果溯因法建立区域系统的过程就是,以问题为中心逐级寻找制约因素,其理论依据是系统具有层次性,实质是大系统的递阶分解,因而这种方法也可以用于对区域系统的层次分析和优化控制之中。这种方法也是层次分析法的精髓。

1.2.3 区域指标的量化

定量分析必须以数字信息为基础,而在区域研究中所接触到的信息有很多并非数字

[①] 王浣尘,王鹤祥.用系统工程方法对上海新港址进行评价和选优[M]//中国系统工程学会.系统工程应用案例集.北京:科学出版社,1988:135-142.

信息,如文字信息、音像信息等,尤其在历史文献中,存在大量的文字信息。为了充分利用这些信息,有必要研究区域信息的量化问题。

根据量化对象本身的特点,区域信息量化方法可以被分为定性变量的量化和定量变量的量化。前者主要被用于解决类型更迭的定量描述问题,一般用数量化理论赋值方法;后者主要对无法(或不易)获得直接数据的指标进行赋值,常用数据转换或模糊数学等方法。这些方法所涉及的问题是一样的,即给变量赋什么值(论域)和如何赋值(赋值的途径),才能使所赋之值客观合理。

关于数据转换,已有现成的方法①,这里主要讨论定性变量的赋值问题。

在数量化理论中,论域只包括两个元素——0 和 1,真时赋 1,假时赋 0。一般说来,真与假是容易判断的,所以这种赋值方法相对说来比较客观。但却有不尽合理之处,比如,通过这种方法所得到的数值(常是多维向量)抹杀了相邻类型间相似性较大、不相邻类型间差异性较大的事实。例如,长白山北坡自然景观带更替的定量描述,可用四维向量 $y=(x_1, x_2, x_3, x_4)$ 描述,其中 x_1, x_2, x_3, x_4 有且仅有一个为 1,其余为 0,$y_1=(1, 0, 0, 0)$ 表示样本处在针阔混交林暗棕壤地带,$y_2=(0, 1, 0, 0)$ 表示样本处在山地暗针叶林漂灰土地带,$y_3=(0, 0, 1, 0)$ 和 $y_4=(0, 0, 0, 1)$ 分别表示样本处在山地岳桦林草森林土地带和山地苔原土地带。从理论上说,这种描述简洁明了,没有人为性,对定性分析和定量分析来说都很方便。但从实际情况看,很明显,针阔混交林带与暗针叶林带的差别,远比它与岳桦林带和苔原带要小。使用上述所赋之值计算的相似系数(向量夹角余弦)却都是一样的(均为 0)。此外,这种方法对过渡类型无法描述,而在区域系统中,类型的更替大多是渐变过渡的。这说明,用数量化理论对类型更迭进行定量描述(赋值),还有很多值得探讨和研究的问题。模糊数学能够很好地解决过渡性的定量描述问题,当然,它主要被用于给那些以数量变化为主要特征的区域现象进行赋值。应该注意的是,在模糊数学中,所赋之值本身必须有确定的含义,即赋值对象的某方面或某些方面应是可以相互比较的。如长白山北坡不同景观带对特产资源人参生长的适宜性,即可赋值如下:针阔混交林带 $u_1=0.8$,针叶林带 $u_2=0.4$,岳桦林带 $u_3=0.01$,苔原带 $u_4=0$。处于各带之间的地区,对人参生长的适宜性可以赋值为:$u_{12}=0.6, u_{23}=0.2, u_{34}=0.001$。

模糊数学赋值方法的最大缺点是人为性太大,所赋之值相差很大,即使是同一个人,不同时刻所赋之值可能也不尽相同,特别是对那些综合性很大(如前述的人参生长适宜性)的问题,为了发挥数量化理论赋值方法客观性大和模糊数学赋值方法灵活性强的两大优点,同一对象,同一方面,不同的人,应尽量避免人为性,笔者认为,区域信息量化应在下述两个方面做些努力:

第一,尽量请多个专家参加赋值,并把所得之值综合起来(如取其平均数、中位数、众数或去掉极高、极低值后的平均数)作为最后结果。

第二,尽量把综合的问题先分解成单方面的问题,然后就单方面进行比较和赋

---

① 吴殿廷.区域分析与规划[M].北京:北京师范大学出版社,1999:194-196.

值,最后再把不同方面的得分综合起来(如取加权平均值、求最大特征根所对应的特征向量等)作为最终结论。从数学上讲,所请专家越多,所赋值的综合结果越可靠。但是,由于时间、人力和财力有限,请很多位专家有时是困难的。所以,单靠第一方面不行。

强调把综合问题分解,是因为综合性大的问题难以判断,因而不便于赋值。此外,单纯地说某对象的重要程度是多大有时也是困难的,所以,强调比较赋值,即把赋值对象进行比较,使所赋之值只具有相对意义。这与层次分析法的道理是一样的。

1.2.4 区域分析中的多模型、多方法结合

数学模型是将现象的特征或者本质用数学符号表示出来的一种形式,是对现实世界的数学抽象。由于观察角度和层次的不同,也由于区域系统本身的多要素性、多随机性和多形态性,任何一个数学模型都只能从某些方面或某种程度上反映出区域系统的本质,过去没有,将来也不会有包医百病、到处适用的区域系统数学模型。为了避免片面性,增加适用性,除了应继续强调定性分析与定量分析的结合外,还应坚持不同定量方法的结合,其中包括多种定量方法的相互衔接和多个数学模型的相互校核与配合。前者主要用于解决不同层次、不同深度的系列研究问题,如前述的长白山区特产资源技术开发战略规划,用仿真的方法提出和确定开发方案,再用多种预测方法和仿真方法确定协调型开发方案的约束条件,最后用线性规划的方法求出主要特产资源开发的指标。通过这些相对完整的模型体系,使战略规划由宏观到微观环环相扣,逐步深入。后者主要指针对某一具体的区域问题,用多个数学模型或多种定量方法分别进行分析计算,然后对所得结果加以比较,或以效果好者为准,或以这些结果的综合值为准,这在区域预测和决策中是非常重要和必要的。在对长白山区特产资源产品的市场潜力进行预测时,从不同层次、不同角度分别用回归分析、时间序列分析、状态转移分析和微分(差分)动态分析等十几个数学模型进行了定量计算,然后把这些结果综合起来(去掉极高、极低值后求算术平均值)作为最后结论。有关专家商讨后,认为结论比较可靠。

此外,也应该注意对定量方法本身的改进,其中包括对数学模型表达形式的修正和对参数辨识过程的革新[①]。

1.3 多模型选优原理及实例

在进行区域分析时,经常需要使用数学模型进行模拟。而由于先验知识的不足或者研究者个人偏好等因素,对模型的选取可能把握得并不准确。况且,区域分析里面很多过程或者相互作用与相互关系并不是物理的、自然的过程,其引致机理比较复杂,不像物理规律那样是确定的,所以研究时多使用的是统计模型。那么,模型的适当选取便成为一个极其重要的问题。一个比较常用的方法,即在多个模型中同时进行验证,选择其中

---

① 杨秉赓,吴殿廷. 地理系统定量分析中的几个问题[J]. 东北师大学报(自然科学版),1992(2):107-112.

最优化的模型,这就是此处提到的多模型选优原理。也有研究选择多个模型,将其运算结果求平均值,来减小主观选取模型可能带来的偏误。

这里以碳排放强度影响因素分析为例,来说明多模型结合和选优的原理和做法。

以《2009年世界发展报告》中数据完整的所有112个独立经济体(或国家)为研究对象,对人均国民生产总值(Gross National Product,简称GNP)、城市化率、工业化率和人均二氧化碳排放量、单位国内生产总值(Gross Domestic Product,简称GDP)产生的二氧化碳等指标之间的关系进行了统计分析,包括相关分析、线性回归分析和选优模型分析,以定量地揭示碳排放强度与社会经济发展水平之间的规律,为国家应对碳排放挑战提供确切的决策支持[①]。截面数据能反映同一时刻不同个体上出现的规律性,消除时间变动的因素如价格、产品结构的影响,由于它采用了不同规模、不同发展阶段的个体样本,因而适用于长期弹性的估计,更适合发现大的、宏观的规律。这与当年钱纳里总结经济发展与工业化、城市化标准模式的做法是相同的。

1.3.1 影响碳排放强度的单因素分析

这里的碳排放强度,指人均碳排放量和单位GDP碳排放量。

影响碳排放的因素包括人口总量、结构及其生活、居住方式,经济总量,产业结构,技术水平与能源消费结构,进出口情况等。本节仅从人均收入水平、城市化、工业化与服务业比重等方面,考察不同因素对碳排放强度的影响,为我国制定减少碳排放对策提供支持。

1)人均碳排放与相关因素之间的关系

(1)人均碳排放与人均GNP之间的关系

人均碳排放与人均GNP之间呈明显的正相关,二者的相关系数为0.7638,达到了99.9%的可信度(表1-2)。这也可以从表1-3的汇总数据表中得到验证——从低收入经济体到中低收入、中高收入和高收入经济体,人均碳排放量从0.6t到2.6t、5.5t和13.1t,趋势性规律非常明显。也就是说,当前碳排放过量的主要"元凶"是发达国家!

表1-2 碳排放强度与有关因素之间的相关分析表

	人均GNP	城市化率	工业化率	服务业比重
人均二氧化碳排放	0.7638*****	0.6196*****	0.2178**	0.4401*****
万元GDP碳排放	−0.2809****	−0.1451	0.1416	−0.1404

注:$r_{112-2}^{0.001}\angle 0.3211$;$r_{112-2}^{0.01}\angle 0.2540$;$r_{112-2}^{0.02}\angle 0.2301$;$r_{112-2}^{0.05}\angle 0.1946$;$r_{112-2}^{0.10}\angle 0.1638$。五个*号表示可信度为99.9%,依此类推。

---

① 吴殿廷,吴昊,姜晔.碳排放强度及其变化——基于截面数据定量分析的初步推断[J].地理研究,2011(4):1-9.

表 1-3 不同收入水平经济体碳排放强度及其相关因素概况

	低收入	中低收入	中高收入	高收入
人均GNP(美元/人)	578	1 887	6 987	37 566
城市化率(%)	31.49	54.34	68.63	77.26
工业化率(%)	28	41	31	26
服务业比例(%)	48	59	59	72
人均碳排放(t/人)	0.6	2.6	5.5	13.1
单位GDP碳排放(t/万美元)	9.596 4	10.217 2	10.204 7	3.441 4

进一步考察人均碳排放与人均GNP之间的关系,这里用十几种常用的数学模型进行模拟,以 F 检验值最大为优,得到如表1-4所示的模型。人均碳排放与人均GNP之间的关系,以单对数模型为最优,模型可信度为99.9%。这就是说,虽然人均碳排放是随着人均收入水平的提高有逐渐提高的趋势,但边际速率越来越小,有逐渐收敛的趋势。在当前全球人均GNP为7 958美元/人的基础上,人均收入每提高100美元,人均碳排放增加0.027 3 t。其中高收入经济体(37 566美元/人)人均收入每提高100美元,人均碳排放增加0.005 8 t;低收入经济体(578美元/人)人均收入每提高100美元,人均碳排放增加0.348 3 t。

表 1-4 人均碳排放量与相关因素之间的选优模型

解释变量	模型	检验参数 F	相关指数 R
人均GNP	$y=-13.561\ 93+2.182\ 49\ln x$	209.57	0.809 8
	$y=0.000\ 692\ 131\ 7\ xe^{-0.000\ 024\ 051\ 91x}$	194.76	0.799 4
城市化率	$y=-2.904\ 984+0.124\ 908\ 2x$	68.55	0.619 6
	$y=0.023\ 423\ 43+0.001\ 249\ 24x^2$	67.55	0.618 6
	$y=-16.294\ 68+5.188\ 697\ \ln x$	54.49	0.575 5
工业化率	$y=-6.201\ 676+3.028\ 476\ \ln x$	7.01	0.244 8
	$y=6.665\ 976-72.545\ 08/x$	6.66	0.238 9
服务业比重	$y=-0.387\ 227+0.001\ 380\ 161x^2$	29.56	0.460 2
	$y=-3.563\ 171+0.138\ 446\ 1x$	26.42	0.440 1
	$y=-19.298\ 91+5.881\ 947\ \ln x$	21.06	0.400 8

注:模型检验参数 $F_{112-1}^{0.01} \leqslant 6.90$; $F_{112-1}^{0.05} \leqslant 3.94$; $F_{112-1}^{0.10} \leqslant 2.76$; $F_{112-1}^{0.25} \leqslant 1.35$。

(2) 人均碳排放与城市化率之间的关系

人均碳排放与城市化率的关系也表现出显著的正相关,相关系数为0.619 6。这似乎令人费解,因为集中生产和生活,有利于节省社会运行成本,进而有助于降低碳排放强度。国外学者的研究发现,高人口密度和碳排放量呈负相关关系。本项计算结果与此不同,原因在于我们使用的是截面数据:从横向对比看,城市化率较高的经济体,也是经济发达或比较发达的经济体,其城市化率与人均收入之间的相关系数为0.571 0,呈显著的正相关关系。这样的经济体,人均消费水平较高,消费方式,特别是奢侈性消费是造成其人均碳排放强度较大的主要因素。如果其他方面都相同，那么，无疑是城市化率越高，人均碳排放越少。

进一步考察人均碳排放与城市化率之间的关系，仍采用多模型选优的方式做定量分析，发现人均碳排放与城市化率之间的关系，以线性模型为最优。在当前全球平均城市化率的大背景下，城市化率每提高1%，人均碳排放增加0.124 9 t。回归选优过程中，所得到的第三个最优模型也是单对数模型，并且也达到了99.9%的可信程度。

（3）人均碳排放与工业化率之间的关系

人均碳排放水平与工业化率之间具有一定的正相关关系，相关系数为0.217 8，可信度为95%。这就是说，工业化率高的经济体，其人均碳排放强度基本上也较大。这很好理解，因为与农业和服务业相比，工业是大耗能产业，因而也是碳排放较多的产业，这正是目前我国所面临的巨大挑战，因为我国正处在工业化中期阶段。

人均碳排放与工业化率之间的回归选优结果是：二者也呈单对数关系，且模型可信度达到99%。高收入经济体（工业化率平均为26%），工业化率每提高1%，人均碳排放增加0.114 3 t；中低收入经济体（工业化率41%），工业化率每提高1%，人均碳排放增加0.073 0 t。

（4）人均碳排放与服务业比重之间的关系

人均碳排放与服务业比重之间的关系，呈显著的正相关关系，相关系数为0.440 1，可信度达到99.9%。这也令人深思——一般情况下，服务业属于低碳经济，国务院2009年12月1日出台的《关于加快旅游业发展的若干意见》（国发〔2009〕41号），提出把旅游业发展成为战略性支柱产业，也是基于这种考虑。实际上，人均碳排放与服务业比重之间的关系，和其与城市化率的关系是一样的，服务业比重高的经济体，人均收入也高，二者的相关系数为0.553 5，呈显著的正相关。奢侈性消费导致这些地区的人均碳排放居高不下。如果其他方面都相同，无疑是服务业比重越高，人均碳排放越少。

人均碳排放与服务业比重之间的回归选优结果是：以二次多项式函数的精度最高，模型可信度达到99.9%。在当前全球平均状况（69%）的基础上，服务业比重每提高1%，人均碳排放增加0.191 84 t。其中高收入经济体（72%），服务业比重每提高1%，人均碳排放增加0.200 12 t；中等收入经济体（59%），服务业比重每提高1%，人均碳排放增加0.164 24 t；低收入经济体（48%），服务业比重每提高1%，人均碳排放增加0.133 88 t。第三优模型也是单对数模型，精度达到99.9%。

从表1-4中可以看出，人均碳排放与各影响因素的回归模型中，都有一个单对数模型进入前三优之中，且精度都达到了99.9%的可信度。说明人均碳排放随着经济社会的发展和产业结构的演变，确实存在收敛趋势。

2）单位GDP碳排放与相关因素之间的关系

（1）单位GDP碳排放与人均GNP之间的关系

单位GDP碳排放与人均GNP之间呈现一定的负相关，二者的相关系数为−0.280 9，可信度为99%。这也可以从表1-3的汇总数据表中得到验证——从低收入经济体到中低收入、中高收入和高收入经济体,单位 GDP 碳排放量从 9.596 4 t 到 10.217 2 t、10.204 7 t 和 3.441 4 t,有一个先上升后下降的变化,单位 GDP 碳排放强度最大值出现在中等收入经济体。原因在于:这些经济体正处在工业化快速发展阶段,从产业结构的角度看,工业化,尤其是重化工业化是造成当前温室效应的始作俑者。

进一步考察单位 GDP 碳排放与人均 GNP 之间的关系,得到如表 1-5 所示的模型,单位 GDP 碳排放与人均 GNP 之间的关系,以线性模型为最优,模型可信度为 99%。人均收入每提高 100 美元,单位 GDP 碳排放强度降低 0.013 1 t。

表 1-5 单位 GDP 碳排放与相关因素之间的回归选优模型

解释变量		模型	检验参数 F	相关指数 R
人均 GNP	最优	$y=8.818\ 285\ 9-0.000\ 130\ 850\ 7x$	9.420 0	0.280 9
	次优	$y=4.592\ 958-2.074\ 115x\times 10^{-9}x^2$	6.940 0	0.243 6
	三优	$y=15.111\ 69-1.032\ 154\ \ln x$	5.810 0	0.223 9
城市化率	最优	$y=8.814\ 93-0.000\ 568\ 403\ 1x^2$	3.780 0	0.182 2
	次优	$y=9.572\ 411-0.050\ 015\ 83x$	2.360 0	0.145 1
	三优	$y=11.581\ 1-1.219\ 699\ \ln x$	0.692 8	0.079 0
工业化率	最优	$y=-3.948\ 235+3.020\ 068\ 2\ \ln x$	2.580 0	0.151 2
	次优	$y=9.629\ 935-76.098\ 08/x$	2.410 0	0.146 5
	三优	$y=3.848\ 983+0.096\ 528\ 49x$	2.250 0	0.141 6
服务业比重	最优	$y=9.697\ 893-0.000\ 910\ 418\ 5x^2$	3.580 0	0.177 5
	次优	$y=10.932\ 21-0.075\ 551\ 4x$	2.210 0	0.140 4
	三优	$y=15.935\ 98-2.304\ 496\ \ln x$	0.935 5	0.092 0

注:模型检验参数 $F_{112-1}^{0.01}/6.90$;$F_{112-1}^{0.05}/3.94$;$F_{112-1}^{0.10}/2.76$;$F_{112-1}^{0.25}/1.35$。

(2) 单位 GDP 碳排放与城市化率之间的关系

单位 GDP 碳排放与城市化率的关系呈现出一定的(不显著)负相关,相关系数为 $-0.145\ 1$,没有达到 90% 的可信度。按理说,集中生产和生活,有利于降低碳排放强度。本项计算结果的解释是:从横向比较看,单位 GDP 碳排放与城市化率之间的关系可能不是简单的线性关系。

进一步考察单位 GDP 碳排放与城市化率之间的关系,发现两者之间的关系,实际上是以二次函数模型为最优,单位 GDP 的碳排放强度随着城市化率的提高而快速降低,模型的可信度接近 95%。在城市化率为 30%(城市化初期阶段)、50%(城市化中期)、60%(当前全球平均比例)、75%(城市化基本饱和)时,城市化率每提高 1%,单位 GDP 碳排放分别降低 0.034 7 t、0.057 4 t、0.068 8 t、0.085 8 t。我国目前的城市化率大约为 46%,据此推算,城市化率每提高 1%,单位 GDP 所造成的碳排放将减少 0.051 7 t,城市化的环境效益十分明显。

回归选优过程中所得到的第三个最优模型也是单对数模型,但可信度未达到 90%,已没有什么意义。

(3) 单位GDP碳排放与工业化率之间的关系

单位GDP碳排放水平与工业化率之间的关系具有一定的(不显著)正相关关系,相关系数为0.141 6,可信度不到90%。工业化率高的经济体其单位GDP碳排放强度虽然也可能偏大,但二者不是简单的线性相关关系。进一步考察单位GDP碳排放与工业化率之间的关系,通过多模型模拟发现,二者呈粗略的单对数关系,模型可信度接近90%。高收入经济体(工业化率平均为26%),工业化率每提高1%,单位GDP碳排放增加0.114 0 t;中低收入经济体(工业化率41%),工业化率每提高1%,单位GDP碳排放增加0.072 8 t。工业化率导致的碳排放强度增加有不严格收敛的趋势。

(4) 单位GDP碳排放与服务业比重之间的关系

单位GDP碳排放与服务业比重之间的关系,呈一定的负相关关系,相关系数为$-0.140\ 4$,可信度不足90%。二者的回归选优结果是:以二次多项式函数的精度最高,即单位GDP碳排放强度随服务业比重的提高迅速下降,模型可信度超过90%、接近95%。在当前全球平均比例(60%)的基础上,服务业比重每提高1%,单位GDP碳排放减少0.126 5 t。其中高收入经济体的服务业比重每提高1%,单位GDP碳排放减少0.088 3 t;中等收入经济体,服务业比重每提高1%,单位GDP碳排放减少0.108 3 t;低收入经济体,服务业比重每提高1%,单位GDP碳排放减少0.132 0 t。越是低收入经济体,发展服务业对减排的敏感性越明显。

应该注意的是,上述各因素多模型选优中,前三优模型中都有一个是对数模型——说明碳排放强度有普遍的收敛性质,但其收敛的速度是很慢的,远远满足不了控制地球变暖的需要。各经济体共同努力,加强合作,也是十分必要的。

1.3.2 影响碳排放强度的多因素分析

前面的分析,每次只考虑碳排放强度与某一具体因素的个别关系,目的是发现碳排放在某一方面的规律。当然,这种规律只在另外因素不存在或保持不变时才有意义。实际上,这些因素是同时存在并共同影响着碳排放强度的。有鉴于此,有必要再对影响碳排放强度的多因素进行分析。

(1) 人均碳排放的多元统计分析

分别以人均GNP、城市化率、工业化率、服务化比重为解释变量,以人均碳排放为因变量,得到多元线性回归模型为

$$\begin{cases} y = -5.290\ 195 + 0.000\ 164\ 199x_1 + 0.031\ 288\ 67x_2 + 0.108\ 794x_3 + 0.045\ 649\ 72x_4 \\ F = 56.81,\ R = 0.824\ 5,\ F_1 = 71.95,\ F_2 = 3.74,\ F_3 = 14.61,\ F_4 = 2.65 \end{cases} \quad (1)$$

模型精度超过99%的可信程度($F_{112-4-1,\ 4}^{0.01} \geqslant F_{125,\ 4}^{0.01} = 3.17$)。当人均收入提高100美元,城市化率、工业化率和服务业比重各提高1%,人均碳排放增加0.202 2 t。

为了减少冗余,我们也做了逐步回归分析,所得模型为

$$\begin{cases} y = -2.793\ 679 + 0.000\ 174\ 419x_1 + 0.045\ 299\ 77x_2 + 0.079\ 885\ 33x_3 \\ F = 733.33,\ t_1 = 9.45,\ t_2 = 3.28,\ t_3 = 3.56 \end{cases} \quad (2)$$

服务业(解释变量四)被剔除。模型精度更高(F 检验值大增),超过99%的可信程度($F_{112-3-1,4}^{0.01} \geqslant F_{125,4}^{0.01}=3.17$)。人均收入提高100美元,城市化率、工业化率各提高1%,人均碳排放增加0.139 7 t。用人均GNP、城市化率和工业化率解释人均碳排放完全可行。

(2) 单位GDP碳排放的多元统计分析

分别以人均GNP、城市化率、工业化率、服务化比重为解释变量,以单位GDP排放的二氧化碳为因变量,得到多元线性回归模型为

$$\begin{cases} y = 0.192\ 732\ 3 - 0.000\ 149\ 907\ 8x_1 - 0.035\ 096\ 67x_2 + 0.158\ 531\ 9x_3 + \\ \quad 0.103\ 475x_4 \\ F = 3.342\ 2, R = 0.333\ 5, F_1 = 7.39, F_2 = 0.58, F_3 = 3.82, F_4 = 1.68 \end{cases} \quad (3)$$

模型精度超过99%的可信程度($F_{112-4-1,4}^{0.01} \geqslant F_{125,4}^{0.01}=3.17$)。人均收入提高100美元,城市化率、工业化率和服务业比重各提高1%,单位GDP碳排放增加0.211 9 t。

逐步回归模型为

$$y = 8.818\ 285\ 9 - 0.000\ 130\ 850\ 7x_1, \quad F = 9.42 \quad (4)$$

城市化率、工业化率、服务业比重均被剔除,模型精度有所提高(F 检验值增大),超过99%的可信程度($F_{112-1,1}^{0.01} \geqslant F_{125,4}^{0.01}=3.17$)。人均收入提高100美元,单位GDP碳排放增加0.013 1 t。用人均收入解释单位GDP碳排放完全可行。

(3) 主成分分析

分别以人均碳排放、单位GDP产生的碳排放为目标变量,以人均GNP、城市化率、工业化率和服务业占GDP的比重为解释变量进行主成分分析,结果如下:

大于1的特征根有两个,其中第一特征根为2.138 9,第二特征根为1.191 0,二者的累积贡献率达到了83.26%。这就是说,用前两个主成分即可达到对原始数据80%以上的信息解释(表1-6)。

表1-6 特征根及其贡献率和累积贡献率

	特征根	贡献率	累积贡献率(%)
第一特征根	2.138 9	53.48	53.48
第二特征根	1.191 0	29.78	83.26
第三特征根	0.428 9	10.72	93.98
第四特征根	0.240 6	6.02	100.00

前两个主成分的因子载荷如表1-7所示。其中第一主成分的因子载荷中,绝对值较大的是人均GNP和城市化率,分别代表经济发展和社会发展水平,因此可以说,第一主成分是社会经济发展水平因子。第二主成分载荷中,绝对值较大的分别是工业化率和服务业占GDP的比重,因此可以说,第二主成分是产业结构因子。

表 1-7 前两个主成分因子的载荷

影响因素	第一主成分载荷	第二主成分载荷
人均 GNP	0.882 9	0.132 5
城市化率	−0.658 8	−0.098 9
工业化率	0.097 3	0.569 1
服务业比重	−0.244 7	0.234 5

城市化率在两个主成分载荷中都是负的,说明城市化确实有利于降低碳排放强度,当然,在第二主成分载荷中,其绝对值很小;服务业比重,在第一主成分载荷中为负,在第二主成分载荷中为正,说明服务业对碳排放的影响更为复杂,特别是和人均消费水平等因素混在一起,更不是简单的正相关或负相关关系。这也正说明对碳排放强度进行主成分分析以消除因素之间的共线性是必要的,也是重要的。

以前两个主成分因子的加权得分为主成分得分,计算公式为

$$X_i = \frac{\beta_1}{\beta_1+\beta_2}\sum_{j=1}^{4}r_{1j}x_{ij} + \frac{\beta_2}{\beta_1+\beta_2}\sum_{j=1}^{4}r_{2j}x_{ij} \tag{5}$$

其中:β_1,β_2 为第一、第二特征根;r_{1j},$r_{2j}(j=1,2,3,4)$ 分别为第一主成分、第二主成分载荷。以各样本的主成分得分为解释变量(具体数据略),以人均碳排放(y_1)和单位 GDP 碳排放(y_2)为目标变量,用多模型模拟的方法进行选优,所得模型如表 1-8 所示。

表 1-8 人均碳排放、单位 GDP 碳排放与四因素的主成分得分之间的选优模型

		模型	模型精度参数
人均碳排放 y_1	最优	$y=-12.236\,41+2.153\,325\ln x$	$F=207.16, R=0.808\,2$
	次优	$y=8.179\,121-0.000\,213\,052\,1x$	$F=9.42, R=0.280\,9$
单位 GDP 碳排放 y_2	最优	$y=0.001\,159\,24x \times e^{-0.000\,040\,234\,53x}$	$F=195.34, R=0.799\,8$
	次优	$y=7.891\,79-5.552\,861\times 10^{-9}\times x^2$	$F=6.93, R=0.243\,4$

对比表 1-8 与表 1-4、表 1-5 数据,特别是 F 检验值数据,可以发现,模型精度明显提高,说明用主成分分析的方法消除变量之间的共线性很有必要。

表 1-8 中的最优模型可以看出,无论人均碳排放还是单位 GDP 碳排放,都是随着四大因素的增长而增长的,但增长的幅度确实在收敛,只是我们不能坐等其自发收敛到某个临界值,因为到那时,地球的生命系统可能已经崩溃。

1.3.3 碳排放强度与社会经济发展阶段之间的关系

以 112 个经济体人均碳排放的平均值±50%、单位 GDP 碳排放平均值±50%为临界值,将这 112 个国家分成五类,各类的特点及各经济体的归属如图 1-3 所示。据此分析如下:

就目前比较发达的经济体而言,与能源供应方式改善相比,消费方式对二氧化碳减排的贡献更大。发达国家增加一个人比发展中国家增加一个人所引起的碳排放增加量

要大很多,从一个侧面说明发达国家"奢侈型"的生活方式是导致今天全球性环境危机的根源。

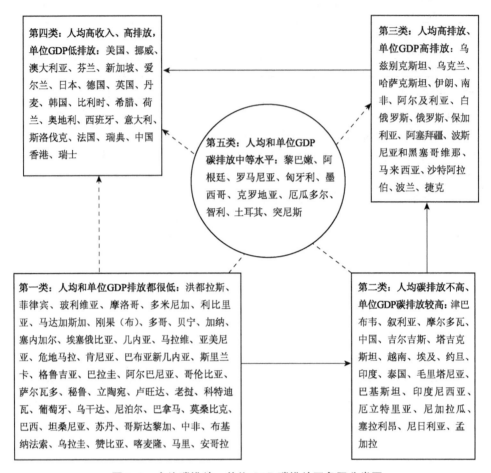

图 1-3　人均碳排放—单位 GDP 碳排放四象限分类图

注:图中的实箭头"→"表示传统模式;虚箭头"┅►"表示希望跨越的方向。
第五类的可能发展方向是第三类,理想的跨越方向是第四类。

无论是配第—克拉克定理,还是罗斯托经济成长阶段论,无论是老牌发达国家还是新兴的工业化国家,它们的实践都证明,一个大的经济体,其经济发展都是经过工业化和城市化最终走向现代化。随着人均 GDP 或 GNP 的增加,第一产业所占比重逐渐减小,第二产业所占比重先增加后减少,第三产业所占比重逐渐增加。工业化过程中还有一个先轻工业化、再重化工业化、再高加工组合化的规律。正如环境库兹涅茨定律一样,在经济长期发展过程中,单位 GDP 所消耗的能源和排放的碳,也有一个倒"U"形规律。基于此,可以将传统的社会经济发展与碳排放关系划分成四个阶段。

第一阶段,是经济低水平、低增长,碳低排放阶段,大体上相当于传统的农业社会阶段。

第二阶段,是经济低水平、快增长,碳排放也是如此的阶段,大体上相当于工业化起步到工业化中期（重化工业以前），中国目前正处在该阶段。

经济发展是无止境的，广大的发展中国家目前仍处在碳排放强度上升时期，要缩减总的碳排放量很困难，一是产业结构演变的内在规律所致，二是较落后的生产技术所致。必须转变观念，争取外援（如发达国家的技术援助等），走新型工业化道路，尽快进入单位GDP碳排放下降的过程。

第三阶段，是经济水平较高、增长较快，单位碳排放强度达到最大的阶段，大体相当于工业化成熟阶段，美国、日本等早已经完成了这个阶段，韩国刚刚完成这个阶段，罗马尼亚、波兰和捷克等国家，正处在这个阶段。

第四阶段，是经济社会高度发达、单位GDP碳排放强度逐渐降低，以至最终达到人均碳排放很小的程度。美国、日本等正处在这个阶段的前半时期，北欧的一些国家人均碳排放强度开始降低，但大规模地减少人均碳排放，目前还没有哪个国家做得到。

目前一些发达国家，在生产过程进行碳减排已做得很好，其单位GDP所消耗的能源、所排放的碳，确实已经很低。但这些国家的人均碳排放仍然很高，主要原因在于消费方式，以美国为例，每千人拥有汽车765辆，很多人马不停蹄地到世界各地旅游，奢侈的生活方式形成的"消费排放"是造成其人均碳排放高居榜首的罪魁祸首。

基于上述分析，提出"人均GNP与碳排放四象限模型"，如图1-4所示。这是对传统经济发展模式的概括，其中的单位GDP碳排放强度是一个自发的过程，要缩短其"高排放"时期，必须采取十分得力的组织措施和技术措施。

如同"未富先老"一样，中国经济还未到达一定高度或完成一定的积累就要考虑低碳、环保等理念，这对短期内经济的发展是不利的。

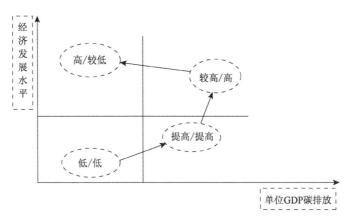

图1-4 单位GDP碳排放强度与经济发展水平之间的四象限模型

1.3.4 结论和讨论

影响碳排放强度的因素很多，本节深入考察了人均GNP、城市化率、工业化率和服务业比重对人均碳排放、单位GDP碳排放的影响。经过十几种常用数学模型的模拟，发现碳排放强度与各影响因素之间都存在一定的单对数关系（均属于前三优之一），即随着社会经济的发展，碳排放强度的确存在某种程度上的收敛趋势。

1850—2004年,全球人均历史累积排放二氧化碳173.5 t,其中中国人均排放68.9 t,全球排名第92位,仅为世界平均水平的1/2左右,但2007年中国人均碳排放为5 t,已经超过世界平均水平(4.6 t)。不同经济体,其减排的任务不一样,应当承担的责任也不一样。

在碳排放问题上人人平等,低收入经济体人均碳排放较少,高收入经济体人均碳排放较多,造成温室效应日益加剧的主要责任在于发达经济体(历史累积排放多、当前人均排放多)。当前减少碳排放的关键之一,是发达经济体应努力减少其奢侈性消费。

低收入经济体的单位GDP碳排放较高,高收入经济体的单位GDP碳排放较低,造成这种现象的原因,一是经济结构,特别是工业化和能源消费结构的不同,二是技术工艺的差别。减少碳排放的关键之二,在于高收入经济体加大对低收入经济体的技术援助,特别是能源技术和高新技术的援助。

工业化率高的地区,人均碳排放和单位GDP碳排放的强度都很大,这是产业结构本身的固有规律。但是,正处在工业化快速发展阶段的经济体,其节能减排的潜力也很大。减少碳排放的关键之三,是这些经济体要走新型工业化道路,调整能源结构,加快技术改造,淘汰传统落后的生产工艺。中国政府当前对策的发力点就在于此。

集中生产和生活,在其他方面(如收入、消费水平等)相同的情况下有利于碳排放的降低。减少碳排放的关键之四,是各经济体优化聚落布局,建设紧凑型城市,发展现代服务业。

应该说明的是,影响碳排放的因素还有很多,如进出口规模与结构、能源生产和消费方式等。有鉴于此,本节的结论只是初步的,一些定量测算结果只有相对意义。

严格说来,对碳排放强度与经济、社会影响因素之间的考察,还应该就同一经济体的长期变化做跟踪测算。对世界所有经济体碳排放强度的长期变化进行研究是下一步的努力方向。

本节所使用的数据存在时差,尽管一个经济体在两三年内(2004—2007年)的宏观结构不会发生太大的变化,但模型的精度,甚至模型的具体形式有可能不完全相同。这也是应该予以说明和注意的。

1.4 区域系统分析中的加权建模方法

本节根据笔者曾做过的关于加权建模的研究[①]成果,说明区域系统分析中加权建模的过程及其值得注意的事项。

定量化是软科学硬化的根本途径,也是当前社会科学研究的主要努力方向。提高建模精度,充分利用已有的信息,努力挖掘先验知识的价值,对社会科学的研究非常必要。本节的研究给出了社会科学研究中常见模型的加权建模计算方法,讨论了典型情况下权重系数的确定原则,并结合我国各地区现代化与工业化、城镇化、知识化及经济发展的情

---

① 吴殿廷,周伟,姜晔.社会经济研究中加权建模的初步研究[J].北京师范大学学报(自然科学版),2008(5):524-528.

况,验证了相关分析、逐步回归分析和回归选优模型加权建模的可行性和有效性。笔者认为,无论是自然科学还是社会科学,都应提倡加权建模,但在权重系数的选择上则要慎重,努力避免人为偏见。

社会科学与自然科学考察的对象不同,研究的手段不同,对象表现的规律也不同,着眼点更不同。社会科学所寻求的规律,都是大规律、统计规律、综合规律、长时间变化中表现出来的宏观规律、总体规律。不能用一个事实肯定一个规律,也不能用一个事实否定一个规律。社会科学研究的依据(数据、信息等)也不同——社会科学中的数据信息,较少有微观的、直接的、确切的、连续的数据,大部分是综合的、间断的、概括的、模糊的数据。社会科学在定量化研究中有必要对样本的质量、大小、使用价值等进行甄别,而不能简单地、同等地看待各样本。为求简单、实用,应注意充分挖掘和利用先验知识,加权建模是一个重要途径。

1.4.1 社会经济研究中加权建模的必要性

在求平均数时,不是通过简单的相加相除,而是用数学期望(加权平均值),原因如下:

(1) 样本有大小。同样是人均GDP为10 000元人民币,对于河南省和青海省来说,这个数字的经济学和社会学意义不同——前者9 000多万人,人均GDP 10 000元,意味着总的经济规模是9 000亿元;而后者500万人,人均GDP 10 000元意味着总的经济规模是500亿元,前者是后者的18倍。

(2) 样本的典型性、代表性不一样。比如,要了解中国人的基本生活状况,在马路上调查乞丐与在商场调查顾客所得到的样本,参考价值大不相同——乞丐毕竟是少数,代表不了大多数人的生活水平。即使注意到样本布局的代表性问题,采取了系统抽样、分层设点等办法也不能完全解决这个问题。

(3) 样本有好坏。即使调查商场顾客,也存在有的顾客思维不清,前后矛盾;有的顾客瞎说一通,不负责任或故意掩盖真相的现象。在自然科学中常用噪声滤波方法排除这些样本,但完全排除是欠妥的,因为其中毕竟包含一定的价值;若同其他样本等同使用也是不合适的。

其实,在自然科学中,上述问题也存在,只是为了简便而经常假定样本无差别罢了。这种简便显然是不严谨、不精确的。因此,自然科学中也有必要研究加权建模问题,只是权重的确定方法不同罢了。高质量的数据在统计分析中应当给予更多的信任度。

1.4.2 加权建模的领域和方法

凡是一般建模问题,都有相应的加权建模方法与其对应。

1) 一般特征值的加权计算

设有系列数据 x_i,其对应的一般平均数、变差系数、基尼系数和加权平均数、变差系数、基尼系数计算公式如下所示:

一般平均数为

$$\bar{x} = \sum_{i=1}^{n} \frac{x_i}{n} \tag{6}$$

加权平均数为

$$\bar{x}' = \sum_{i=1}^{n} \frac{p_i x_i}{n} \tag{7}$$

一般变差系数为

$$C_v = \frac{1}{\bar{x}} \sqrt{\sum_{i=1}^{n} \frac{(x_i - \bar{x})^2}{n-1}} \tag{8}$$

加权变差系数为

$$C_v' = \frac{1}{\bar{x}} \sqrt{\sum_{i=1}^{n} \frac{p_i(x_i - \bar{x})^2}{n-1}} \tag{9}$$

设 y_i 为由大到小排列的结构百分比,$i=1, 2, \cdots, n$,x_i 是对应的累积百分比,即

$$x_i = \sum_{k=1}^{i} y_k, \quad x_0 = 0 \tag{10}$$

则一般基尼系数计算公式如下:

$$G_i = \frac{1}{n} \sum_{i=1}^{n} (x_{i-1} + x_i) - 1 \tag{11}$$

由上述公式计算的是普通的基尼系数 G_i。考虑到样本的质量(大小和典型性)的差别,用加权基尼系数 G_i' 更能准确地揭示内部差异。由数学原理可以知道,$0 \leqslant G_i' \leqslant 1$,$G_i'$ 越大,结构的不平衡性越强(集聚性越强)。

加权基尼系数 G_i' 的计算如下[1]:

$$G_i' = \frac{1}{n} \sum_{i=1}^{n} p_i(x_{i-1} + x_i) - 1 \tag{12}$$

2) 相关分析

一般相关分析中计算相关系数的过程是:

设 (x_i, y_i) 为两个序列,求二者之间的相关系数 R_{xy}。定义它们的方差、协方差如下:

$$L_{xx} = \sum_{i=1}^{n} (x_i - \bar{x})^2 \tag{13}$$

$$L_{yy} = \sum_{i=1}^{n} (y_i - \bar{y})^2 \tag{14}$$

$$L_{xy} = \sum_{i=1}^{n} (x_i - \bar{x})(y_i - \bar{y}) \tag{15}$$

---

[1] Sundrum R M. Income Distribution in Less Developed Countries[M]. New York: Routledge, 1990:50.

其中，$\bar{x}$ 和 $\bar{y}$ 为简单平均值。二者的相关系数为

$$R_{xy} = L_{xy} / \sqrt{L_{xx}L_{yy}} \tag{16}$$

在考虑样本质量、价值或大小的前提下，假定各样本的相对重要性(权重)为 p_i，但需约束各权重系数之和为 1，即

$$\sum_{i=1}^{n} p_i = 1(100\%) \tag{17}$$

此时，参照上述表达方式，有方差、协方差及加权相关系数如下：

$$L'_{xx} = \sum_{i=1}^{n} p_i^2 (x_i - \bar{x}')^2 \tag{18}$$

$$L'_{yy} = \sum_{i=1}^{n} p_i^2 (y_i - \bar{y}')^2 \tag{19}$$

$$L'_{xy} = \sum_{i=1}^{n} p_i^2 (x_i - \bar{x}')(y_i - \bar{y}') \tag{20}$$

$\bar{x}'$ 和 $\bar{y}'$ 为加权平均值(数学期望)，则加权相关系数为

$$R'_{xy} = L'_{xy} / \sqrt{L'_{xx}L'_{yy}} \tag{21}$$

除了一般相关分析之外，其他相关分析如灰色关联分析、模糊贴近度分析等，也都可以参照前述的方法建立加权相关分析模型。

3) 回归分析

回归分析一般模型 $y = f(x)$ 的拟合方程是

$$\hat{y} = f(x) \tag{22}$$

用最小二乘法确定参数，则有

$$Q = \sum_{i=1}^{n} (\hat{y}_i - y_i)^2 \to \min \tag{23}$$

加权回归中变成求下式的极小值

$$Q' = \sum_{i=1}^{n} p_i^2 (\hat{y}_i - y_i)^2 \to \min \tag{24}$$

有的学者在计算剩余平方和时，用的是 p_i[①]，笔者认为不合适，一次方用 p_i，二次方就应该用 p_i^2。

一般建模的精度检验可以是 F 检验或 T 检验。用 F 检验的计算公式是

$$F = \frac{U/m}{Q/(n-m-1)} \tag{25}$$

其中：F 为检验值；U 为回归平方和；Q 为剩余平方和，m 和 n 分别为自变量个数和

---

① 方开泰，全辉，陈庆云. 实用回归分析[M]. 北京：科学出版社，1988：60.

样本容量。U 和 Q 计算如下：

$$U = \sum_{i=1}^{n} (\hat{y}_i - \bar{y})^2 \tag{26}$$

$$Q = \sum_{i=1}^{n} (\hat{y}_i - y_i)^2 \tag{27}$$

加权建模中，F 检验的形式不变，平均值变成数学期望（加权平均值），回归平方和、剩余平方和由下面算式给出：

$$U' = \sum_{i=1}^{n} p_i^2 (\hat{y}_i - \bar{y})^2 \tag{28}$$

$$Q' = \sum_{i=1}^{n} p_i^2 (\hat{y}_i - y_i)^2 \tag{29}$$

$$F' = \frac{U'/m}{Q'/(n-m-1)} \tag{30}$$

4）自回归预测

一般自回归预测模型可以看成多元线性回归模型，即

$$y_{n+1} = b_0 + b_1 y_n + b_2 y_{n-1} + \cdots + b_m y_{n-m+1} \tag{31}$$

其中：m 为自回归的阶数，可根据实际情况模拟确定；b_0，b_1，b_2，$\cdots$，b_m 为回归参数，可用最小二乘法等加以确定。

因为 y_n，y_{n-1}，$\cdots$，y_{n-m+1} 对 y_{n+1} 预测的价值（影响程度、相关程度、相似程度等）是不一样的。除非有周期性的波动，否则，越是近期，参考价值越大，应该赋予较大的权重；越是远期，价值越小，应该赋予较小的权重。因此，平等地看待它们，即在预测时不进行权重处理是不合适的。指数平滑预测比简单的自回归预测运用得较多，效果也较好，道理就在于此。

加权自回归预测可以采用不同的权重处理办法，这里建议按照数学滤波方法，既简便易行，又可根据需要进行模拟，提高预测精度。

前人工作成果中有可借鉴的赋值方法[①]，即用如下模型确定权重：

$$p_i = e^{-(n-i+1)\beta} \quad (i = 1, 2, \cdots, n) \tag{32}$$

其中，n 和 β 分别是样本容量、特定参数（可通过适当的模拟实验求得）。此方法得到的预测值要进行规范化（权重为 1）处理，即除以 p，公式为

$$p = \sum_{i=1}^{n} p_i = \sum_{i=1}^{n} e^{-(n-i+1)\beta} \tag{33}$$

5）因子分析和聚类分析

因子分析（包括 R 型因子分析，Q 型因子分析），可参照一般因子分析的过程和方法，

---

① 《数学手册》编写组. 数学手册[M]. 北京：高等教育出版社，1979：911-913.

只在计算平均数、相关系数矩阵时,按照上述方法进行加权,其他过程不变。

聚类分析除计算平均数、相关(似)矩阵时,按照上述方法进行加权外,聚类过程中计算距离函数(或贴近度、相似度等)时,也要考虑权重问题,并采取恰当的方法确定权重。

1.4.3 权重及其确定的方法

加权建模的质量在很大程度上取决于权重确定是否合理。要在实践中一个样本一个样本地考察和赋权是不合适的,一是很难避免人为性,二是很麻烦。所以,都用权数函数来确定,如有研究用每个行业的进出口总额作为权重进行加权最小二乘法(WLS)[1]。权数函数可以有多种不同的选择[2],预测、模拟等问题可以用仿真的方法确定权重,这在前面的自回归模型中已经讨论过。这里主要讨论下述两个问题。

1) 样本特性与权重的确定

对于样本的大小问题,可以用反映样本大小的数值(比例)作为权重。如研究各地区人均GDP之间的关系问题,就可以用该地区在上级区域所占的人口比重作为权重;研究各地区产业结构之间的关系问题,就可以用该地区GDP在上级区域所占的比重作为权重。

如果比例关系差别不大或难以识别,那么关键就在于样本的可靠性上。此时,若可大致估计出好坏或大小的顺序,则可以参照前述的时间序列权重确定方法;否则,可用专家判断或模糊综合评价的方法确定权重。

2) 单方面权重和多方面组合权重

单纯地研究多个对象一个指标的数字特征,只用一个权重就可以了。如研究各地区(多个对象)人均GDP(一个指标)的差别问题,只用各地区人口比重作为权重就可以了。实践中,经常要研究多个对象、多个指标之间的关系。在这种情况下,只用一个权重怕没有把握。如研究各地区城市化与工业化之间的关系问题,单纯地用人口比重不合适,人口比重只反映了城市化的特征;单纯地用经济比重也不合适,经济比重只反映了工业化的特征。研究中国多年来城市化与工业化之间的关系问题,看上去好像是单个对象的多指标问题,其实不然,因为各年份的人口数、经济规模是不一样的,应考虑不同年份的人口、经济总量在所考察的所有年份的总人口、总经济量中所占的比重。对此问题,理想的做法是以人口比重和经济比重乘积的平方根为权重。

1.4.4 案例检验

下面,以笔者曾研究过的我国各地区现代化与工业化、城市化、知识化及经济协调发展[3][4]的加权建模为例,以前期完成的成果数据为基础,做加权相关分析、加权线性回归

---

[1] 马剑飞,朱红磊,许罗丹.对中国产业内贸易决定因素的经验研究[J].世界经济,2002(9):22-26,80.
[2] 张颖.统计学中回归分析及相关内容的教改思考——兼介绍LOESS回归[J].统计与信息论坛,2000,15(2):35-37.
[3] 吴殿廷,等.我国各地区现代化与工业化、城市化、知识化及经济协调发展的初步研究[J].系统工程理论与实践,2002,22(11):51-58.
[4] 吴殿廷,李雁梅,武聪颖,等.我国各地区知识经济发展的初步研究[J].经济地理,2002,22(4):420-424.
[5] 田杰,吴殿廷,李雁梅,等.我国各地区现代化进程研究[J].中国软科学,2002(6):98-101.

分析和加权因子分析,以探讨前述理论的可行性和有效性。

1) 加权相关分析

设人口比重为 p,GDP 比重为 q。以 $\sqrt{pq}$ 为样本权重(只对样本进行加权),用统计产品与服务解决方案(Statistical Product and Service Solutions,简称 SPSS)软件计算得到的一般相关系数(上三角)和加权相关系数(下三角)(表1-9)。

如果都是一般相关或者都是加权相关,则对角数据应该是相等的。表1-9中的对角数据不完全相等,从理论上说,应以下三角(加权相关系数)为准。表1-9中数据大部分是上三角的大,下三角的小,但也有例外,见下划线上的数据,这是什么原因不得而知。

表1-9 各项发展指标之间的相关系数($n=31$)

	现代化	工业化	城市化	知识化	经济发展水平
现代化	1.000 0	0.324 2	0.974 2	0.957 2	0.916 7
工业化	0.324 9	1.000 0	0.248 5	0.200 3	0.334 1
城市化	0.913 5	0.284 2	1.000 0	0.893 1	0.818 3
知识化	0.907 8	0.498 3	0.835 5	1.000 0	0.894 1
经济发展水平	0.890 0	0.324 9	0.725 3	0.885 7	1.000 0

注:检验临界值 $R_{0.01}=0.4487$;$R_{0.02}=0.4093$;$R_{0.05}=0.3494$。

2) 多元线性加权回归

逐步回归分析模型的一般形式为

$$Y = B_0 + B_1 X_1 + B_2 X_2 + B_3 X_3 + B_4 X_4 + \cdots \tag{34}$$

以现代化为因变量 Y,以工业化 X_1、城市化 X_2、知识化 X_3、经济发展水平 X_4 为自变量,同样以上述数据为基础,在不采用加权的情况下逐步回归分析结果是

$$Y = 12.6856 + 0 \times X_1 + 0.4711 \times X_2 + 0.7838 \times X_3 + 0.1907 \times X_4 \tag{35}$$

模型检验统计量 $F=271$,可信度达到 99.9%。各自变量每增加 1%,现代化程度提高 0.71%。从综合的角度上说,我国各地区的现代化与工业化并不存在不可替代的关系($B_1=0$),对现代化影响较大的是知识化($B_3=0.7838$,最大)。

下面以 $\sqrt{pq}$ 为各样本(地区)权重,建立加权逐步回归模型,所得结果是

$$Y = 14.590 + 0 \times X_1 + 0.487 \times X_2 + 0.542 \times X_3 + 0.274 \times X_4 \tag{36}$$

模型检验统计量 $F=270$,可信度也达到 99.9%。仍然是工业化对现代化影响很小($B_1=0$),知识化对现代化影响最大($B_3=0.542$)。

一般逐步回归和加权逐步回归所得结果的形式是一样的,但仍有明显的差别,其中常数项相差 15.01%,B_2 相差 3.38%,B_3 相差 44.61%,B_4 相差 43.68%。因此,不能认为两个模型是无差别的。那么,哪个更合理、更可靠呢?一般的做法是考察两模型的精度。但是,本例中的两个模型的精度都很高,无法从模型精度上考察各自的优劣;但从建模过程看,前者不合理,因为没有考虑各样本的大小。因此,应该以后者为准。事实上,即使前者的精度高也不可取,用不合理的过程所得出的结论当然是靠不住的。

3) 非线性加权选优

以现代化为因变量,分别以工业化率、城镇化率、知识化指数和经济发展水平指数(人均 GDP 指数)为自变量,以 $\sqrt{pq}$ 为各样本(地区)权重,用 15 种常用的数学模型进行模拟,并以剩余平方和最小为准,所得到的最优拟合模型及其精度参数见表 1-10。和一般建模相比,有的精度略提高了,如以工业化率为自变量所建立的模型,但二者都未达到显著水平(可信度只在 90% 的水平上);其他模型两种建模方式的精度都很高,可信度都在 99.9% 的水平上,加权建模的检验参数略低于一般建模的精度(表 1-11)。

表 1-10 现代化与工业化率、城市化率、知识化指数及经济发展水平指数关系模型

自变量	建模形式	模型形式	检验参数 F	相关指数 R
工业化率	一般建模	$y = 30.6818 + 0.0102x^2$	3.48	0.33
	加权建模	$y = 1.150454xe^{-0.001233041x}$	3.54	0.33
城镇化率	一般建模	$y = 23.5803 + 1.0203^x$	347.61	0.96
	加权建模	$y = 3.631287 + 1.500941x$	36.92	0.75
知识化指数	一般建模	$y = 2.9609xe^{-0.007078594x}$	392.26	0.97
	加权建模	$y = 4.789902 + 2.304412x$	78.93	0.86
经济发展水平指数	一般建模	$y = 110/(1 + 3.7525e^{-0.0384x})$	167.10	0.92
	加权建模	$y = 3.906311 + 12.88299 \ln(x)$	36.72	0.75

注:F 检验临界值为 $F_{0.01}^{31-1} = 7.56$;$F_{0.05}^{31-1} = 4.17$;$F_{0.10}^{31-1} = 2.8$。

表 1-11 工业化率、城市化率、知识化指数及经济发展水平指数变化对现代化的影响分析

自变量	平均值	一般建模*	加权建模*	分析说明
		(%)		
工业化率	48	1.02	1.01	二者差不多,模型精度都未达到可信的程度
城镇化率	36	1.04	1.50	后者大于前者近 0.5%,似乎后者更可信
知识化指数	20	2.88	2.30	前者大于后者 0.5% 以上;两个值都明显地高于其他自变量变化所引起的现代化指数变化,因此可以说,知识化,是制约现代化的最主要因素
经济发展水平指数	25	1.03	0.51	前者大于后者超过 0.5%,似乎后者更可信,因为现代化比经济发展水平包含更多的内容

注:* 自变量每提高 1%,现代化指数将上升的百分数。

1.4.5 结论与讨论

提高建模精度,充分利用已有的信息,努力挖掘先验知识的价值,对于任何科学研究来说都是必要的。因此,无论是自然科学还是社会科学,加权建模都是有意义的。

本节给出了社会科学研究中常见模型的加权建模计算方法,并结合我国各地区现代化与工业化、城镇化、知识化及经济发展水平的情况,验证了加权建模的可行性和有效性。应该说明的是,本节只是初步探讨,关于加权建模还有很多问题没有解

决。如：

（1）模型精度问题。从理论上说，加权建模是合理的，但模型精度是否一定提高，则不尽然。

（2）权重选择问题。本节只给出了几种典型情况下的具体建议，而没有给出系统的研究成果。对于时间序列，可用公式 $p_i = e^{-(n-i+1)\beta}$ 确定权重；对于非时间序列可通过对此公式的适当变换加以使用，即把样本的质量(或重要程度)按照由小到大的顺序进行排列，然后用此方法确定权重。当然，β 的确切取值还是要通过模拟来确定。样本质量(权重)差别小时，β 取较小的值；样本质量差别大时，β 取较大的值。应该注意的是，在权重系数选择上要慎重，努力避免人为偏见。

（3）计算结果的稳定性和有效性，也还有待于在实践中加以检验。

2 区域系统结构分析

2.1 结构分析概述

系统结构是指系统内部各组成部分相互联系、相互作用的方式。通过对系统内部各种比例关系的研究,可以揭示系统结构的数量特征。

区域系统结构指区域系统内部各子区域、各部门、各要素、各方面及其相互之间的关系和有机联系。一般可以从两方面研究区域系统结构:一是区域系统内部的比例关系,这是区域系统结构最直接的反映;二是区域系统内部各方面之间的相互联系与相互作用的方式,这是对区域系统结构内部比例关系实质的补充和深化。二者之间是密切联系的。为方便起见,一般都从区域系统内部的比例关系入手研究系统结构与功能的关系。

2.1.1 区域系统结构分析的内容

区域系统是复杂的综合结构系统,系统内部的结构也是复杂多样的,宏观结构内部包含微观结构,大系统下又分成若干子系统,各子系统相互交叉、复合,连接成系统的结构网络。从实际状况与研究需要来看,区域系统主要涉及下列几个方面的结构:

(1) 空间结构。资源、社会经济活动、经济发展水平在空间上的分布。

(2) 城镇结构。区域系统内大、中、小城镇和经济中心的等级与规模分布。

(3) 资源结构。土地资源、农林牧渔等生物资源、矿产资源、水资源的组成结构等。

(4) 社会结构。人口年龄结构、民族结构、家庭结构、学历结构、职业结构等。

(5) 产业结构。经济活动按各种分类的比例结构,如三次产业结构,劳动密集、技术密集、资本密集产业结构,农轻重比例关系结构等。

(6) 技术结构。高精尖新技术、中间技术、传统技术的开发应用比例。

(7) 投资结构。各部门、各行业、各类用途的投资比例,内资与外资,国家投资与地方投资,国家、集体、个体投资比例等。

(8) 消费结构。高、中、低不同档次的消费比例,衣、食、住、行、娱的消费比例,社会消费和居民消费的比例等。

(9) 交通结构。铁路、公路、水路、航空、管道等交通运输方式的运输能力构成等。

(10) 能源结构。石油、煤炭、水电、火电、核电、太阳能、风能、潮汐能等各种能源的生产与使用比例等。

(11) 消费积累结构。国民收入用于投资和消费的比例关系。

(12) 进出口结构。产品与服务的输入与输出的组成结构。

在区域研究和规划设计中,要深入分析上述各方面结构及其相互关系,从系统整体性出发确定各种结构的最优比例,以期达到系统整体功能的最优化。

2.1.2 区域系统结构分析方法

1) 要素比例关系分析

百分比:各要素占总体的比重,如三次产业比例、农轻重比例等,这些比例是与区域经济发展阶段和资源、环境特点相联系的。因而通过百分比的计算及其变化的分析,可以对区域系统的演化阶段和发展方向做出初步判断。如著名的恩格尔系数,就是用食品消费占整个生活消费的百分比来说明人们的生活水平。著名经济学家恩格尔发现,随着人们生活水平的提高,人们的食品消费总额也在不断提高,但食品消费在整个生活消费中所占的比例却在不断降低,这个规律被命名为恩格尔定律。恩格尔系数与生活水平之间的关系见表2-1。工业化率(工业增加值占GDP的百分比)、城镇化率(城镇人口占总人口的比例)、外贸依存度(进出口总额与GDP的比率)等,也都是常用的要素比率关系模型。

表2-1 恩格尔系数与生活水平

恩格尔系数(%)	>59	59—50	49—40	39—20	<20
生活水平	贫困	温饱	小康	富裕	极富裕

(1) 区位熵

区位熵的计算公式如式(1)所示:

$$Q = (N_1/A_1)/(N_0/A_0) \tag{1}$$

其中:N_1 为研究区域某部门产值(或从业人员);A_1 为研究区域所有部门产值(或从业人员);N_0 为背景区域某部门产值(或从业人员);A_0 为背景区域所有部门产值(或从业人员)。

含义:Q 越大,该地区的这个部门所占比例相对越高。区位熵大于1,表明本区域的该部门相对高(强)于背景区域,因而可能是本区域的专业化部门或者优势部门。

区域内的产业部门有多个,若同时考察多个区域,则特定区域的某产业的区位熵,可以统一地写成

$$q_{ij} = (x_{ij}/x_{i0})/(y_j/y_0) \tag{2}$$

其中:q_{ij} 为 i 区域 j 部门的区位熵;x_{ij} 和 y_j 分别为对象区域、背景区域 j 部门的就业人数(或产值);x_{i0} 和 y_0 分别为对象区域、背景区域总就业人数(或产值)。

(2) 多样化指数

用来研究区域内各部门发展是否均衡。常用的是吉布斯—马丁多样化指数

$$G.M = 1 - (\sum_{i=1}^{n} x_{ij}^2)/(\sum_{i=1}^{n} x_{ij})^2 \quad (i=1,2,\cdots,n) \tag{3}$$

其中:x_i 为 i 部门从业人员(或产值)所占比重;n 为部门总数。吉布斯—马丁多样化指数的范围是:$0 < G.M < 1$。显然,$G.M$ 越大,地区部门分布越均衡;$G.M$ 越小,产业越集中于少数部门;$G.M$ 趋近于0时,集中在一个部门;$G.M$ 趋近于1时,所有部门均衡发展。

对于较小区域而言,G.M 很大,是产业结构小而全的表现;对于较大的区域,G.M 很小也是问题——产业结构太单一,容易导致不稳定,遇到外界环境干扰易出现经济动荡。1997 年东南亚金融危机,印度尼西亚、马来西亚和泰国,甚至韩国都遭到重创,这与他们过度依赖外资和出口加工业有关。而中国经济几乎没有受到冲击,一定程度上得益于产业结构多样化。

(3) 集中化指数

集中化指数与多样化指数含义相反。其计算公式是

$$I = (A-R)/(M-R) \tag{4}$$

其中:A 为各部门所占比重(由大到小排列)的累积百分比;R 为背景区域(上级区域)各部门所占比重(由大到小排列)的累积百分比;M 为理想最大累积值(由大到小排列,100% 都集中在一个部门)。一般有 $0<I<1$,I 越大,集中性越强。特殊情况 $I<0$(即当 $A<R$ 时),则小而全严重。$I=1$,则畸形发展(只有一个部门),不成为区域。

(4) 威弗组合指数

把观察分布(实际分布)与假设分布相比较,最接近的假设分布模式就是观察分布模式。"最接近"的判定:离差平方和最小。

设实际分布为 $X(i)$(或百分数,由大到小排列);$P(i, j)$ 为假设分布($i, j=1, 2, \cdots, n$,n 为部门数)。

威弗组合指数的计算过程:

$$Q(1) = [X(1)-100]^2 + X(2)^2 + \cdots + X(n)^2 \tag{5}$$

$$Q(2) = [X(1)-50]^2 + [X(2)-50]^2 + X(3)^2 + \cdots + X(n)^2 \tag{6}$$

$$\vdots$$

$$Q(k) = \sum_{j=1}^{k}[X(j)-100/k]^2 + \sum_{j=k+1}^{n}X(j)^2 \quad (k=1, 2, \cdots, n) \tag{7}$$

如果 $Q(L)=\min\{Q(k) \ (k=1, 2, \cdots, n)\}$,则威弗组合指数记为 L。威弗组合指数可用来确定区域的支柱产业(部门)、高级中心地和重点建设对象的数量,计算过程见表 2-2。

表 2-2 威弗组合指数计算表

实际分布		$X(1), X(2), \cdots, X(k), \cdots, X(n)$	离差平方和
假设分布	$j=1$	100, 0, $\cdots$, 0	$Q(1)$
	$j=2$	50, 50, 0, $\cdots$, 0	$Q(2)$
	$\cdots$	$\cdots$	$\cdots$
	$j=k$	$100/k, \cdots, 100/k, 0, \cdots, 0$	$Q(k)$
	$j=k+1$	$100/(k+1), \cdots, 100/(k+1), \cdots, 0$	$Q(k+1)$
	$\cdots$	$\cdots$	$\cdots$
	$j=n$	$100/n, 100/n, \cdots, 100/n$	$Q(n)$

(5) 洛伦兹曲线和基尼系数

描述系统结构的多样性和集中性,除了前述的多样化指数和集中化指数外,洛伦兹曲线和基尼系数也比较常用。二者都是建立在累积比率曲线与标准均衡曲线的对比上,其中洛伦兹曲线直观明显,基尼系数计算方法明确。

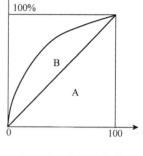

图 2-1 空间洛伦兹曲线示意图

如图 2-1 所示,这是一个正方形,横坐标与纵坐标等长。横坐标是样本顺序,按结构百分比由大到小排列;纵坐标是累积百分比。图 2-1 中上凸的曲线是各样本的累积百分比曲线,也叫洛伦兹曲线。基尼系数就是洛伦兹曲线和对角线所夹的面积 B 与对角线和横坐标所夹的面积 A 之比。

设 $Y(i)$ 为由大到小排列的结构百分比,$i=\{1, 2, \cdots, N\}$;$X(i)$ 是对应的累积百分比,$X(0)=0$;G_i 为基尼系数,则:

$$A = 1/2 \times 100\% \times 100\% = 0.5 \tag{8}$$

$$G_i = B/A = \{0.5/N \times \sum_{i=1}^{n}[X(i)+X(i-1)] - A\}/A \tag{9}$$

由数学原理可以知道,$0<G_i<1$。G_i 越大,结构的不平衡性越强(集聚性越强)。

由式(9)计算的是普通的基尼系数 G_i。考虑到各样本重要性的差别,用加权基尼系数 G_i' 更能准确地揭示区域结构(前文已述及)。

在研究社会分配不平衡性时,常把 $G_i=0.4$ 作为预警值,即当 $G_i>0.4$ 时,就要注意努力减小分配的不平衡性。同样道理,$G_i=0.4$ 也可以作为空间不平衡的一个预警值,即当 $G_i>0.4$ 时,就不能一味地强调效率,投资的重点应及时地转向欠发达地区(表 2-3)。1999 年中国各省区人均 GDP 的基尼系数 G_i 是 0.325 5,加权基尼系数 G_i' 是 0.334 3;城镇居民人均可支配收入的基尼系数 G_i 为 0.138 7,农民人均纯收入的基尼系数 G_i 为 0.211 7,都比人均 GDP 的基尼系数 G_i 小得多。一般说来,基尼系数 G_i 的大小还受样本的多少影响,同样的差别,样本越大,G_i 也越大。

表 2-3 世界上部分国家收入分配中的基尼系数

国家	年份	基尼系数	各组占全部收入或消费的比重(%)				
			最低的 20%	第二个 20%	第三个 20%	第四个 20%	最高的 20%
中国	2005	0.42	5.73	9.80	14.66	22.00	47.81
印度	2005	0.37	8.08	11.27	14.94	20.37	45.34
日本	1993	0.25	10.58	14.21	17.58	21.98	35.65
韩国	1998	0.32	7.91	13.56	17.95	23.13	37.45
南非	2006	0.67	2.45	4.06	7.08	14.20	72.21
美国	2000	0.41	5.44	10.68	15.66	22.40	45.82
巴西	2009	0.54	3.34	7.17	11.94	19.49	58.06
德国	2000	0.28	8.52	13.72	17.79	23.09	36.88
俄罗斯	2008	0.42	6.04	9.84	14.26	20.93	48.93
英国	1999	0.36	6.14	11.41	15.96	22.47	44.02

基尼系数的计算过程是：

第一步，计算各产业、各年份所占的比例。

第二步，对各年份产业结构按由大到小的顺序排列，计算累积百分比。

第三步，绘制累积百分比曲线，得到洛伦兹曲线。根据该曲线的上凸情况判断结构的集中性——上凸得越强烈，集中性越好，多样性(均衡性)越差。

第四步，计算 A 和 $(A+B)$ 的面积，并进一步计算基尼系数。

应该注意的是，多样性和集中性是相对存在的，多样性好则必然集中性差，反之亦然。因此，多样化指数和集中化指数的计算和应用，只需要考察一个方面就行了。当然，就多样性或集中性而言，其描述指标、指数也是多种多样的，有时用这个指标好，有时用那个指标好；有的领域或问题习惯于用这个指标，有的领域或问题习惯于用那个指标，可以根据实际需要酌定。同样的区域，划分子系统的方法不同，子系统的个数不同，其结构特征指标计算结果也不尽相同。

还应该注意的是，不同的区域系统，不同的系统结构，对多样性或集中性的要求是不一样的。虽没有明确的数量界定，但一般大的区域、大的系统，多样性太差不好，易导致系统稳定性、抗干扰能力差；小的区域、小的系统，集中性太小不好，易导致小而全、没有特色，因而也就没有竞争力和生命力。

2) 作用方式分析

图 2-2 是人地系统内部相互联系、相互作用的方向和内容[①]；图 2-3 是社会经济系统

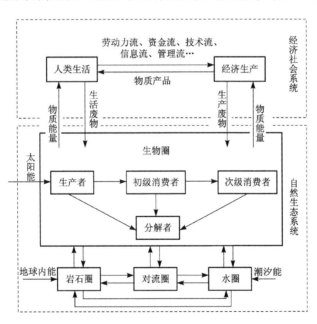

图 2-2 区域地质基础、生物与人类活动之间的相互作用

---

① 任启平. 人地关系地域系统结构研究——以吉林省为例[D]. [硕士学位论文]. 长春：东北师范大学，2005.

内部相互联系、相互作用的方式和内容[①]。

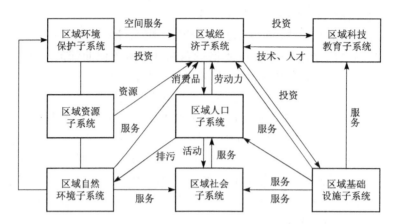

图 2-3　区域系统结构:各子系统之间的相互联系与作用

3) 投入产出分析

(1) 概述

投入产出分析中的"投入"指的是产品生产所消耗的原料、能源、固定资产和劳动力,"产出"是指产品生产出来后的分配流向,包括生产的中间消耗、生活消费和积累。简要地说,投入产出分析最初就是根据国民经济各部门相互之间产品交流的数量编制的一个棋盘式投入产出表(表 2-4)。表 2-4 中的各横行反映产品的流向,各纵列反映生产过程中从其他部门得到的产品投入。根据投入产出表计算投入系数(也称技术系数),编制投入系数表。利用这些系数可以建立一个线性方程组,通过求解线性方程组,可计算出最终需求的变动对各部门生产的影响。可见,投入产出分析既注重各部门在系统中的数量关系,也考虑了系统内各部门之间的联系方向,是系统结构分析更深入的研究。现在,投入产出方法已被推广到区域人口系统、区域环境系统等结构分析当中。

表 2-4　简化的投入产出示意表

		中间产品				最终产品	总产品
		1	2	k	n		
中间投入	1	X_{11}	X_{12}	X_{1k}	X_{1n}	Y_1	X_1
	2	X_{21}	X_{22}	X_{2k}	X_{2n}	Y_2	X_2
	k	X_{k1}	X_{k2}	X_{kk}	X_{kn}	Y_k	X_k
	n	X_{n1}	X_{n2}	X_{nk}	X_{nn}	Y_n	X_n
初始投入 V		V_1	V_2	V_k	V_n		
总投入 X'		X'_1	X'_2	X'_k	X'_n	—	

作为一张平衡表,投入产出表中的各项数据横行之和为 X_i,纵列之和为 X'_i,一般情

---

① 张超,沈建法. 区域科学论[M]. 武汉:华中理工大学出版社,1991.

况下,从价值的角度说,$X_i = X_i'$。据此,有横行方程式

$$\sum_{j=1}^{n} x_{ij} + \sum_{j=1}^{m} y_{ij} = X_i \quad (i = 1, 2, \cdots, n) \tag{10}$$

纵列方程式

$$\sum_{i=1}^{n} x_{ij} + \sum_{i=1}^{m} v_{ij} = X_j \quad (j = 1, 2, \cdots, n) \tag{11}$$

对于一个较大的区域而言,投入产出表中的数据对比关系在短时间内是不会有太大变化的,也就是说,区域内各部门之间的技术经济联系在短时间内是比较稳定的。因此,有了投入产出表,就可以对区域进行技术经济分析。

① 定义1:直接消耗系数

定义

$$a_{ij} = x_{ij}/X_j \quad (i, j = 1, 2, \cdots, n) \tag{12}$$

a_{ij} 的大小,反映了 j 部门在生产一单位产品的过程中直接消耗 i 部门产品的数量。由此可以得到直接消耗系数矩阵

$$A = \{a_{ij} \quad (i, j = 1, 2, \cdots, n)\} \tag{13}$$

因而有方程式

$$\sum_{j=1}^{n} a_{ij} X_j + \sum_{j=1}^{m} y_{ij} = X_i \tag{14}$$

$$AX + Y = X \to (I - A)X = Y \to X = (I - A)^{-1} Y \tag{15}$$

其中,I 是单位矩阵。

② 定义2:完全消耗系数

生产过程中各部门的联系是复杂的,除了直接联系,还有复杂的间接联系,例如,钢的生产直接消耗电,还要消耗铁、煤、设备等,而生产铁、煤、设备也需要电,对钢的生产而言,这部分电的需要是一次间接消耗。此外还有二次间接消耗、三次间接消耗等。因此,将直接消耗与所有间接消耗之和称之为完全消耗,把 j 部门每生产一单位数量产品最终消耗 i 部门产品的数量称为完全消耗系数,记为 b_{ij},$B = \{b_{ij}\}$ 为完全消耗系数矩阵。可以证明

$$B = (I - A)^{-1} - I = (I - A)^{-1} A \tag{16}$$

对于一个较大国家、较大地区来说,国民经济各部门之间的联系是相对稳定的,只要每隔一定时期(如五年)对 A 做适当修正,便可以利用投入产出模型进行一定时期的经济循环流程分析。如果把最终产品 Y 的确定与投资系数、投资效果联系起来,则可以进一步研究动态性经济循环流程问题。

(2) 投入产出方法的应用

经济系统分析就是要把握经济的来龙去脉;用数学原理和模型把握经济运动中的深

层次关系;任何经济关系都以直接关系为基础,但直接关系仅是完全关系中的一部分;经济分析要善于由粗到细,由文字、图表到模型,由变量到向量和矩阵。

① 经济依存关系分析[①]

第一,直接消耗系数。

将 a_{ij} 从小到大排列,反映部门之间的两两依存关系的强弱;还可以计算在同一部门消耗中,其他各部门直接消耗所占的百分比,以说明在该部门消耗中,其他各部门的相对重要程度。

第二,综合消耗系数。

$A_{cj} = \sum A_{ij}$ 反映任一部门 j 与所有部门的直接依存关系,即 j 部门产品的生产与所有其他部门产品生产之间的供求关系。A_{cj} 越大,说明某一部门与所有其他部门之间的关系越紧密,也可以说资金的密集度越高。将 A_{cj} 从小到大排列起来,可以反映某一部门对社会所有部门的依存关系的强弱。

第三,混合消耗系数。

$A_{ei} = \sum A_{ij}$ 反映的是所有部门生产与某一部门生产之间的供求关系。A_{ei} 越小,说明某一部门对全社会各部门的感应程度越大。一般说来,这样的部门就是国民经济的瓶颈部门。

混合消耗系数与综合消耗系数具有某种对称性。

第四,固定资产折旧系数。

固定资产折旧系数 A_{dj} 反映任一部门 j 各种固定资产的消耗关系,将 A_{dj} 从小到大排列出来,可以反映各种产品的生产对固定资产的依赖程度。一般说来,除农业外,各部门对固定资产的依赖与对流动资金的依赖成反向关系。

第五,直接劳动报酬消耗系数。

A_{vj} 反映了产品 j 对劳动力的依赖程度。虽然 A_{vj} 一般以价值形式表示,即单位产值的工资报酬,但它反映各部门对于劳动的需求,可以用实物形式表示,即人力资源的耗用。A_{vj} 越大,说明某一部门对劳动力的依赖程度越强,劳动力的密集程度越高。一般说来,农业对劳动力的依赖程度最强,商业、餐饮业次之,工业对劳动力的依赖程度最低。

② 全经济依存关系分析

完全消耗在本质上仍由直接消耗决定,但完全消耗系数与直接消耗系数在数量上可以差异很大。

第一,完全消耗系数。

B_{ij} 反映了任意两个部门之间的完全依存关系。它不仅包括直接消耗系数 A_{ij},也包括间接消耗系数 C_{ij}。$B_{ij} = A_{ij} + C_{ij}$。

B_{ij} 实质上是生产单位 j 部门产品所完全消耗 i 种中间投入的数量,所以 A_{ij} 绝对小于 1,但 B_{ij} 可以大于或等于 1。这里 A_{ij} 与 B_{ij} 不再从成本意义上去理解,而只从产出和投入的比例关系上理解。对 B_{ij} 也可以从大到小加以排列,以说明哪些部门是国民经济的

[①] 顾海兵. 经济系统分析[M]. 北京:北京出版社,1998:159-188.

基础产业(B_{ij}较大)。

第二,综合完全消耗系数(影响力系数)。

设 $B_{cj} = \sum B_{ij}$,则 B_{cj} 反映了 j 部门增加一个单位的最终产品时,对各个部门产品的需求波及程度。影响力系数越大,表示该部门对国民经济各部门生产的需求拉动作用越大。

为便于比较,影响力系数都要做标准化处理,即都用 $\sum\sum B_{ij}$ 去除以 B_{cj}。一般说来,建筑业对国民经济的拉动作用最大,工业次之,农业最弱。

第三,混合完全消耗系数(感应度系数)。

设 $B_{ci} = \sum B_{ij}$,则 B_{ci} 反映了各部门均增加一个单位最终产品时,i 部门由此而受到的需求感应程度,即 i 部门对各部门生产的供应推动程度。感应度系数越小,表示该部门供给推动力越大,瓶颈地位越突出。一般情况下,货运邮电业是感应度最强的部门,是瓶颈产业。而工业的感应度最弱。

第四,完全劳动报酬系数。

如同物质资料的完全消耗系数一样,也存在劳动的完全消耗系数。完全劳动(消耗)报酬系数的计算公式如下:

$$B_v = A_v(I+B) \tag{17}$$

一般情况下,劳动密集程度较高的是农业,次高的是商业、饮食业,次低的是工业,最低的是货运邮电业。

③ 经济结构分析

第一,生产结构分析。

首先,产品部门结构分析。利用各类产品总量占总产品的份额比重 $X_j/\sum X_j$,可以反映社会产品的结构。

其次,产品部类结构分析。根据马克思的再生产理论,社会产品可以被分为生产资料与消费资料两类。这两类资料自然应该保持合适的比例。

$$生产资料总量 = 中间产品总量 + 总积累 + 净出口 \tag{18}$$

$$消费资料总量 = 总消费 + 其他 \tag{19}$$

对比这两项的大小,并结合历史变化和现实情况,可以判断消费资料与生产资料的相对盈余。

再次,产品去向结构分析。社会产品分为中间产品和最终产品。最终产品是产品的直接去向,中间产品是为最终产品服务的。因此,中间产品的去向由最终产品的去向及其完全消耗系数所决定。社会总产品的去向由某类最终产品加上为该类最终产品服务的中间产品构成。产品的最终去向不能利用积累率或各部门积累率对总产品直接类推。由 $AX+Y=X$ 可得 $Y=(I-A)X$,因此,利用投入产出模型可以反推,每增加一个单位的消费或积累,社会各个部门需要提供的产品。

第二,分配结构分析。

首先,总产品的分配结构分析。社会总产品的分配有两个方面,一是中间使用,二是最终使用。中间使用是社会生产的手段,最终使用是社会生产的目的,因此,从理论上说,当社会总产品一定时,中间使用所占的比重(中间产品率)越小越好,中间产品率的下降,意味着经济效益的提高。与中间产品率相对应的是净产值率。净产值率越高,经济效益越好。

其次,最终产品的分配结构分析。最终产品的分配有三个基本途径,一是消费,二是积累,三是净出口。在消费中可以将其进一步分为居民消费和社会消费;在积累中又可以将其进一步分为固定资产积累和流动资产积累。积累在最终产品中所占的比例(积累率)的大小反映了社会再生产能力的大小。要加速发展经济,就必须保证必要的积累率。经济起飞过程中,积累率不能低于10%。但从长远的角度看,积累率过大,不利于社会需求的增长,也与提高人们的物质、文化、生活水平这一生产的根本目的相矛盾。

再次,中间产品的分配结构分析。利用中间产品流量 X_{ij} 与中间产品总量 $\sum\sum X_{ij}$ 的比重可以了解各部门产品在社会生产中的地位与作用。该比重越大,地位就越重要。$X_j/\sum\sum X_{ij}$ 从需求的角度反映了 j 部门的重要程度,$X_i/\sum\sum X_{ij}$ 则从供给的角度反映了 i 部门的重要程度。

④ 经济效益分析

第一,成本效益分析。

一是物耗产值率 $X_j/\sum X_{ij}$,此值越小越好。

二是折旧产值率 X_j/D_j,其中 D_j 表示 j 部门折旧额(基本折旧+大修理折旧),一般情况下此值也是越小越好。

三是工资产值率 X_j/V_j,可以反映财富分配的特点。

四是物耗利税率 $M_j/\sum X_{ij}$,其中 M_j 为部门利税总额,包括福利基金、利税及其他。该值越大越好。

五是工资利税率 M_j/V_j,此值越大越好。

六是物耗净产值率 $(V_j+M_j)/\sum X_{ij}$,此值越大越好。

七是成本产值率 $X_j/(\sum X_{ij}+D_j+V_j)$,一般情况下此值越小越好。

八是成本利税率 $M_j/(\sum X_{ij}+D_j+V_j)$,一般情况下此值越大越好。

此外,还有折旧净产值率、工资净产值率等。

第二,技术效益分析。

社会生产的增长越来越依靠科技进步。根据不同年份投入产出表的对比,可以分析由于科技进步所带来的节约情况。这种节约可以是物质消耗的节约,也可以是劳动消耗的节约。这可以从各种消耗系数中得到说明。

第三,资源效益分析。

资源效益反映出生产过程对资源的消耗和占用。资源包括能源、土地、水资源等。随着国民经济的发展,这些资源的有限性问题愈益突出,逐步成为社会进步的瓶颈因素。因此,提高各种资源的利用率,是一项具有战略性的任务。利用投入产出模型可以分析各部门对这些资源的耗用情况,但需在原始投入产出表中包含有关数据。

⑤ 对已有计划方案进行评价

已知现有计划方案中的最终产品为

$$Y' = (y'_1, y'_2, \cdots, y'_n)^T \tag{20}$$

各部门的总产量为

$$X' = (x'_1, x'_2, \cdots, x'_n)^T \tag{21}$$

要检查此方案是否可行，首先计算

$$X^* = (I-A)^{-1}Y' \tag{22}$$

记 $X^* = (x_1^*, x_2^*, \cdots, x_n^*)$，然后计算各部门的不平衡系数

$$K_i = (x'_i - x_i^*)/x_i^* \quad (i=1, 2, \cdots, n) \tag{23}$$

K_i 越大，i 部门的不平衡性越大。

⑥ 最优产业结构的确定

美国多夫曼、萨缪尔森和索洛等人发现，在一定经济发展水平下，当资源配置最优时，存在着最优经济均衡增长途径，即大道定理，并可以证明均衡增长率由结构关联技术水平矩阵(即直接消耗系数阵)A 所决定，均衡增长的增长率和均衡增长产出结构分别等于非负矩阵 A 的弗罗比尼斯特征根(即最大特征根)和相对应的弗罗比尼斯向量(即最大特征根所对应的特征向量)。据此，可以构造产业结构偏离度

$$K_i = 1 - \text{Min}(x_i, u_i)/\text{Max}(x_i, u_i) \tag{24}$$

其中：x_i 是实际的生产结构；u_i 为最优的生产结构(弗罗比尼斯向量)。K_i 越大，i 部门偏差越大。产业结构偏离度和前述的部门不平衡系数原理是一样的，只是具体的计算公式略有差别。

产业结构的总体协调情况可以用实际的生产结构向量与最优的生产结构向量之间的夹角余弦来表示，即 k 越大，结构优化协调性越好。这种方法与本章第2.2节的"大道定理：产业结构合理性评价模型"是相同的，只是表达方式略有差别，公式为

$$k = \cos\alpha \frac{\sum_{i=1}^{n} x_i u_i}{\sqrt{\sum_{i=1}^{n} x_1^2 \times \sum_{i=1}^{n} u_i^2}} \tag{25}$$

⑦ 经济最大可能发展速度的确定

经济发展速度取决于很多因素，在资源供应有保障的前提下，投资强度越大，发展速度越快。当产业结构协调时，投资的作用可以得到充分发挥，此时的经济发展速度为

$$v = t/\lambda \tag{26}$$

其中：v 是经济发展速度；t 和 λ 分别为投资率和直接消耗系数矩阵 A 的弗罗比尼斯特征根(最大特征根)。此式说明，经济最大可能发展速度是由投资率和直接消耗系数矩阵 A 决定的——与投资率成正比，与直接消耗系数矩阵 A 的最大特征根成反比。

与投资率成正比好理解,投资越多,发展越快。但为什么与 A 的最大特征根成反比呢？从数学含义上看,矩阵特征根反映的是矩阵的结构,即最大特征根越大,矩阵的集中性越强,多样性越差,结构越单一；反之,矩阵特征根越小,矩阵的多样性越强,结构越复杂。对于经济结构矩阵 A 来说,前者(最大特征根大)的乘数效应差,后者(最大特征根小)的乘数效应强,这说明式(26)是合理的。用式(26)计算,发现陕西省、大连市和全国 2000 年前后整体经济的发展速度都应该在 20% 以上,但实际上远没有达到此数值,说明这些地区的产业结构不尽合理。

2.2 区域产业结构分析

2.2.1 产业结构高级化的定量描述

1) 产业结构的层次

第一、二、三产业本身就蕴涵着从低到高的概念,这在配第一克拉克定理中已经被揭示,当然不能绝对。此外,三次产业的内部,也可以进一步分出层次,如第一产业的层次可以被划分为(由低到高):林业→牧业→种植业→渔业→养殖业；第二产业的层次可以被粗化为采掘工业→原材料工业→制造业→电力、热水供应业(国外很多国家将其列为第三产业)；第三产业可分成两大部门,一是流通部门,二是服务部门。具体可分四个层次。

第一层次,流通部门。包括交通运输业,邮电通讯业,饮食业,物资供销和仓储业。

第二层次,为生产和生活服务的部门。包括金融、保险业,综合技术服务业,农、林、牧、渔服务业,水利、咨询服务业,公路、铁路、内河(湖)航道养护业,地质勘探、矿产普查、军民服务、公用事业以及房地产业等。

第三层次,为提高科学文化水平和居民素质服务的部门。包括教育、文化、广播电视、科学研究、卫生、体育和社会福利事业等。

第四层次,为社会公共需要服务的部门。包括国家与党政机关、社会团体以及军队和警察等。

层次越低,出现得越早,经济效益越直接。

2) 产业结构高级化的标志

产业结构高级化是指产业结构随着需求结构的变化向更高一级演进的过程。对于发展中的国家或地区,主要是工业化及其完善的过程。其主要表现是：

(1) 高加工度化。即工业结构表现为以原材料工业为主向,以加工、组装工业为主的发展趋势。

(2) 高附加价值化。即产业结构选择朝着附加价值高的部门发展的趋势。

(3) 技术集约化。即工业资源结构趋向于以技术为主体的演进过程。随着工业结构高加工度化的发展,技术资本的质量和劳动力质量将成为工业资源结构中最重要的因素。

(4) 工业结构软化。即知识和技术日益渗透到工业生产活动中,从而使工业生产中知识和技术密集型产品的比重和地位逐渐提高[①]。

3) 产业结构层次及其变动的描述

(1) 产业结构层次系数

设某地区有 n 个产业,将这些产业由高到低加以排列,所得的产值比例分别记为 $q(j)$。由此可以定义该地区的产业结构层次系数为

$$w = \sum_{i=1}^{n}\sum_{j=1}^{i} q(j) \tag{27}$$

显然,w 越大,该地区的产业结构越高级。应该注意的是,这样求得的产业结构层次系数,理论上最小者是 100,最大者是 $100n$(只有最高层次的一个部门)。这一系数只有相对意义,只在进行区域之间的比较时才有价值(产业划分也必须一致)。

假如有两个区域(地区 1 和地区 2),各部门(按层次由高向低排列)在本地区产值中所占的比例如表 2-5 所示。显然,二者除了部门 1 和部门 2 外,其他比例都相同。因部门 1 的层次比部门 2 的层次高,所以,地区 2 的产业结构应该是比地区 1 的产业结构层次高。用式(27)计算出产业结构层次系数,地区 1 为 270,地区 2 为 280。说明式(27)定义的产业结构层次系数是合理的。

表 2-5 产业结构层次系数计算

		部门 1	部门 2	部门 3	部门 4	部门 5	累积
地区 1	原始比例	10	20	15	40	15	100
	累积比例	10	30	45	85	100	270
地区 2	原始比例	20	10	15	40	15	100
	累积比例	20	30	45	85	100	280

(2) 结构变动系数

设 $\theta = (1-\cos\alpha)$ 是结构变动系数,$s(t)$ 和 $s(t-1)$ 是不同时刻的产业结构(百分比),可以构建式(28)的结构变动系数[②]。这其实也是两个向量的夹角余弦($\cos\alpha$)或相似系数的变动。该系数越大,结构变动的程度越大。但是否会向高级化、合理化方向变动,则用此公式无法测定。

这里的 t 和 $t-1$ 分别表示目标时刻和基准时刻,间隔不一定是一年,而且可以说,研究一年时间内的产业结构变动意义不大,因为对于一个较大地区而言,产业结构在短时间内很难发生大的变化。

假定一地区基期的结构如表 2-5 中的地区 1,目标期的产业结构如表 2-5 中地区 2,用式(28)计算的产业结构变动系数是 0.04 或(4%),公式为

$$\theta = 1-\cos\alpha = 1-\frac{\sum_{i=1}^{n} s_i(t) \times s_i(t-1)}{\sqrt{\sum_{i=1}^{n} s_i^2(t) \times \sum_{i=1}^{n} s_i^2(t-1)}} \tag{28}$$

---

① 史忠良.产业经济学[M].北京:经济管理出版社,1998:45-46.
② 杨开忠.中国地区工业化结构变化与区际增长与分工[J].地理学报,1993(6):482.

结构变动系数也可以采用简单的对应比例差之和,即

$$\theta = \sum_{i=1}^{n} |s_i(t) - s_i(t-1)| / 100 \tag{29}$$

仍以表 2-5 中的数据为例,通过计算可知,结构变动系数为 0.2。

2.2.2 产业结构合理性的测定

区域产业结构的合理化是指"从宏观上合理配置物质生产的要素,协调各产业部门之间的比例关系,减少资源的浪费,促进各种生产要素的有效利用,从而为实现高质量的经济增长打下基础"[①]。产业结构变化是按照一定规律进行的,它不以人的意志为转移。产业结构向合理化方向发展,逐步趋向合理,一段时间后又变得相对不合理,经过调整重新变得相对合理,这样不断的循环发展使产业结构不断地向高级化发展,这就是产业结构运动规律的反映。合理的产业结构是有条件的,相对的。在评价区域产业结构是否合理时不能用现在的条件去衡量过去的结构,也不能用甲地条件去衡量乙地的结构,而只能因时、因地、因条件不同去研究产业结构的合理性。

1) 区域产业结构合理化的判断标准

区域产业结构合理化概念本身,一方面可以从静态角度把它作为研究的目标模式和实践的最终结果来把握,另一方面也可以从动态的角度把它作为研究过程或实践过程去理解。作为研究的目标模式和实践的最终结果,区域产业结构合理化必然有其严格的衡量标准。合理的区域产业结构标准是由产业结构的特性决定的,而产业结构是一个相互制约、相互促进的有机整体。由于单一的合理化标准不能全面反映其合理化的程度,所以要采取相互联系的指标体系,进行综合性、系统性的分析,这样才能较为客观地反映产业结构的合理化程度。判断区域产业结构是否合理主要有如下标准。

(1) 是否充分合理地利用了当地的自然资源

自然资源是产业的物质基础。产业的形成和发展都不可能脱离物质基础,只有充分合理地利用了当地的自然资源,才能取得最佳的经济效益。自然资源一般都具有多用性,合理的产业结构就能充分利用这一特点,生产多种产品。自然资源有两类,一类是可更新资源,另一类是不可更新资源。可更新资源利用得好,能保持其再生能力,做到循环使用,这是一种合理的利用。但是如果对可更新资源的利用是毁灭性的,使其丧失了再生的能力和条件,那可更新资源也会枯竭。对于不可更新资源应选择好时机,提高产出投入比,尽可能地高效利用,使地区优势充分发挥,从而取得最佳经济效益。

(2) 各产业发展是否协调,是否存在"瓶颈"产业

合理的区域产业结构下各产业应该是协调发展的,具有结构的整体性。各产业在发展中能相互创造条件,形成良性的经济互补关系,推动各产业在生产、分配、交换、消费各个环节间的和谐运动。各产业部门之间,在质上相互依存,相互制约;在量上按一定的比例组成,形成产业有机整体。合理的产业结构还不能存在"瓶颈"产业与过剩产业。

---

① 赵惠芳.优化产业结构,提高经济增长质量[J].河北师范大学学报,1997(1):41-45.

（3）是否能及时提供社会所需要的产品和服务

合理的产业结构应能及时提供社会所需要的产品和服务，具有应变能力，能最大限度地满足社会需求。产业结构的应变能力是指各产业根据经济发展和市场变化所具有的一种自我调节能力。合理的产业结构一定能适应社会需要，因为任何社会生产都要受社会消费需要的制约，社会需要不是静止的而是变动的，它随着劳动生产率的提高、人民收入水平的增长而不断变化。因而，合理的产业结构也需要随着社会需求的变化而调整，为了适应这一变化，要有多层次的、反应灵敏的信息网络，及时预测市场需求的变化。

（4）是否取得了最佳的经济效益

合理的产业结构应能获得最佳的经济效益。调整产业结构的目的就是为了提高经济效益，因此，取得最佳的经济效益是产业结构合理化的重要标志。在一定的条件下，如果经济效益不好，产业结构肯定不合理。最佳经济效益就是要注重劳动耗费与有效成果的比较，争取用最少的劳动耗费，取得最大的有效成果。合理的产业结构与经济效益的提高是互为因果、互相影响的，即产业结构的合理化会促进经济效益的提高，经济效益的提高有助于产业结构的合理化，合理的产业结构能较好地发挥自然资源、经济资源的优势，做到人力、物力、财力、自然资源、科学技术等因素充分而合理的使用，避免由于失调而造成的巨大浪费和损失。而经济效益的提高节约了劳动时间，又为产业结构趋向合理创造了条件。经济效益应是宏观效益与微观效益的统一，长期效益与短期效益的统一，那种只顾微观效益和短期效益的做法，会危害产业结构的合理化。

（5）国内外的成熟技术是否得到了合理开发与利用

合理的区域产业结构应该能够充分开发和利用国内外的成熟技术，能够充分吸收当代最新科学技术成果，改善人类的劳动与生活环境和条件。人类劳动的最终目的是为了生存，科学技术是人类利用自然、改造自然的强大力量，只有充分利用科学技术成果，才能使人类的生活环境与劳动条件获得最大的改善。如果人类已取得的科学技术成果没有得到充分利用，则说明这种产业结构是低级落后的，当然也是不合理的。

（6）能否充分利用区域间的分工合作

当今世界的经济正在向一体化方向发展，充分合理利用区域间的分工合作是提高劳动生产率，促进经济发展的一条捷径。因此，合理的产业结构应该与合理的外贸结构结合起来，充分发挥区内优势，充分利用区外市场，不断扩大输出。

（7）生态环境是否得到保护

合理的产业结构应该是可持续发展的，不会破坏生态环境或者对生态环境的保护有利。西方国家的工业化阶段在一定程度上恶化了地球环境，有些破坏甚至是毁灭性的。那种只顾经济效益不顾生态环境的发展方式极大地破坏了人类的生存环境。人类社会要想延续下去，使子孙后代也得到发展的机会，产业结构就不能损害生态环境。

（8）产业结构是否具有弹性

合理的区域产业结构要具有弹性，即区域产业既有吸收或减轻经济波动和外界干扰的能力，又有促使主导产业沿着劳动→资金→技术和知识密集型产业的方向逐步更替的潜能。

2) 大道定理:产业结构合理性评价模型

合理的产业结构要求社会产业结构与经济技术结构重合,其中的经济技术结构即投入产出表中直接消耗系数矩阵最大特征根所对应的特征向量。实际产业结构与经济技术特征有一定的偏离,其偏离程度可由两向量的夹角(用弧度来表示)来衡量,即

$$\alpha = \arccos\left(\frac{(x,u)}{\|x\| \times \|u\|}\right) \tag{30}$$

其中:x 为现实产业结构;u 为投入产出表中直接消耗系数矩阵最大特征根所对应的特征向量。在偏离度的基础上定义产业结构合理化水平如下:

$$K = 1 - \frac{2}{\pi} \times \alpha \tag{31}$$

其中,K 介于 1—0。当社会生产结构与技术经济结构重合时,K 取最大值 1;反之,K 取值小于 1,且二者偏离越大,K 值越小[①]。

投入产出表全面客观地反映产业部门之间的技术经济联系,在一定时期内具有相对稳定性,利用投入产出表提供的信息及其他统计数据可进行投入产出分析。将投入产出分析与运筹学中的规划论相结合可以建立一个评价产业结构合理化的线性规划模型[②]。

2.3 区域差异分析

2.3.1 差异的产生和表现

1) 区域差异的内涵和表现

所谓区域差异是指经济区域之间在自然条件、经济发展、现有水平以及经济发展可预期的前景等方面的差别和在一定条件下的相互转化。区际差异的存在是绝对的,任何时候都不可能完全克服区际差异。宏观经济管理的重要任务之一是防止、避免区域差异的扩大化,促使各区域经济协调发展。不仅要研究区域内的经济运动而且还要研究区域之间的经济关系。

区域差异可以有多方面的表现,人们通常考察和研究的对象可以归纳为以下三个层面上的差异。

(1) 自然条件的差异

自然环境和区位条件是区域经济发展的基础,并在很大程度上影响着区域经济的发展方向。自然条件的差异可以分为两个方面,一是自然要素禀赋的差异,二是区位的差异。前者表现为各区域之间在气候、水文、地质、地形、生物、土壤等方面的差异,这种自然条件提供了人们生产和生活的资源与环境,是人们从事生产经营活动的自然基础。而

---

① 潘文卿,陈水源.产业结构高度化与合理化水平的定量测算——兼评甘肃产业结构优化程度[J].开发研究,1994(1):42-44.
② 蔡希贤,王韬.产业结构评价与调整的数量方法初探[J].数量经济技术经济研究,1988(5):29-34.

后者在交换活动出现之后主要表现为交通的难易程度,即连通状况的差异。自然条件是在地球漫长的演变过程中逐步形成的,一旦形成便具有某种稳定性。而自然条件又是人们进行社会经济活动的基础,因此,自然条件的差异也是造成区域差异的原因之一。

（2）经济发展现有水平的差异

它主要表现为当前区域之间在工农业、商业、运输业发展水平,科技水平,人口与劳动力条件的差异,以及市场发育程度的差异等。就目前的情况而言,区域间的这类差异相当悬殊。承认并认真分析这些差异,应该是经济落后区域摆脱困境、经济发达区域保持和加快发展速度的现实基础。

（3）经济发展可预期前景的差异

经济现有水平的差异具有一定的稳定性,但是,它也是随着经济的发展、政策的变化、所在区域资源的开发、所在位置交通状况的变化以及生态环境、社会政治等其他因素的变化而变化的,并由此而出现新的差异。在目前的科技水平条件下,这些未来的差异多数是可以通过预测模型和规划模型得到的。

在我国,目前最主要的也是人们最为关注的就是巨大的东西部差异。这是一个历史遗留问题,并在后来的发展中被政策等因素一步步的改善。关注东西部差异,不仅仅是为了追求社会的公平,更重要的是因为西部地区是敏感的少数民族地区,这种差异足以影响到社会的稳定。在改革开放的初期为了经济利益牺牲掉的社会公平需要付出更大的代价来弥补,西部大开发的提出正是体现了国家解决东西部差异的坚强决心。

民族上的特殊性和政治上的敏感性使得东西部差异被赋予了很多经济之外的意义,在这种背景下,同样客观存在着的巨大的南北差异就显得比较简单而且不那么重要了,而一个国家如果在地理上同时存在多个方向的巨大差异那将是一件非常棘手的事情,也许正是基于这种理由,南北差异被刻意地回避和忽略了,它始终没有得到决策层的高度重视,解决这一问题虽然也有相应的政策出台,但无法像解决东西部差异那样被提升到战略性的高度。

在自然环境和区位条件不可变更的条件下,改善区域的经济基础条件,提高人口素质,转变思想观念是最终解决区域差距的根本出路,但这些都不是一朝一夕所能做到的。

2) 区域产生差异的原因

差异的形成和扩展是历史、自然、社会等综合因素长期演化的结果。也就是说,差距不是短期的、偶然出现的,而是历史累积、沉淀的产物;差距不是单一因素造成的,而是综合因素造成的结果;差距不是偏离历史发展轨迹的奇特现象,而是符合历史发展规律的产物。

任何事物的发生都有其内因和外因,下面将从内在因素和外在因素两个方面来分析区域差异产生的原因。区域自身的内在因素是导致区域差距的根本性原因,国家政策、资金和外商投资等外部条件的地区倾斜在客观上扩大了区域差距。

（1）导致区域发展差距的自生性因素

① 区域自然资源差异。由于地球构造的非均质性,区域自然资源差异可能是人类最先接触到,并且对人类社会生产活动影响最广的因素。自然资源是社会生产的自然基础。首先,自然条件影响劳动生产率,不考虑社会生产的不同发展程度,劳动生产率是与

自然条件相联系的。例如,在其他条件相似的情况下,某区域金属矿的品位对该区域金属制品业的劳动生产率、成本、产值有着决定性的影响。其次,自然条件影响生产地理分工。很多产品的生产都受自然资源的影响,地理分工不仅影响着某一部门的经济活动,还间接地对与该部门相关的一些经济部门产生影响,从而影响地区的分工格局。第三,自然条件影响区域产业结构。区域产业的最初选择总是建立在自然基础之上。这里需要指出,自然条件对产业的影响存在着差异,即不同的产业受自然条件的影响是不一样的。一般认为,自然条件对农业和矿业的影响最大,其次是运输业、建筑业、旅游业、加工工业等。

区域自然资源的差异是影响区域经济发展、导致区域差异最初始的原因。自然资源差异对于区际差异的形成有影响,但这种作用不应被过分地夸大。影响人与自然联系的根本是生产力发展水平。生产力水平越低,人们对自然的依赖就越大,自然资源差异对区际经济发展差异影响就越大;生产力水平越高,人们对自然的依赖越小,人们利用自然的程度就越高,自然资源差异对区际经济发展差异影响就越小。翻开经济史,不难发现自然条件优越的地区并非就是经济繁荣的地区,而自然条件较差的地区成为经济上强大的区域的实例却很多。

我国是一个自然资源分布极不平衡的国家,自然资源富集的中西部与生产要素相对集中的东部形成强烈的反差,构成了我国的基本国情之一。这种强烈的反差将在今后很长的一段时间里影响着中国经济发展的进程。

② 区域生产要素禀赋差异。各区域不仅存在着自然资源的差异,也存在着生产要素禀赋的差异,生产要素的丰缺度影响区域的分工水平和结构水平,进而影响该区域的经济发展水平。区域生产要素禀赋的差异是导致区际差异的又一原因。

瑞典著名经济学家赫克歇尔(Elif Heckscher)和俄林(Bertil Cotthard Ohlin)曾对区域生产要素禀赋差异做过较全面的研究,提出了在经济学说史上有着重要影响的"要素禀赋论",又称为"H—O"模型。虽然他们研究的直接目的是用生产要素的丰缺程度解释国际贸易和区际贸易发生的原因及商品流向,但从他们的方法和结论中不难看出区际差异形成的基本原因在于各区域生产要素禀赋的差异。

生产要素禀赋的差异影响各国生产要素价格的相对比例,从而进一步影响该国是选择劳动密集型产品的生产,还是资本密集型产品的生产。如果将这一理论推广到多个国家,由于国家之间要素禀赋的差异,假定在这里不考虑需求因素,就会引起各国所能生产的商品供给的相对差异。

一般来说,生产要素相对丰裕的地区比生产要素相对贫瘠的地区更有利于经济发展,生产要素的地区禀赋差异会导致区域经济发展的差异。当然,随着贸易的扩展,生产要素会在各区域间自由流动,在一定程度上改变生产要素的禀赋差异,但生产要素流动要受到流动成本与流动效益的比较、流动时间等多种因素的影响。无论如何,区域生产要素禀赋是第一位的,而生产要素流动则是第二位的。差异是流动的前提。

自然资源是没有流动性的。人们可以通过技术进步改变自然因素在生产中的地位和作用,但却无法改变自然资源禀赋本身。

③ 自然地理环境。自19世纪以来,"地理环境决定论"就开始流行。20世纪开始,

这个理论曾受到社会上和学术界一些人的批判。现在看来,如果从由于特殊地形、不利气候等客观因素妨碍社会经济的迅速发展进而导致与平原沃土气候温和地区发展水平产生差距的角度看,这个理论当然是正确的。但如果认为自然条件的差异就一定导致社会经济发展水平的差异,这种笼统的提法就不对了。

在自然地理环境方面,自然系统(最主要是矿产资源、能源、水源、土地等)的地区差异曾给工业化初期的地区发展带来巨大的影响。随着地区间贸易的发展,多数矿产资源可以从其他地区运入或进口,这已基本不成为影响地区间繁荣差异的原因了。但是,在其他条件相同的情况,有丰富矿产资源的地区,仍在促进社会经济的更快发展和实力的增强方面获得更多可能。

④ 地理位置。地理位置既可算作自然条件,也可认作后天的地缘政治、地缘经济条件。它的主要内涵包括:

第一,海陆关系。濒临海洋或靠近海洋,可以较易于参与大范围的社会经济活动,可更易于进入大范围的经济核心区。

第二,与经济核心区、大城市的相对位置。一般而论,靠近大范围的经济核心区或大城市的区域,发展机会(投资、商业活动、信息获得等)较多。但是,在工业化的初期发展阶段,经济资源、人力等以集聚为主要倾向,位于核心区附近区域的资源被吸引到核心区,反而可能使该区域得不到应有的发展。

第三,地缘政治方面的联合与冲突。由于国际间政治与军事斗争,位于两个乃至多个集团争夺的"破碎地区"和"冲突地带",政治经济的长期不稳定,会阻碍社会经济的发展。世界历史发展表明,在各个历史发展阶段,都有一批领先于世界一般发展水平的发达区域出现,这些区域的基本特征是其自然环境条件、社会结构、社会思潮、经济体制和经济政策等适合于当时的生产方式和生产水平,较之其他区域,其生产力(包括资源、劳动力等)得到了较充分发挥。而与这些发达区域接近、毗邻或易受其影响、联系密切的区域,往往也得到较好的发展。我国东部与中西部经济发展的差异,无疑与这种世界工业化发展进程的影响有密切联系。

从目前世界经济发展的地域差异上看,我国东部与中西部的经济发展梯度变化,是太平洋经济圈发展梯度变化的延续。在过去和未来相当长的时间内,大陆(西部周边国家)经济对我国的影响无法与海洋经济(太平洋经济圈)相比。可以说,从沿海(下游)到西部(上游)的经济差异是一种世界性经济影响的产物,是受国际经济总格局所左右的。

在当代科学技术条件下,地理环境对经济发展仍然起着重要作用。除了区位条件外,其他自然地理条件的差异,也影响着开发的难易,进而影响着投资效益的大小、高低,久而久之又影响着区域整体开发水平及开发条件的差异。

⑤ 社会文化特征。区域经济的发展有着较深层次的社会文化原因。东部地区的区位条件和环境特征使其文化具有更多的开放性。东部地区对西方文化等外来文化采取"取其精华,去其糟粕"的态度,不断更新人们的思想观念,也造就了新一代的勇于开拓进取的东部人,使东部地区的经济成为全国经济发展的火车头。中西部地区,特别是西部地区,由于地形对区域的分割严重,交通闭塞,现代传播媒介落后,信息更新慢,使文化凸现出更多的内向性;由于民族众多,语言文字、风俗习惯和宗教信仰的区域差异大,彼此

之间的交流也就较为困难,使文化长期在一种较为封闭的环境中自我循环、自我发展,形成了若干个封闭性的、独立性较强的文化单元体,很难轻易接受外界的新生事物和信息。

文化的封闭和闭塞,严重阻碍了人们的观念更新。观念的落后限制着个人的素质。个人素质不能提高,社会经济自然难以快速发展。在人口素质上,中西部地区远远落后于东部地区。在思想观念上,中西部地区甚至还有不少县的领导以争当贫困县为荣。

⑥ 历史与经济基础因素。区域经济发展水平的历史差异,是构成经济发展水平现实差异的重要因素之一。著名发展经济学家托达罗(Michael P. Todaro)曾经指出:"各种经济增长理论的阶段及其迅速实现工业化的各种模式,对今日的发展中国家在经济、社会和政治方面的最初条件强调得太少。事实是,这些国家今日的增长状况同当代发达国家着手现代化经济增长的时代相比,在许多重要方面都有值得注意的差异。"历史发展基础是个拥有丰富内涵的概念,它包括经济、政治、技术、文化与人等方面,这里仅就经济方面进行分析。

严格地讲,历史因素亦是自然环境因素和社会经济积淀的结果,由于惯性,仍会对今后的发展产生影响。大致可有以下几个方面:历史上形成的社会经济基础的地域差异;在历史时期形成的民族心理特征、针对发展的价值观与进取精神等。

与自然资源形成的过程不同,劳动力、资金、技术这些生产要素是随着社会发展而逐步累积起来的,累积过程不尽相同。劳动力增长在达到一定程度后缓慢呈下降趋势;资金的增长一直是上升趋势;技术要素的累积呈加速增长趋势。这反映了在经济发展的初期,劳动力是重要的生产要素;中期,资本替代劳动力成为最重要的生产要素;而到了后期,技术成为最重要的生产要素。如果有 A 类、B 类、C 类三类区域,其主要产业分别为劳动力、资金、技术密集型部门,这三类区域在经济结构上就存在着明显的差异。

⑦ 区域历史发展基础差异。中华人民共和国成立以前,旧中国是一个典型的半殖民地半封建社会。旧中国的工业分布,明显带有半殖民地社会的色彩。旧中国 3/4 以上的工业集中在东部沿海地区,广大的内陆,特别是边疆少数民族地区,基本上没有工业。旧中国半殖民地半封建的性质,使具有地理之便的我国东部沿海地区首先建立起中国的近代工业。中国近代工业的产生和发展促进了这些区域生产的发展,为这些区域后来的经济腾飞奠定了一定的物质基础。新中国成立以后,党和政府为改变旧中国遗留下来的严重的区际差异,付出了巨大的努力。但这一时期是我国传统的计划经济体制形成并逐渐趋于稳固时期,因而生产力的区域布局和国家的宏观区域政策明显地带有传统计划经济体制的特征。

(2) 影响区域经济发展的外生性因素

① 宏观政策的差异。制度及其他导致恶性循环的经济因素是当今世界上许多不发达国家和地区经济发展落后的极为重要的原因。

国家宏观政策的倾斜。改革开放后,为促进全国经济的更快增长,充分发挥沿海地区优势,国家在宏观投资和政策上采取了向东部地区倾斜的非均衡发展模式。

国家投资由改革开放前的向中西部地区倾斜转为向东部地区倾斜。同时,随着中央给予地方政府更多的自主权,导致了投资主体的多元化。在 1993 年的基本建设投资中,一方面,中央项目资金为 1 409.72 亿元,地方项目资金为 2 760.62 亿元,是中央项目资金的1.96倍;另一方面,国家预算内资金仅占总投资额的9.38%,其他来源的资金占了90.62%。投资主体的多元化进一步加剧了投资的不均衡。一方面,由于东部地区享有较多的优惠政策,自身又有较强的经济实力,因此东部地区的地方投资远远超过中西部地区;另一方面,由于东部地区有着较为完善的金融服务机构和较高的投资回报率,大批内地资金通过银行拆借等方式进入东部地区,从而使得资金的分布更为不均。1994年,全国总投资额为15 567.9亿元,东部地区占到了61.98%,整个中西部地区所占的比重还不足40%。投资的倾斜,使中西部地区无力兴建经济发展所必需的基础设施,也无力加大对本地区丰富的自然资源的开发力度,从而拉大了本已存在的差距[①]。

我国的对外开放是从东部沿海地区逐步向中西部地区推进的,国家对更具开放度的东部地区在利用外资建设项目的审批权限、税收、外贸外汇和财政留成等方面给予了政策上的优惠。同时,又率先在东部地区建立经济特区、保税区、高新技术开发区和沿海经济开发区,并给予更优惠的政策。政策的倾斜,使东部地区吸引了大量的国外资金、技术和其他经济资源,而中西部地区的各种各样的经济资源却"孔雀东南飞"。这一涨一消,差距尽在眼前。

在价格政策上,国家放开了加工工业产品的价格,而原材料产品和初级产品的价格大部分被控制在国家手中,从而产生上游产品和下游产品的价格剪刀差。以生产原材料和初级产品为主的中西部地区为此蒙受了巨额的价值流失量。如1965—1989年,甘肃原材料工业的价值流失量平均每年约为18亿元,远远超过了同期国家对甘肃省原材料工业的投入。不合理的价格体系,不仅使得能源、原材料产品供不应求,强化了地方保护主义,也使得中西部地区的资源优势难以转化为经济优势。

外资的投资倾斜。外资的地区流向常取决于三个因素,即当地的外资政策,当地同国际社会的联系以及当地原有经济基础和社会文化条件。

改革开放后,各项条件俱佳的东部地区吸引了涌入我国的外资中的绝大部分。1979—1991年,外商直接投资于东部地区的协议金额为425.96亿美元,占全国总额的81.45%;1993年和1994年,东部地区实际利用外资分别为165.66亿美元和311.49亿美元,占全国各省市区总额的86.9%和87.35%,同期中西部地区实际利用外资金额仅为东部地区的15.07%和14.48%;我国累计吸引外资7 907.47亿美元(截至2007年底),区域失衡明显。根据商务部外国投资管理司的调查显示,目前中国86.85%的外商直接投资(Foreign Direct Investment,简称FDI)分布在东部沿海地区,其中,广东、江苏、浙江、山东和上海四省一市,吸收了全国近70%的外商直接投资。而面积占全国领土90%、覆盖19个省市区的广大中西部地区,却仅占不足15%。数十年来,外商投资的倾斜分布和国内投资的倾斜所形成的巨大差额足以带动东部地区以快于中西部地区的速度来发展。从另一个角度来说,外商投资办厂不仅仅只是一种资金的投入,它还包括带来先进的技术、设备和管理经验,使东部地区的技术和管理得到了长足的进步,设备得到及时的更新。此外,外商投资办厂还能为地方增加财政收入,提高经济效益,扩大社会消

---

① 刘再兴.中国生产力总体布局研究[M].北京:中国物价出版社,1995:821.

费等,有利于促进区域经济的更快发展。

② 区域经济发展的政策体制环境差异。党的十一届三中全会以后,中国经济发生了深刻的历史性变化。从宏观区域政策的角度来看,这种变化主要表现在三个方面。

第一,以建立社会主义市场经济体制为最高目标的经济体制改革,使宏观经济管理发生了巨大的变化,由以往的直接控制向间接控制方向转变。这种转变,带来了相应的两个结果,一是指令性计划范围越来越小,市场机制在资源配置中的作用则越来越大;二是中央专业部门的权力受到限制,地方的地位和作用明显增强。

第二,市场经济的理论冲击了传统的经济发展战略模式,提高经济效益被确定为一切经济工作的中心。以此为契机,中国的经济发展开始抛弃传统的追求产值增长速度和区域间分配均等的旧模式,效益成为衡量经济工作好与坏,得与失的首要标准。效益原则的提出,改变了各个区域在"全国一盘棋"中的地位,经济效益较高的区域成为国家重点发展的区域。

第三,对外开放战略的实施。为了有效地吸引国外的先进技术、资金,加快我国经济发展的步伐,国家选择部分经济技术基础较好,历史上与国外联系密切的地区率先对外开放,从政策体制上给予特殊的待遇。

上述三方面的变化结果集中反映在不同的区域处于不同的政策体制的环境之中。

③ 政策体制环境差异对区域经济发展的影响。总体来说,上述经济体制改革的一系列重大举措对于调动、发挥地方政府因地制宜地发展区域经济的积极性,打破长期以来大统一的高度中央集权格局,对于我国宏观经济调控体系的初步建立,摸索建立社会主义市场经济体制的新路子起到了不可低估的积极作用。但是不容否认,由于政策体制环境差异的存在给各区域的经济发展也带来了一些消极的后果,同时在一定程度上加速扩大了原已存在的区际差异。

从财政体制上看,采用不同的包干形式表明各区域与中央政府间实行不同的财政分配关系。在各种财政分配关系中,最有利的是实行定额上缴和定额补贴方法,这样随着经济发展而增收的部分就完全留给了地方。对于实行同一种财政分配关系的区域来说,主要看财政基数的大小,而财政基数则是反映区域经济发展基础好坏的一个重要标志。

从投资体制上看,投资决策权和投资能力的差异对区际差异的影响十分明显:一方面,由于沿海地区自主权大,投资能力强,投资规模能以较快的速度扩大。另一方面,投资决策权大的区域在投资项目选择和产业发展方向上有较大的回旋余地;相反,内陆一些经济基础本来就较为落后的地区,在投资方面与沿海地区的差距则进一步拉开。

从对外开放政策上看,首先,政策环境差异使各区域进出口贸易、利用外资、引进技术的规模相差悬殊;其次,政策环境差异进一步影响各区域经济增长能力、规模、速度和产业结构高度化进程;最后,政策环境差异使各区域在区际贸易中的地位相差悬殊。对外经营权的差异使得沿海地区一些企业,将国家赋予的优惠政策作为其内贸地位的工具。还有外汇留成比例差异使得外汇留成比例高的区域,用外汇调剂价收入进行补偿,在外贸货源的竞争中处于有利地位。

从价格管理体制上看,市场机制作用程度的差异使沿海开放地区成为各区域中价格水平高的地区,从而引导社会资源的空间配置向沿海开放地区聚集。

2.3.2 区域差异的识别与描述

1) 个体差异和总体差异

区域经济差异的分析方法,通常采用的是以时间为横坐标,以各种能表示区域差异的指标和参数为纵坐标,看其变化趋势。在指标参数的选择上分为:单要素(如人均国内生产总值等)和综合指标(如标准差、变差系数等);绝对差值(如不同区域人均GDP值与区域整体平均值的差值或最大值与最小值之差等)和相对值[即静态不平衡差=(1-最小值/最大值)×100%];还有划分出要素指标的较高组与较低组看其分布变化过程,并进行最高值与最低值之比;或根据不同区域(如东西部,南北部;沿铁路、沿海或内陆等)进行单指标或多指标的比较等。至于采取哪种要素指标,取决于说明问题的针对性和重要性,获取资料的完整性及方法的通用性。

考察或衡量区域经济差异一般有两种方法:一是看收入差异或生产力的差异,即通过生产总额与国民收入来衡量差异;二是看综合经济发展指标,威尔逊(Williamson)的区域差异变动理论探讨的正是这方面的问题。为了衡量区域之间的收入差异变动,他建立了一种计算方法,简称威尔逊差异变动系数(Williamson's Coefficients)。其计算公式的意义在于:如果所有地区的平均收入等于一国的平均收入,则威尔逊差异系数为零,即无差异。差异系数值越高,区域间的经济差异就越大。威尔逊对一系列的富国和穷国进行了分析,发现穷国的威尔逊差异变动系数值高于富国。同时,对美国1950—1960年的数据进行分析后发现,随着人均国民收入的增加,差异变动系数逐渐下降。威尔逊于是认为,一定阶段内的经济增长将导致区域差异的扩大,只有经济发展到一定水平,进一步的增长才会伴随着差异的缩小。换言之,区域经济增长极化的现象,在经济发展过程中是阶段性现象,是被发达国家的经验和发展中国家经济发展的实践所证明的。

地域差异是地区间经济水平的差别,不同的研究目的需要采取不同的指标计算方法,就我国的情况来看,有两类地区差异问题需要研究。一是各类地区间的差异,如东部与中西部差异,南部与北部差异,主要省份间的差异等,用于反映个别差异现象;另一类是全国不同行政地区间的总体差异,用于反映总体差异状况。相应地有两类地域差异计算方法。

第一类,地区间差异(个体差异)。对此种地区差异分析有下列指标可以选择:绝对离差法、相对比率法、静态不平衡法和极差(即静态不平衡差)。这些方法均可用于对比两个地区间的差异,其中绝对离差法以绝对值为依据,不考虑收入水平的影响,常常造成不同时期的指标不能进行对比,所以它只能作为参考指标;相对比率法计算简单,但却不包括差异跨度的大小;静态不平衡差是两类地区相同时的水平差值与其中的较低水平的对比,计算结果反映了地区差异的绝对值为低水平地区的倍数。

$$静态不平衡差 = (高水平地区水平指标 - 低水平地区水平指标)/ 低水平地区水平指标 \times 100\% \tag{32}$$

第二类,总体差异。在我国,地域广阔、地区众多、情况复杂,只对比两个地区间的差异或极差有时并不能完全说明总体差异情况,还可能被一些现象所迷惑。所以需要计算总体上的地区差异。总体差异的计算方法主要有标准差法、离均比率法或变异系数法以及加权变异度系数法、基尼系数法、威尔逊系数法等。这些方法的特点是将多个对象的差异包含在一个指标之中,可以全面反映地区差异。其中较为广泛使用的是基尼系数法,0.4是临界值,即当一个国家或地区差异的基尼系数达到0.4时,其区域差异就算过大了,应通过政策倾斜、产业扶持或财政转移支付等办法缩小区域间的差异。总体差异的计算方法详见下述。

2)描述区域总体差异的常用指标

(1)基尼系数

基尼系数详见第2章系统结构分析部分。该系数不仅可以用来分析一般结构,也可以用来分析空间结构,即区域差异。

(2)库兹涅茨比率

设$q(i)$和$p(i)$分别是人口比重和收入分配比重,k为库兹涅茨比率,k越大,收入分配不平衡性也越大。k的大小与样本容量关系更密切,公式如下所示:

$$k = \sum |q(i) - p(i)| \tag{33}$$

式(33)也可以用来度量人口的地域分布不平衡,此时,$q(i)$和$p(i)$分别是人口比重和国土面积比重。此式与地理联系率公式类似。

(3)威尔逊系数

$$v_u = \frac{1}{x'}\sqrt{\sum_{i=1}^{n}(x-x')^2 p_i/p} \tag{34}$$

其中,x_i、x'、p_i、p分别为i地区人均GDP、背景区域人均GDP、i地区人口和背景区域总人口。v_u越大,不平衡性就越大。

(4)地理联系率

这一指标反映两个地理要素在区域配置上的接近程度。地理联系率大,表示两个地理要素配置比较一致;地理联系率小,表示两个地理要素配置有较大的差异。地理联系率公式如下所示:

$$G = 100 - \frac{1}{2}\sum_{i=1}^{n}|F_i - S_i| \tag{35}$$

其中:F为各地区工业总产值占全国的百分比;S为各地区人口占全国的百分比,这里选择工业总产值与人口作为两个要素。差额小,说明工业配置比较均衡;差额大,说明工业配置不均衡。

(5)人口分布不平衡系数

$$u = \sqrt{\sum[y(i)-x(i)]^2/2/n} \tag{36}$$

其中,$x(i)$和$y(i)$分别为人口数和资源(国土面积)所占的比例数。u越大不平衡性越突出。

(6) 差异系数

设 x 和 y 分别为对象数据和标准数据,则

$$k=\sqrt{\sum[x(i)-y(i)]^2/\sum y^2(i)} \tag{37}$$

其中,k 为对象数据与标准数据的相对差异系数。

(7) 相似系数

两个不同样本的向量(或结构百分比)的夹角余弦可以被定义为相似系数。该系数越大,两样本的相似程度越大。差异系数和相似系数相反相成。

(8) 模糊贴近度

设 A 和 B 是两个模糊集合,为判定 A 和 B 之间的相似性,可以定义多种模糊贴近度计算公式[1],如

$$(A,B)=(A\cap B+A\cup B)/2 \tag{38}$$

其中,$\cap$ 和 $\cup$ 分别表示集合 A 和 B 的交集和并集。

也可定义模糊贴近度计算公式为

$$(A,B)=\sum\min[A(x_i),B(x_i)]/\sum\max[A(x_i),B(x_i)] \tag{39}$$

模糊贴近度在判定生物种群和社会群体相似性方面应用广泛,如可以用此方法计算一系列群体之间的模糊贴近度,从而将模糊贴近度较大的群体合并成同一类(择近原则),从而实现对观测对象的分区划类。

(9) 集中指数

集中指数表示集中某地理要素(由大到小排列)一半的地域人口在总人口中的比重,反映该地理要素在区域上的集中程度,指数高说明集中该要素一半的地区人口少,配置不平衡;指数低说明在较大的范围内才能集中该要素的一半,配置比较平衡。公式为

$$C=100-100H/T \tag{40}$$

其中:T 为全国(背景区域)人口;H 为集中该要素(由大到小排列)一半的区域人口。

(10) 灰色关联分析

灰色关联分析主要被用于分析各因素之间随时间变化的动态关系及其特征;分析哪些因素之间关系密切,哪些因素之间关系不够密切[2]。

设有 N 个时间或空间序列 $\{X_i(t)\ (i=1,2,\cdots,N)\ (t=1,2,\cdots,M)\}$。

记数列 X_j 对数列 X_i 的联系系数为 $L_{ij}(t)$,t 表示数列比较其关联性的采样时刻(点),L_{ij} 是时间 t 的函数,则

$$L_{ij}(t)=(\Delta_{\min}+k\times\Delta_{\max})/(\Delta_{ij(t)}+k\times\Delta_{\max}) \tag{41}$$

其中:k 为常数,$0\leqslant k\leqslant 1$;$\Delta_{\min}$ 为各因素间最小绝对差,一般可选为 0;$\Delta_{\max}$ 为各因素

---

[1] 冯得益,楼世博,等.模糊数学方法与应用[M].北京:地震出版社,1983:57.
[2] 王学萌,罗建军.灰色系统预测、决策、建模程序集[M].北京:科学普及出版社,1986:129.

间最小绝对差；$\Delta_{ij(t)}$为比较因素的绝对差。

记数列X_j对数列X_i的关联度为R_{ij}，从几何图形计算，则

$$R_{ij} = S_{ij}/S_{ii} \tag{42}$$

其中：S_{ij}为X_i与X_j的关联曲线与坐标曲线的几何面积；S_{ii}为X_i的自身关联系数围成的面积。用代数式计算，则

$$R_{ij} = \sum L_{ij}(t)/M \tag{43}$$

将某数列X_j与各个数列的关联度由大到小排成一行，称为各数列对X_i的关联序。

若依次分别取各数列作为母线，计算与其他数列的关联度，并排列为矩阵，则称为关联矩阵。

2.3.3 库兹涅茨比率的分解及其在我国地区差异分析中的应用

1) 库兹涅茨比率和加权库兹涅茨比率

库兹涅茨比率也是用来描述区域不平衡性的，它不仅计算方便，还可以通过适当分解，发现导致不平衡性变化的原因。库兹涅茨比率计算如下：

$$k = \sum_{i=1}^{n}|p_i - q_i| \tag{44}$$

其中：k为不平衡系数；p_i和q_i分别为各地区人口和GDP所占的比重。

和基尼系数一样，库兹涅茨比率也应该考虑子区域的大小问题，即进行加权计算。加权库兹涅茨比率计算如下：

$$k = \sum_{i=1}^{n}|p_i - q_i| \times p_i / \sum_{i=1}^{n}p_i \tag{45}$$

2) 对库兹涅茨不平衡性系数的分解

式(44)中，由于

$$\sum_{i=1}^{n}p_i = 100, \quad \sum_{i=1}^{n}q_i = 100 \tag{46}$$

所以

$$k' = \sum_{i=1}^{n}(p_i - q_i) = 0 \tag{47}$$

将$(p_i - q_i)$从大到小排列，必有这样的m存在，当$i \leqslant m$时，$p_i - q_i \geqslant 0$，为低收入人群人口比例与经济比例之差；$i \geqslant m$时，$p_i - q_i \leqslant 0$，为高收入人群人口比例与经济比例之差。

这样，式(44)可以被分解为

$$k = \sum_{i=1}^{m}(p_i - q_i) + \sum_{i=m+1}^{n}(q_i - p_i) \tag{48}$$

$$k = (\sum_{i=1}^{m}p_i - \sum_{i=m+1}^{n}p_i) + (\sum_{i=m+1}^{n}q_i - \sum_{i=1}^{m}q_i) = A + B \tag{49}$$

由此可以看出,库兹涅茨比率可以分解成两部分,其中的 A 表示由于低收入人口的相对增加所导致的不平衡系数 K 的增加;B 表示由于高收入人群收入的相对增加所导致的不平衡性的增加。这为人们提供了解释区域发展不平衡性动态变化的原因,也为减小区域发展不平衡提供了途径。

3) 不同模型(指标)对我国改革开放以来经济发展不平衡性特征的描述结果

计算结果如表 2-6 和图 2-4、图 2-5 所示。从基尼系数、加权基尼系数、威尔逊不平衡系数和相对不平衡系数的计算结果可以看出,以全国各省区为基本地域单元,考察改革开放以来我国区域发展的不平衡性特征,用这些指数计算的结果差不多;改革开放的三十多年来,中国从整体上来说,不平衡性变化不大,1978—1990 年有一些下降;1990 年以后,略有上升,2006 年达到改革开放初的程度。

表 2-6 中国改革开放以来区域发展不平衡性的历史考察

年份	基尼系数	威尔逊不平衡系数	相对不平衡性系数	加权基尼系数	库兹涅茨系数	加权库兹涅茨系数	A	B
1978	0.347 6	2.48	3.66	0.474 3	33.74	39.42	50.29	−16.55
1980	0.334 1	2.23	3.48	0.440 1	32.68	37.16	47.61	−14.93
1985	0.295 2	1.72	3.06	0.389 3	31.27	36.13	28.94	2.33
1990	0.264 7	1.38	2.74	0.341 0	31.36	35.95	21.70	9.66
1995	0.310 7	1.52	2.77	0.341 6	39.03	43.14	25.30	13.73
2000	0.434 2	0.68	3.49	0.408 9	40.56	1.53	5.99	34.57
2001	0.435 5	0.70	3.49	0.403 1	41.60	1.55	1.56	40.04
2002	0.431 6	0.70	3.48	0.432 6	41.00	1.68	27.90	13.11
2003	0.434 5	0.76	3.48	0.438 6	42.16	1.67	27.75	14.41
2004	0.435 7	0.77	3.49	0.438 7	41.71	1.78	13.32	28.39
2005	0.441 1	0.60	3.47	0.447 0	42.01	1.82	12.17	29.84
2006	0.442 5	0.60	3.47	0.496 0	42.24	1.82	11.65	30.58
2007	0.436 5	0.59	3.47	0.481 0	40.13	1.74	27.43	12.71
2008	0.429 8	0.54	3.47	0.469 0	38.81	1.67	27.08	11.72
2009	0.428 5	0.53	3.48	0.473 0	38.66	1.70	22.61	16.05
2010	0.422 9	0.49	3.48	0.489 0	36.49	1.57	21.62	14.87

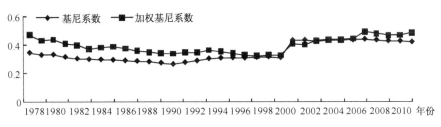

图 2-4 改革开放以来中国 GDP 基尼系数和加权基尼系数的变化

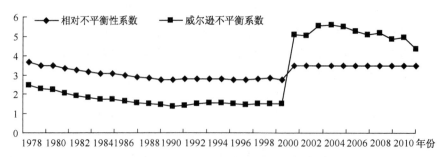

图 2-5 改革开放以来中国区域发展相对不平衡系数和威尔逊系数的变化

库兹涅茨比率(包括加权库兹涅茨比率)的计算结果则与此不同。各系数之间的关系见表 2-7。基尼系数、威尔逊不平衡系数和相对不平衡系数之间的相关系数都超过了 99.9% 的可信度,说明这三个不平衡系数在描述中国改革开放以来区域发展不平衡性方面,有着共同的作用;加权基尼系数与这三个系数之间的相关性也很高,表明用加权基尼系数描述中国区域发展不平衡的动态变化也没有什么特别的必要。

表 2-7 各系数之间的相关分析

	基尼系数	威尔逊不平衡系数	相对不平衡性系数	加权基尼系数	库兹涅茨系数	加权库兹涅茨比率
基尼系数	1.000	—	—	—	—	—
威尔逊不平衡系数	−0.780**	1.000	—	—	—	—
相对不平衡系数	0.803**	−0.327	1.000	—	—	—
加权基尼系数	0.790**	−0.471*	0.922**	1.000	—	—
库兹涅茨系数	0.743**	−0.747**	0.259	0.274	1.000	—
加权库兹涅茨比率	−0.952**	0.865**	−0.748**	−0.752**	−0.631**	1.000

注:* 在 0.05 水平上显著(即可信度为 95%);** 在 0.01 水平上显著(即可信度为 99%)。

库兹涅茨比率与基尼系数、加权基尼系数没有显著的相关关系,与威尔逊不平衡系数和相对不平衡系数虽有一定的相关关系,但可信度不高(仅为 95%);加权库兹涅茨比率与威尔逊不平衡系数的相关关系也未达显著水平。进一步用 1952—1978 年数据计算,结果仍是如此,其中人均 GDP 各年份的基尼系数与库兹涅茨比率之间的相关系数为 −0.086 1,完全无关。

这个事实说明,在描述区域差异方面,库兹涅茨比率和基尼系数等模型的作用是不同的,不能互相替代。而且,通过适当的分解,用库兹涅茨比率还可以发现导致区域发展不平衡性变化的部分原因。

4) 区域差异变化的原因解释和区域类型的划分

中国改革开放以来区域发展不平衡性的历史考察见表 2-6 和表 2-7。

(1) 不平衡性变化的原因分析

根据表 2-6 的后两列可以看出,改革开放以来,我国地区间经济发展的不平衡性在缓慢上升。这种上升过程可以分成四个阶段,即 1978—1987 年为第一阶段,1987—1995

年为第二阶段,1995—1999 年为第三阶段,2000 年以后为第四阶段,但是 2000 年和 2001 年数据较为异常。

在第一阶段中,低收入省份人口所占的比重在逐渐下降,低收入人口的收入在增加,主要是南方原先经济水平较低的省份(如福建等)的快速发展所致。从而导致总的不平衡略有下降。

在第二阶段,低收入省份人口和低收入人口的收入比重均略有上升,但总体不平衡明显增加,这和前一阶段截然不同。

第三阶段,低收入人口的比重明显增加,低收入人口的收入比重明显下降,导致总体不平衡性略有增加。

第四阶段,较前一阶段波动变化较大,低收入人口的比重有所降低,主要是高收入人口收入比重的增加导致不平衡性增加。

由此可见,对库兹涅茨不平衡系数进行分解,比简单地应用库兹涅茨系数要深入得多,可以发现不平衡性的变化原因,进而为找到缓解不平衡性途径提供依据。

(2) 我国各省份经济发展水平—速度类型划分

对应上述不平衡性变化的四个阶段,以人均 GDP 相对距平值±0.2(即超过或低于平均值的 20%,下同)、人均 GDP 发展速度相对距平值±0.15 为标准,将全国各省、直辖市、自治区(港、澳、台除外)划分成九种不同类型,如表 2-8 至表 2-13 所示。

表 2-8　1978 年人均 GDP 水平和 1978—1983 年人均 GDP 增长速度

速度＼水平	高	中	低
快	—	晋、吉、苏、浙、鄂、鲁、粤、新	内蒙古、皖、闽、豫、湘、琼、川、黔
中	京、辽、黑	冀	赣、桂、滇、陕
慢	津、沪	藏、甘、青、宁	—

表 2-9　1983 年人均 GDP 水平和 1983—1990 年人均 GDP 增长速度

速度＼水平	高	中	低
快	—	浙、闽、粤	滇
中	辽、苏	冀、晋、蒙、吉、鲁、鄂、湘、琼、青、宁、新	皖、赣、豫、桂、川、黔、藏、陕、甘
慢	京、津、黑、沪	—	—

表 2-10　1990 年人均 GDP 水平和 1990—1995 年人均 GDP 增长速度

速度＼水平	高	中	低
快	浙	闽	—
中	京、津、黑、沪、苏、粤	冀、鲁、鄂、琼、新、宁	皖、赣、豫、湘、桂、川
慢	辽	晋、蒙、吉、青	黔、滇、藏、陕、甘

表 2-11 1995 年人均 GDP 水平和 1995—2000 年人均 GDP 增长速度分类

速度＼水平	高	中	低
快	津、辽、沪、闽	冀、黑、鄂	蒙、吉、豫、湘、藏、甘
中	京、苏、浙	鲁	皖、赣、川、黔、滇、陕、青
慢	粤	琼、新	晋、桂、宁

表 2-12 2000 年人均 GDP 水平和 2000—2005 年人均 GDP 增长速度分类

速度＼水平	高	中	低
快	京、津、沪、浙、苏、闽、粤、鲁、辽	—	内蒙古
中	—	冀、吉、鄂	晋、豫、湘、渝、陕、宁
慢	—	黑、琼、新	皖、赣、桂、川、黔、滇、藏、甘、青

表 2-13 2005 年人均 GDP 水平和 2005—2010 年人均 GDP 增长速度分类

速度＼水平	高	中	低
快	—	蒙、吉、赣	皖、湘、渝、川、黔、青、宁
中	津、辽、苏、鲁、闽	晋、豫	桂、赣、琼、滇、甘
慢	粤、京、沪、浙	冀、黑、新	藏、陕

1978—1983 年表现为两头缺失（高水平、高速度；低水平、低速度），高水平的地区发展不快，低水平地区发展不慢，有利于不平衡性的减小。从表 2-6 中看，A 在大幅度减小（减少 26.43%），B 在大幅度增加（增加 22.86%），不平衡性略有下降（下降了 3.57%）；库兹涅茨比率在波动中下降，总体减少 3.57%。

1983—1990 年，仍然是高水平地区发展不快，低水平地区发展不慢，不平衡性相互抵消；但因低水平地区发展得也不快，大多中等水平的地区发展速度适中，导致不平衡性变化不大。从图 2-5 中可见，A 和 B 在波动中此消彼长，A 总共减少 2.16%，B 总共增加 3.35%，库兹涅茨比率没有发生明显的变化（仅增加 1% 多一点）。

1990—1995 年，浦东开发、国家扶持大中型企业等举措，使高水平地区发展不慢；但低水平地区发展仍然不快，导致不平衡性明显增加。从表 2-6 可见，A 先上升后持平，总共增加 3.6%；B 先下降，后上升，总计上升 4.07%；库兹涅茨比率明显上升，A 的贡献率为 47%，B 的贡献率为 53%。

1995—2000 年，高水平的地区发展不慢，低水平的地区大多发展不快，不平衡性稳定在较高的水平。从表 2-6 可见，A 先上升后下降，前四年总共增加 4.02%，但到 2000 年骤降 19.31%；B 先下降后上升，前四年总共减少 3.58%，到 2000 年突增 20.84%；库兹涅茨比率有些许上升，五年内只增加了 1.45%。

2000—2005 年，高水平地区高速发展，低水平地区发展速度较慢，全国经济发展呈现明显的两极分化,不平衡性变化较为明显,但波动幅度不大。从表 2-6 看,A 先升后降,总共增加 6.18%;B 经历了升—降—升的变化,总共减少 4.73%;库兹涅茨比率总体下降,五年内减少了 5.52%。

2005—2010 年,高水平地区低速发展,低水平地区高速发展,高水平高增长区域和低水平低增长区域极少,不平衡性变化不明显。从表 2-6 看,A 在波动中上升,总共增加 9.45%;B 在波动中下降,总共减少 14.97%;库兹涅茨比率明显下降,五年内减少了 5.52%。

由上述分析可以看出,有关表与图基本上呈一一对应关系,说明用库兹涅茨比率分解的方法解释我国区域发展不平衡性的变化是可行的,也是可靠的。

5) 结论和讨论

(1) 描述区域发展不平衡特征及其变化,应该用多种系数(模型)。从中国改革开放后的三十多年的情况看,基尼系数与威尔逊系数、相对不平衡系数等有很强相关性,可以相互替代;库兹涅茨比率的作用比较独特,不能用其他指标代替。

(2) 对库兹涅茨比率进行分解,可以在一定程度上揭示不平衡性变化的原因,从中国的实际情况看,这种分解的方法是可行的,也是可靠的。

(3) 以上分解,如能结合各个时期特定政策的变化和重大工程项目建设分析,可以将区域发展不平衡性分析得很深入,也可以为寻求抑制这种不平衡性趋势的途径、制定宏观政策提供直接的科学依据。

2.4 系统诊断技术

2.4.1 系统诊断技术概述

系统诊断技术模型是依据美国的解释结构模型(Interpretive Structural Modeling,简称 ISM)与日本全面质量管理(Total Quality Management,简称 TQC)模型,建立起来的一种诊断系统问题的定量方法。它通过定性思维模式把现实系统从时空上展开,从而找出问题的根源和解决问题的突破口。其一般过程是:

先把系统存在的问题一个一个地找出来(枚举问题);然后请专家和有实践经验的工作人员对这些问题中的每两个进行直观判断,看看它们之间有没有因果联系,因果联系密切程度有多大,并依据规定的标准对这些因果联系赋值(值越大,因果关系越密切),得到判断矩阵 R;对 R 进行闭包运算(即自乘),得到满足闭包关系的模糊可达矩阵 D(即 $D \times D = D$);对 D 进行一定的数字处理(用特定的系统诊断软件包)即可得到一系列定量分析的结果,诸如问题层次结构图(综合揭示前述问题逻辑关系的图谱)、各问题的影响域(影响范围)和影响强度(即各问题相对作用的大小,亦即解决它的相对重要程度)。对这些结果做进一步分析,即可找到解决系统问题的综合对策和具体措施。

2.4.2 吉林省非金属开发中现存问题的诊断

吉林省是全国重要的非金属矿的富集地和主产地之一,现已发现矿产 63 种,其中探明储量的有 41 种,已开采利用的 30 种。在已探明储量的矿产中,硅灰石、浮石、火山渣的储量居全国第一位，硅藻土居第二位，石墨、滑石、软质黏土等亦居前列。

但是，由于种种原因，在开采和加工、利用这些矿产资源时出现了一些问题，如资源浪费严重，效益低，产品品种单调，质量差，等等。而且，由于这些问题之间相互影响，盘根错节地交织在一起，使人们很难分辨出哪些是表象问题，哪些是深层次的根源问题，因而无法找到恰当的解决途径。有鉴于此，采用系统诊断技术对吉林省非金属矿产资源开发系统进行诊断，试图通过专家经验判断和计算机高频度、大容量推理运算功能的结合，找出各问题之间的逻辑关系和相对影响的强度，为从根本上解决这些问题提供依据。具体做法是：

首先请有关专家（多人）一起讨论，尽可能将吉林省非金属矿产资源开发系统中的问题（不论是表象问题或是根源问题，也不论是直接问题还是间接问题）列举出来。经过认真讨论和反复权衡，大家认为，吉林省非金属矿产资源开发中目前存在的问题大致包括如下 22 个方面：

(1) 矿产品种少。
(2) 部分矿产储量少。
(3) 部分矿产品位低。
(4) 分布位置差。
(5) 开采成本高。
(6) 开采加工设备不足。
(7) 开采技术水平低。
(8) 资金利用不合理。
(9) 加工品种单调。
(10) 加工品质量差。
(11) 加工技术水平低。
(12) 加工深度不够。
(13) 加工效益差。
(14) 产品宣传不够。
(15) 市场销售网络不发育。
(16) 市场信息不灵。
(17) 市场区位差。
(18) 市场价格不合理。
(19) 政策不落实。
(20) 缺乏人才。
(21) 缺乏资金。
(22) 管理协调不够。

然后，请专家们分别对这些问题做一对一因果关系判断，得到多个模糊判断矩阵 $R(i, j)$ $(i, j=1, 2, \cdots, 22)$。对不同的 $R(i, j)$ 分别上机（使用专用系统诊断程序软件）运算，选择恰当的截系数 α 即可得到与各 $R(i, j)$ 相对应的系统诊断结果。把这些结果摆在专家们面前，看看哪个 $R(i, j)$ 所对应的结果合理。如无合理的，则重新选 α 或重新构

造 $R(i, j)$。

经过多次试验,得到的结果(当取截系数 $\alpha=5$ 时)是,吉林省非金属矿产资源开发中存在的问题可分成以下五层(由表象到根源)。

第一层(表象层)包括问题(5)、问题(8)、问题(10)、问题(13)、问题(19),实属效益方面的问题,即效益差。

第二层(次表象层)包括问题(9)和问题(12),实属资源加工方面的问题,即加工业不配套。

第三层(中间层)包括问题(1)、问题(7)、问题(11)、问题(15)、问题(17)、问题(18),实属技术与市场问题,即技术水平低、市场开拓不够。

第四层(次根源层)包括问题(2)、问题(3)、问题(6)、问题(14)、问题(16)、问题(20),实属资源与人才方面的问题,即部分资源配置不好,缺乏开拓型经营管理人才。

第五层(根源层)包括问题(4)、问题(21)、问题(22),实为资金与管理协调方面的问题,即资金严重不足、管理协调较差。

依计算机定量分析的结果可以知道,这些问题中,影响面较宽的依次是问题(4)、问题(21)、问题(22)、问题(3)和问题(7);影响强度较大的依次是问题(4)、问题(21)、问题(3)、问题(22)和问题(6)。可见,影响面较宽和影响强度较大的问题,基本上都是根源层、次根源层问题。

由上述结果可以得出结论:①除却部分资源品位不高、分布位置差外,吉林省非金属矿产资源开发中存在的主要的和根本的问题是缺乏资金,缺乏人才,管理协调不够。②解决吉林省非金属矿产资源开发问题应从两方面入手,一是广泛筹集资金,尤其应注意引进外资和筹集民间资金,走多方办矿、办加工企业的路;二是要加强管理协调,严肃法纪,同时注意开拓市场,引进先进技术设备。

2.5 主体功能区划分

本节从"区"的形态、功能、类型等基本范畴入手,探讨主体功能区的内涵和特征。根据主体功能区划的研究职能和需要解决的问题,归纳适合现阶段主体功能区划研究的理论基础。结合主体功能区划的目的和要求,对区划依据、区划指标体系和划分方法进行分析,并提出不同空间尺度下主体功能区划方法的差异。根据辽宁省主体功能区划的实证分析深化和完善主体功能区划的理论和方法研究[1]。

2006年3月《中华人民共和国国民经济和社会发展第十一个五年规划纲要》明确提出:各地区要根据资源环境承载能力和发展潜力,按照优化开发、重点开发、限制开发和禁止开发的不同要求,明确不同区域的功能定位,并制定相应的政策和评价指标,逐步形成各具特色的区域发展格局[2]。在今后较长一段时间内,作为落实科学发展观的重要途

---

[1] 吴殿廷,吴铮争. 主体功能区规划实施中若干问题的探讨[J]. 人民论坛,2011(24):116-117.
[2] 编写组. 中华人民共和国国民经济和社会发展第十一个五年规划纲要[M]. 北京:人民出版社,2006:15-17.

径,主体功能区划及各类主体功能区建设将是区域研究的重点①。

但是目前主体功能区划在实施操作阶段遇到了来自多方面的挑战,使得原先的设想难以实现,主要原因在于没有研究清楚主体功能区划分的基本范畴和主要特点,在主体功能区划分的依据、指标体系、方法及程序等方面容易误入歧途。本节特对此做深入讨论。

2.5.1 主体功能区的基本内涵

主体功能区,是指根据不同区域的资源环境承载能力和发展潜力,按区域分工和协调发展的原则划分的具有某种主体功能的规划区域。划分主体功能区是国家实施可持续发展战略,实现空间科学发展的重大战略部署②。

（1）"主体功能区"中的"功能"。"主体功能区"的"功能"即区域国土的功能,不外乎生产、生活、生态及其服务功能,考虑到人口集聚和产业集聚具有一致性的特点,可以将区域功能简单地归结为生产生活和生态两大类。主体功能区划以地球表层和国土空间（包括陆地和水面）为对象,区划的目的在于空间管制,引导开发方向,控制土地利用方式（方向和强度）,提高国土利用的效益和可持续性。明确"主体功能区"中的"功能"是进行主体功能区划的基本前提。

（2）"主体功能区"中"区"的形状。"主体功能区"中的"区"包括点、线、面三种形状。其中禁止开发区有严格审批的明确界线,大多呈点状分布,兼有条带状; 优化开发区、限制开发区、重点开发区,以面状分布为主,其中部分重点开发区呈点状或条带状分布。禁止开发区以点状存在于优化开发区、重点开发区和限制开发区之内。因此,"区"不一定集中连片,从全国和省域范围来看,主体功能区划是嵌套式区划。

（3）"主体功能区"中的"开发"。"主体功能区"中的"开发",主要指产业集聚和人口集聚,尤其是产业非农化（主要是工业化）和人口城镇化（产业集聚/工业集聚和人口集聚……）。笔者认为,无论是工业化还是城市化,都涉及土地利用方式的非农化、非生态化。因此,控制了"土地利用方式及其强度",就实现了主体功能区的管制。

2.5.2 主体功能区的特点

（1）具有经济类型区的基本属性。主体功能区不同于过去划分的综合经济区,它属于一种典型的经济类型区,这种经济类型区的最大特点,就是区内发展条件和经济特点的相对一致性③。要根据区域资源环境承载能力、发展基础以及区域发展的宏观战略,从总体上确定区域发展的理念、方向和模式。

（2）动态演变性。主体功能区应相对稳定,但也不是一成不变的,主体功能也会随着时间的变化而发生更替。一方面区域自然系统或人文系统的自身演变规律,将导致主体功能区的功能、规模和边界随之发生变化。如有的重点开发区经过一段时间的开发,资

---

① 杜黎明.在推进主体功能区建设中增强区域可持续发展能力[J].生态经济,2006(5):320-323.
② 孙姗姗,朱传耿.论主体功能区对我国区域发展理论的创新[J].现代经济探讨,2006(9):73-76.
③ 魏后凯.对推进形成主体功能区的冷思考[J].中国发展观察,2007(3):28-30.

源环境约束将增加,应将其转变为优化开发区。限制开发区和禁止开发区可能也是变化的。但禁止开发区不能越来越小,重点开发区也不能无限扩大。另一方面,随着时间的推移,认识主体主观认知的变化,发展目标取向的转变,也将影响对主体功能的识别。

(3) 空间等级性。根据地域功能的空间尺度性,同一地域在不同空间范围内的自然资源和生态环境系统以及生产和生活活动中履行的职能、发挥的作用是不同的[1]。因此从不同空间尺度的地域范围来看,同一地域的主体功能也可能是不同的。一方面,对主体功能的表达和划分必须要有空间层级[2],从国家级、省级等多层次来识别主体功能,不同等级主体功能区的规模可能相差很大,这完全取决于认识主体研究的目的和问题的性质。另一方面,要协调好同一地域在不同尺度范围内所承担的功能。

2.5.3 主体功能区的划分

明确主体功能区划的理论基础、指标体系、方法和程序,是确保主体功能区划分的科学性和可操作性的基础。

1) 主体功能区划理论基础

自然区划(包括生态区划)的理论基础是地域分异规律,经济区划的理论基础是地域分工规律。主体功能区划是自然区划和经济区划的融合,因此主体功能区划的理论基础是二者的结合,地域分异规律奠定了主体功能区的空间分布格局;地域分工理论指导着区域间的分工和协作,以实现区域财富的最大化。"人地关系地域系统"的理论视角是主体功能区划的重要方法论基础[3],调控人地关系的实质就是对人类活动内容、方式和强度的引导与约束;空间结构理论指导主体功能区划构建合理有序的空间发展格局。上述理论为主体功能区划提供了科学的基础。

2) 主体功能区划指标体系

主体功能区划的目的在于引导经济布局与资源环境承载能力和人口分布相适应,促进人口、经济、资源环境的空间统筹,实现区域协调发展[4]。人口和产业高度集中在资源环境承载能力强、发展基础好、发展潜力大的区域,将生态功能重要或生态脆弱的地区作为生态空间,以保障国家的生态安全。因此,根据主体功能区形成的客观基础,结合国家推进形成主体功能区的基本思路,借鉴可持续发展指标体系、区域发展规划指标体系等相关研究成果,主体功能区划可以从资源环境承载力、空间开发强度、社会经济发展潜力三个方面入手,选取自然条件、自然资源禀赋、生态环境、区位条件、人口集聚度、社会经济发展水平和发展战略等代表性指标综合分析国土空间的自然、社会和经济系统。

---

[1] 樊杰. 我国主体功能区划的科学基础[J]. 地理学报,2007,62(4):339-350.
[2] 樊杰. 基于国家"十一五"规划解析经济地理学科建设的社会需求与新命题[J]. 经济地理,2006,26(4):545-550.
[3] 朱传耿,马晓冬,孟召宜,等. 地域主体功能区划:理论·方法·实践[M]. 北京:科学出版社,2007.
[4] 宏观经济研究院国土地区所课题组. 我国主体功能区划分理论与实践的初步思考[J]. 宏观经济管理,2006(10):43-46.

3) 主体功能区划依据

(1) 不同的区应该用不同的指标或标准来识别。由于不同层级划分的目的和依据不同，同一层级不同主体功能区的主导因素不同，因此，不可能建立一套统一的指标体系。不同层级应该使用不同的指标和标准，同一层级不同功能区也应该使用不同的指标或标准来识别。有的"区"直接用关键指标就能划出来，如目前的重点开发区、禁止开发区，就采用"一票决定"或"一票否决"的方式进行划分，无需新建指标体系或标准。难点在于限制开发区和优化开发区的识别。从长期的变化看，"禁止开发区和限制开发区"、"重点开发区和优化开发区"、"优化开发区和限制开发区"之间也是较难区分的。而这三对的识别，不应用一套指标来识别。因此，建立"指标体系"不是最重要的，实际上可能也建不成统一的指标体系。关键是不要陷入环境决定论和技术决定论的怪圈；能简化就简化，不要把简单问题复杂化。

(2) 不能以"资源环境承载力"作为确定主体功能的单一依据。对一个区域的发展来讲，资源环境承载力是一个不可或缺的主要因素。但即使某一区域具有较大的资源环境承载力，也并不意味着它在将来就可以达到较高的开发密度。北京市资源环境承载力大的地区是山前地带，但那里是北京的生态屏障，生态功能远大于经济功能，因而只能将其作为限制开发区而不能作为重点开发区；天安门广场资源环境承载力很大，但不能开发、不能改变其目前的土地利用方式；又如某些水源地，虽然植被很好、水热条件很好，资源环境承载力比其他地区大，但也不能开发。资源环境承载力低的地区不一定不是重点开发区，如美国的拉斯维加斯是沙漠中的城市，那里原先的资源环境承载力不高，但通过集中建设、集中生产和生活，用较大的力度进行生态保护和环境治理，效果很好。同时，资源环境承载潜力是可变的，可以通过南水北调提高受水地区的资源承载潜力，可以通过加大环境治理、生态维护提高某较小范围地区的环境承载力。

(3) 要集中生产和生活，局部超载并不可怕。不能以目前的开发强度为标准确定区域的主体功能。开发强度大的地区，不见得不被作为重点开发区，如果它的承载潜力还很大，就可以进一步开发；也不一定就把它作为重点开发区，假如它承载力已经有限，资源环境约束难以突破，就应该将其作为优化开发区或限制开发区，而不能作为重点开发区。同时，还要考虑提高其承载力的成本和收益。开发强度小的地区也不一定就被作为重点开发区或限制开发区、禁止开发区，要考虑开发的成本、效益和风险。总之，应该集中生产和生活，用较小的面积搞生产和生活，塑造一个相对集中、高密度、高效率的空间开发格局，把更大的空间留给生态。

(4) 要从大的生态格局和重大基础设施布局出发确定各区域的主体功能。主体功能区划不是自然区划（依据自然分异规律），也不是经济区划（依据地域分工理论）。"宜经济性"和"宜生态性"（广义生态，包括社会文化生态）是关键（图2-6）。因此，生态格局、当前重大基础设施布局等，要作为区划的先决条件充分予以考虑和尊重。

4) 主体功能区划方法

(1) 主体功能区划方法的综合性

① "自上而下"与"自下而上"相结合。主体功能区划一方面采用"自上而下"的方法，

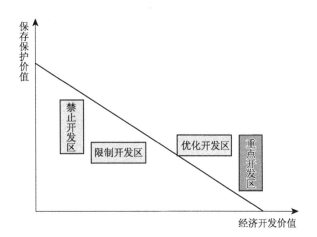

图 2-6 主体功能区划二维价值取向图

掌握宏观格局,明确区域在整个国土空间中所履行的职能和承担的作用,整体谋划和统筹区域发展;另一方面,采用"自下而上"的方法,通过对最小划分单元的分析,识别区域的主体功能。"自上而下"与"自下而上"相结合,两者双轨并进、互为补充,以确保区划方案符合发展需求和切实可行。

② 综合分析与突出主导因素相结合。主体功能区的判别需要综合分析资源环境承载力、开发潜力、开发强度等主导因素的不同组合,如资源环境承载力强、发展潜力大的区域可确定为重点开发区;此外,由于主体功能确定中存在明显的"短板"效应[①],一些区域可以通过单因素的评价直接确定,如目前的禁止开发区、部分重点开发区,就可以采用单因素"一票决定"或"一票否决"。

③ 现状分析与情景预测相结合。主体功能区划从现状以及历史数据资料入手,判别区域的主体功能定位。同时,采用科学合理的预测方法,把握区域的动态变化,分析区域在未来情景下的功能定位,以此作为区域主体功能定位的依据。

(2) 主体功能区划分方法

借鉴自然区划、生态区划、灾害区划等划分方法,主体功能区划分方法应分为基于历史资料的参数评价法、类比法和专家评估法等三大类方法(表 2-14)。参数评价法是在数据充足的地区,建立区划数据库,采用分级统计方法对数据进行分级,然后构建开发适宜性和生态约束性判别矩阵,判别评价单元的主体功能类型[②]。在缺失资料、评估指标数据不完备的地区,则应采取类比法。这种方法即参照自然环境和社会经济条件相似地区的主体功能,从相对意义上进行区域对比,对资料缺失地区的主体功能进行判别。虽然类比法不能确切地评价各指标的绝对值,但可以综合反映出区域的主体功能。专家评估法适用于对评估精度要求不高的情形,尤其对缺乏资料的低空间尺度的主体功能区划十分

---

① 刘传明,李伯华,曾菊新. 主体功能区划若干问题探讨[J]. 华中师范大学学报(自然科学版),2007,41(4):627-631.
② 段学军,陈雯. 省域空间开发功能区划方法探讨[J]. 长江流域资源与环境,2005,14(5):541-545.

适用。专家评估法即依据对区域状况感知较多、研究较深入人员的经验,评估区域的主体功能。本书认为现阶段主体功能区划应综合使用这三大类方法,对区划方案综合调整,以确保区划结果的合理性和准确性。

表 2-14 主体功能区划分方法比较

类别	参数评价法	类比法	专家评估法
适用情形	数据充足	资料缺失、数据不完备	尤其适用于缺乏资料的低空间尺度区划
原理	采用数理统计方法和模型予以划分	参照自然条件和社会经济条件相似地区的主体功能,从相对意义上进行区域对比,从而判别资料缺失地区的主体功能	依据专家经验进行判断
评估精度	评估精度高	评估精度低,不能确切地评价各指标的绝对值,但能综合反映区域的主体功能	评估精度不高,但能客观反映实际情况

5) 主体功能区划的实际操作

(1) 综合地理区划——自上而下定盘子、划框子、拟调子。首先通过叠置自然区划、生态区划、经济区划、人口分布等区划成果,结合国土总体发展战略,构建主体功能区划的宏观框架。完全以生态为主的地方,是禁止开发区;生态脆弱,直接影响国家或更大区域生态安全的地区,以及不适宜人口和产业大规模集聚的地区,是限制开发区;根据中国经济发展总体布局,以及经济区在区域中的地位、作用,确定承担生活生产类功能的重点区域。

(2) 主导因子区划——自下而上找点子、抽条子、扣格子。综合考虑上述综合经济区的功能、景观生态体系建设需要,以及其他区划规划成果等特殊因子,不能动、不应动的地方,就是禁止开发区,包括各级各类保护区、文物古迹、基本农田、水源保护地等;可以动,但不能大动,只能微调的地方作为限制开发区,如天然林保护地区、退耕还林生态林地区、自然灾害频发区等;潜力很大,要大动、可大动、应大动的地方,近期能够实现高投入高产出的地方,就应该是重点开发区,如国家级、省级开发区(园区);开发强度已经很大,进一步开发潜力有限,需要提高产业结构、优化空间布局、调整土地用途的地方,作为优化开发区。

(3) 开发潜力区划。以基于历史资料的参数评价法为主,步骤如下:从生态约束性评价和开发适宜性评价两方面建立区划数据库,运用自然裂点法对数据进行分级分析,采用矩阵判别分析生态保护价值和经济开发价值,确定基本评价单元的主体功能。同时辅之以专家评估法和类比法,综合区划结果,形成主体功能区划初案。

(4) 主体功能区划。运用地图叠置法和地理要素综合法,将上述三类区划结果按一定的原则结合起来,并征求各方意见形成最终的主体功能区划(图 2-7)。

6) 不同空间尺度下主体功能区划方法的特征差异

区划指标体系和方法随着区划对象、区划尺度、区划目的及区划研究者的不同而存在较大的差异。在不同的区域空间尺度上(如国家级、省级、市县级),分区方法固然有其通用性,但由于现实难题与发展目标各不相同,故主体功能区的划分方法也有一定的差异(表 2-15)。

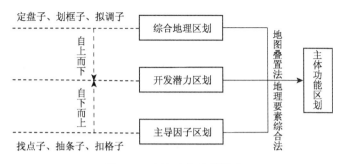

图 2-7 主体功能区划思路

表 2-15 不同空间尺度下主体功能区划方法的特征差异

划分层级	国家层面	省级层面	市县级层面
目的	构建国家合理有序的空间开发格局。提升全球竞争力,维护生态安全空间	构建省域合理有序的空间开发格局,统筹省域空间的协调发展,提升竞争力	主体功能区划的进一步细化和具体化,落实到具体的功能地块,为上级主体功能区划提供数据和资料
划分单元	禁止开发区和限制开发区落实到具体的自然边界;重点开发和优化开发区以县级单位为基本划分单元	以县为基本划分单元,县内差异较大,可以乡镇为基本划分单元	以公里网格为基本划分单元,结合各类功能区的特点和要求,把握划分的尺度
划分依据	侧重于对大的自然地域分异规律的识别,符合国家宏观发展战略	综合分析自然、经济、社会、生态系统	土地适宜性分析
数据来源	全面的统计数据收集、处理。禁止开发区和限制开发区的确定主要基于已有的单项区划成果	全面的统计数据收集、处理,辅之以专门调查和遥感图像解译	专门调查、抽样调查和遥感图像解译
方法	以基于历史资料的参数评价法为主,结合专家评估法。对结果进行折中综合调整	以基于历史资料的参数评价法为主,结合专家评估法。缺失数据地区可用类比法。对结果进行折中综合调整	参数评价法
意义	确定全国国土空间协调发展的方向性、纲领性、战略性的图景。通过对区域发展的引导和限制,统筹协调整个国土空间的均衡持续健康发展	统筹谋划省内人口、经济、资源环境的空间协调,实现省域范围的空间发展战略和合理空间布局	为统筹区域内城市规划、土地利用规划等空间规划提供平台;指导国家和省级层面主体功能区划具体区域目标的制定

2.5.4 辽宁主体功能区划分实践

按照前文探讨的区划方法对辽宁省主体功能区进行划分,首先立足于辽宁省自然区划、生态区划、经济区划等区划成果的基础,结合辽宁省国土空间发展战略等研究成果,明确了辽宁省主体功能区划的宏观框架。然后,从辽宁省的区域特点及其区域发展中的突出问题入手,在资源环境承载力、开发强度、开发潜力三个方面选取16个指标因子,构建了开发适宜性评价指标体系,采用专家群组决策确定各级指标权重,计算综合分值(表2-16)。

表2-16 辽宁省开发潜力区划指标体系框架

指标层(A)	因素层(B)	权重系数	因子层(C)	权重系数
资源环境承载力	自然资源丰度	0.318	人均水资源量(m³/人)	0.514
			人均耕地面积(亩/人)	0.368
	环境容量	0.318	环保经费占GDP的比重(%)	0.406
			工业废水处理率(%)	0.207
			工业废弃物处理率(%)	0.077
			工业废气处理率(%)	0.310
	环境压力	−0.364	万元GDP耗水量(m³/万元)	0.237
			单位面积固体废弃物排放量(m³/km²)	0.068
			单位面积废气排放量(m³/km²)	0.502
			单位面积废水排放量(m³/km²)	0.194
空间开发强度	社会基础		人口密度(人/hm²)	0.500
	经济基础		地均GDP(万元/hm²)	0.500
社会经济发展潜力	区位条件		综合交通条件	0.444
	经济效益		人均GDP(元/人)	0.150
	经济结构		第二、第三产业产值占GDP的比重(%)	0.216
	资源开发成本		非耕地占土地面积的比重(%)	0.190

采用自然裂点法将所用分析单元分为五级,即强、较强、中等、较弱、弱。在资源环境承载力分区、开发强度分区、开发潜力分区的基础上,采用三维判别矩阵进行资源环境承载力、开发强度、开发潜力的综合分类,得到辽宁省开发适宜性分区(表2-17)。

表2-17 辽宁省开发适宜性分区表

功能区类型	矩阵单元
优化调整开发区	沈阳市区(5,5,2);大连市区(5,5,2);本溪市区(4,4,1);锦州市区(4,5,2);营口市区(4,5,1);铁岭市区(4,3,1);朝阳市区(4,3,1);辽中县(4,2,2);瓦房店市(4,2,2);普兰店市(4,2,2);海城市(4,3,3)
极适宜开发区	鞍山市区(4,5,4);抚顺市区(4,4,4);凤城市(4,1,4);葫芦岛市区(3,2,5);盘锦市区(3,4,5)

续表 2-17

功能区类型	矩阵单元
适宜开发区	丹东市区(3,3,3);庄河市(3,2,3);台安县(3,2,4);岫岩县(3,1,5);抚顺县(3,1,4);东港市(3,2,3);宽甸县(3,1,5);盘山县(3,3,5);大洼县(3,2,5);凌海市(3,1,2);康平县(2,1,3);法库县(2,1,3);长海县(3,5,2);清原县(2,1,4);义县(2,1,3);大石桥市(2,3,3);兴城市(2,1,5);绥中县(2,1,5);建昌县(2,1,5);新民市(4,2,3)
不适宜开发区	阜新市区(2,4,2);辽阳市区(3,4,1);新宾县(1,1,5);本溪县(3,1,1);桓仁县(2,1,1);北宁市(1,2,2);黑山县(2,1,2);盖州市(3,1,1);阜新县(1,1,3);彰武县(1,1,3);辽阳县(2,1,2);灯塔市(2,2,1);调兵山市(2,3,1);开原市(2,1,2);铁岭县(2,1,2);西丰县(2,1,2);昌图县(1,1,2);北票市(2,1,1);凌源市(2,1,1);朝阳县(2,1,1);建平县(3,1,1);喀左县(1,1,1)

根据辽宁省的自然地理特征和生态本底条件,选择地貌类型、灾害风险、生态服务功能三个要素,进行辽宁省生态约束分区。采用二维判别矩阵,对辽宁省开发适宜性分区和生态约束分区进行矩阵分析,划分中发现优化开发区和重点开发区与限制开发区和禁止开发区之间缺少过渡,应增加适度开发区。为了避免指标选取和数据处理中产生的计算误差,本节采用定性分析方法,从目标导向、问题导向、任务导向出发,对定量分析结果进行部分调整,以确保符合实际情况并满足发展需求。辽宁省划分结果如下,优化开发区共有 11 个市区和 6 个县(市),重点开发区有 3 个市区和 11 个县(市),适度开发区有 7 个县(市),限制开发区包括 21 个县(市)(表 2-18)。

表 2-18 辽宁省主体功能区矩阵判别分区表

功能区类型	分析评价单元
优化开发区	沈阳市区、大连市区、本溪市区、锦州市区、鞍山市区、抚顺市区、营口市区、铁岭市区、阜新市区、朝阳市区、辽阳市区、辽中县、海城市、台安县、抚顺县、辽阳县、灯塔市
重点开发区	葫芦岛市区、丹东市区、盘锦市区、庄河市、东港市、盖州市、凌海市、瓦房店市、普兰店市、长海县、大石桥市、绥中县、盘山县、大洼县
适度开发区	铁岭县、调兵山市、昌图县、开原市、建昌县、康平县、法库县
限制开发区	凌源市、喀左县、朝阳县、新民市、北票市、阜新县、彰武县、新宾县、清原县、本溪县、桓仁县、北宁市、义县、黑山县、西丰县、建平县、喀左县、兴城市、宽甸县、凤城市、岫岩县

此外,自下而上划出特殊因子。将各级各类保护区、文物古迹、已有重大设施、构筑物、基本农田、天然林、水源保护地等,划为禁止开发区;将省级开发区(工业园区)划为重点开发区。运用地图叠置法和地理要素综合法,综合上述划分成果,最终形成国土全覆盖的以县级行政单位为划分单元,优化开发区、重点开发区、适度开发区、限制开发区呈面状分布的主体功能区划方案。禁止开发区则以点状分布,兼有条带,部分重点开发区(省级工业区)以点状存在于优化开发区、重点开发区、适度开发区和限制开发区之内。从全省范围来看,主体功能区划是嵌套式区划。

2.5.5 结论和讨论

开展主体功能区划,明确不同区域的主体功能定位,规范开发秩序,管制开发强度,调整开发政策,是落实科学发展观,促进人地和谐及国土空间协调发展的基本措施。本节就主体功能区划分的基本范畴,主体功能区的主要特点,主体功能区划分的依据、指标体系、方法及程序等进行了深入的分析,并就辽宁省的具体情况进行了主体功能区划的尝试。国土空间的主体功能可以归结为生产生活和生态两大功能,主体功能区划的理论基础是地域分异规律和劳动分工原理。不能简单地以资源环境承载力作为区划的依据,要充分考虑大的生态格局和基础设施布局基础,要在宜开发性(人口和产业集聚)和宜保护/保存性两者之间进行权衡。主体功能区的形状包括点、线(条带)、面三种,主体功能区划的过程要上下结合——自上而下定盘子、划框子、拟调子,自下而上找点子、抽条子、扣格子。禁止开发区、重点开发区,应该被划分得更细、更小一些,基本上呈斑块状,甚至是点状;优化开发区、限制开发区,可以集中连片。

主体功能区划是一项十分复杂的事情,还有很多问题有待解决。

2.6 用突变理论进行地理区划的探索

区划,是地理研究的出发点和落脚点,无论是部门地理还是区域地理,只有将其研究的对象进行科学的划分,才能为生产实践提供切实的依据。但是,由于种种原因,自然区划众说纷纭,各行其是,有的停留在定性的描述上,有的只以单项指标分区划线,难免带有主观性和片面性。系统理论的兴起,电子计算机的引进,为更科学地进行自然区划提供了坚实的理论基础和强有力的工具。本节试图以系统理论中的突变论为指导,以电子计算机为手段来探讨自然区划中的有关问题[①]。

2.6.1 对自然区划的重新认识

自然区划的对象是自然综合体。自然界中,各种地理要素如地貌、气候、水文、土壤、植被等,是相互联系、相互制约的,它们构成了一个有内在联系的整体即自然综合体。按照地表自然综合体的相似性与差异性探讨地理综合体的特征及其规律并进行区域划分,就是自然区划[②]。由此可见,自然区划必须确认不同的自然综合体,确定不同综合体之间的地表界线。

确定不同自然综合体之间的地表界线,过去常用的方法有叠置法、主导因素法和地理相关法。叠置法是将若干自然现象的分布图和区划图叠置在一起,得出一定的网络,然后选择其中重叠最多的线作为综合自然区划的界线。由于自然界各种现象互相关联,所以叠置法在一定范围内可以适用,但自然界各种现象各有其自身的发展规律,所处发展阶段亦各不相同。因此,叠置法并不是在各处都行得通的方法。

主导因素法是选择主导因素作为区划的依据,由此所得的区划界线意义是明确的,但机械地运用此法,往往不能正确地表现出自然界的地域分异,区划界线总不免带有主观性和片面性。地理相关法首先比较各自然现象的分布图、分析图和区划图,从而了解自然综合体地域分异的轮廓,然后按若干重要因素相互依存的关系,确定区划的界线。

---

① 吴殿廷.资源、环境、区域开发[M].长春:吉林文史出版社,1987.
② 中国科学院自然区划工作委员会.中国综合自然区划[M].北京:科学出版社,1959.

可以看出,地理相关法也避免不了主观性的弊端。

现在,用突变理论[①]来重新认识一下自然区划的实质,并探讨新的确定地理界线的方法。众所周知,渐变和突变是一对矛盾范畴,突变是渐变的积累,渐变通过突变表现出来。比如,中国的东南沿海和西北内陆是两个截然不同的地理区域,一个是湿润区,一个是干旱区,湿润状况截然不同,因此,这两个区是有本质区别的,即自然综合体的性质由东南沿海到西北内陆有一个突变的过程,有一个质的飞跃过程。但是,在这两个地区之间又不存在这样的线形界线(像墙那样窄、像纸那样薄的界线),使干燥度乃至自然综合体的性质在该线两侧截然不同,相差十分巨大。这样说来,干燥度乃至地表自然综合体性质的变化又是一个渐变的过程。由此可见,地表现象及地理综合体性质在东南沿海和西北内陆截然不同,是由于它们由东南向西北逐渐变化所造成的,即突变是渐变的积累,正如质变是量变的积累一样。

从另一个角度说,干燥度分布由东南向西北逐渐增大,但增大的速率并不是均匀的,与海岸线走向平行的山脉能够阻挡海洋上空湿润空气向内陆的输送,因而同样大小的水平跨度,与海岸线平行的山脉两侧,干燥度的变化梯度要比广阔平原区大得多。同理,东西走向的山脉能阻挡南北冷暖空气的流动,因而温度在东西走向山脉的两侧变化梯度要比其他地方大一些。凡此种种,就是渐变中的突变,渐变通过复杂多样的突变表现出来,整体的渐变通过个别因素的突变来实现。总之,突变与渐变的关系与质量互变关系不无相似之处。

正是因为地理要素的分布和演化存在着突变的过程,才使自然区划成为可能,使地理研究成为必要——如果地理现象到处一致,没有差异,或者说地理要素空间变化梯度始终如一,那么,自然区划将没有依据,地理研究也没有多大意义,正是因为地理要素的分布和演化是突变和渐变的统一,才使自然区划成为一门科学,或者说是一门技术——从渐变中得出一致性,从突变中确认差异性。自然区划是寻求自然综合体之间一致性与差异性的统一,突变与渐变的思想则是自然区划所应遵循的最主要的原则之一。在这一点上,应该赞同过去有人提出的相对一致性的思想。事实上,不同等级的自然综合体之间,就是以其相对差异性为划分根据的,而同一自然综合体内部,则存在着相对的一致性。并且越是高级的综合体,其内部一致性越差,与外界的差异性越明显。

前面说过,自然区划是按照地表自然界的相似性与差异性将地域加以划分,并按照划分出来的单位探讨自然综合体的特征及其发生、发展与分布的规律性。邻近地区的相似性,就是地表性质空间分布的渐变表现,差异性则反映了突变的过程。从这个意义上说,自然区划的实质,就是确定相邻区域性质变化梯度较大的地带,或者说是找出自然综合体行为在空间发生突变的地方,并把它作为相邻自然综合体的分界线。需要指出的是,不同等级的自然综合体要用不同的地理参数才能刻画出其本质来,因而不同等级的自然区划,要依据不同的决定因素。如划分热带、温带和寒带可以用热量指标,划分自然带则需用生物气候指标[②]。再则,不同等级的自然综合体之间性质差异不一样,越是高级

---

① 张奠宙. 不连续现象的数学模型:托姆的突变理论[J]. 自然杂志,1980,3(10):728-732.
② 全国农业区划委员会《中国自然区划概要》编写组. 中国自然区划概要[M]. 北京:科学出版社,1984.

的综合体,其差异性越显著,因而自然综合体性质的突变规模及程度越大。于是想到,能不能用突变理论来指导自然区划呢?

2.6.2 用突变理论指导自然区划的尝试

突变论是数学中关于不连续现象的一种最新理论,其主要内容是研究某种过程从一种稳定态到另一种稳定态跃迁的数学机理。一般情况下,系统所处的状态可以用一组参数描述,突变论的创始人托姆在研究中用数学工具描述系统状态的跃迁,给出系统处于稳定态的参数区域及系统处于不稳定态时的参数区域。托姆指出,当参数变化时,系统状态也随之变化,当参数通过某些特定位置时,状态就会出现突变。托姆的突变理论不仅很好地解释了物理学、生物学等中出现的突变现象,如遗传变异、越导现象等,同时也为人类进一步利用和改造自然提供了理论指导。

地理研究的对象是地理环境,或者说是地理系统,不同的自然综合体则是地理系统不同状态的反映。因此,在用适当的地理参数表征地理系统状态的情况下,可以借助突变理论来研究地理综合体的分异,可用突变模型进行自然区划。

1) 突变理论的思想是自然区划的原则之一

如前所述,自然区划的关键是确定相邻区域自然综合体性质变化梯度较大的地带,或者说是地表现象发生突变的地方(地表现象的突变必然引起地表自然综合体性质的飞跃,而且从一定意义上讲,地表现象的总和就是自然综合体的质)。这里的"变化梯度大"、"地表现象突变"都是相对的概念,相对于一定等级的自然综合体,相对于均交、渐变。正如有的物理过程、生物过程从某种层次上讲是渐变,而从另一层次上讲则是突变。如果能够用恰当的地理参数表征出不同等级的地理综合体的特征(如用生物气候表征自然地带)的话,那么,相邻地理综合体之间的界线就是这些参数变化梯度最大的地方。这与苏联阿尔曼德"模糊不清的(地理)界线的轴始终是在等值线变密的地方"及米尔科夫的"最大标志量"[①]的观点是一致的。于是,得到了划定两个不同地理综合体之间界线的方法:

第一步,用恰当的地理参数表征该等级自然综合体的特征。

第二步,在两个自然综合体之间选取采样点,测定和换算有关的地理数据,计算不同部位的梯度值。

第三步,把梯度最大的点连接起来,则连线就是这两个自然综合体的分界线。

2) 尖角突变模型为自然区划开辟了新的思路

尖角突变模型是突变论中最简单,但也是应用得最广泛的突变模型,它不仅可给出系统处于不同稳定态的参数区域,而且可给出系统处于两稳定态之间的过渡态(不稳定态)的参数区域。中国科学院的郭绍礼等几位先生在研究东北地区沙漠化问题时曾用尖角突变模型把研究区域划分为沙化发展区、潜在沙化区和稳定良田区。他们的做法如下:

---

① 倪绍祥.苏联地理学界关于自然地理区划问题研究的近况[J].地理研究,1982(1):95-102.

(1) 初步考察研究区内沙化分布情况,在不同性质的地区确定采样点,提取有关的地理数据。

(2) 把收集到的地理数据分成两大类,一类是反映沙化程度的土地复合状况,另一类是反映沙化成因的湿润状况,在此基础上分别进行主成分分析。

(3) 把得到的两个第一主成分分别看成是尖角突变模型

$$X^3 + QX + P = O \tag{50}$$

中的 P 和 Q,其中 X 是地理综合体的状态参量,求出不同采样点的 P 值、Q 值。

(4) 根据求出的 P 值、Q 值,把样本标号点绘在二维平面 $P-Q$ 上,作出尖角突变曲线。

这样,在 $P-Q$ 平面上,原始样本就被分成了三类,对应着三个不同的地理区域——半干旱沙化发展区、半湿润潜在沙化区和湿润稳定良田区。并且依据样本的经纬坐标可以作出各区之间的分界线[①]。

在研究吉林省气候特征时,笔者仿上分别在 10 个采样点选取了热量状况的六个因子和湿润状况的五个因子做主成分分析,然后分别以热量状况的第一主成分和湿润状况的第一主成分作为尖角突变模型中的 P 和 Q,进行气候区划,结果把吉林省分成了东部湿润气候区、中部半湿润气候区和西部半干旱气候区。并且根据采样点的地理位置绘出了各区的分界线。对比实际情况和前人的工作,结果是令人满意的。

上述两例虽非综合自然区划,但事不同而理同,所以,有理由认为用尖角突变模型进行综合自然区划也是可行的。

从以上分析可以看出,突变理论对自然区划是有指导意义的,突变和渐变的思想是自然区划所应遵循的一个原则,并且通过求综合体行为空间变化的梯度可以给出不同自然区域的分界线,使用尖角突变模型甚至可以使自然区划更深入一步,即划分出中间过渡型。

2.6.3 几点讨论

(1) 一般说来,地理界线都是逐渐过渡的带,尽管这个带有宽有窄。因此,传统自然区划追求简单界线的方法是不可取的。但是,如果区划本身不给出一定的界线,往往又不能为社会所接受,不能满足一般决策者的要求。这就要求自然区划不仅要指出不同自然综合体之间的分界线,还要指出介于这两者之间、具有独特性质的过渡地带。也只有这样,才能使自然区划更科学、更合理。在这一点上,用突变理论来指导自然区划比用传统方法要进一步。如前所述,如果要确定两个不同地理综合体之间的界线,只需选择恰当的采样点,测定有关的地理参数值,求出二区之间地表现象变化梯度,并将梯度最大的点连接起来,则连线即是。如果同时要指出二者之间的过渡带,则仿上方法用尖角突变模型即可。

[①] 郭绍礼,齐文虎,李立贤.应用突变模型研究沙漠化过程的演变——以东北地区为例[J].地理学报,1982(2):183-193.

划分中间过渡带的想法与模糊数学中的软划分相类似,软划分在生产实践中已得到广泛的应用①。所以,笔者认为,用尖角突变模型进行自然区划是很有意义的。

(2) 尖角突变模型只适用于行为上具有以下诸特点者:第一,行为是双峰型的,即有两种稳定态;第二,双因子性,即控制系统的因子有两种,且互相对立;第三,发散性,即在某些状态下稍微改变其参数值即发生行为的突变。因此,用尖角突变模型进行自然区划时,一次只能考察两个不同的地理综合体,遇有多个综合体时需依次进行。

再者,控制地理综合体特征的因子是多种多样的,而且不同等级的综合体只能用不同的地理参数才能表征出来。所以,在用尖角突变模型进行地理区划时必须恰当地选取地理参量,还要把它们概括成两个互相独立的综合变量。

(3) 用突变理论指导自然区划,必须有丰富的地理知识和扎实的地理基本功。因为它首先需要定性地确定不同的自然综合体,并恰当地选取地理参量表示之,还要选好采样点,然后才能考察两综合体之间地理行为变化的梯度以确定分界线和计算综合指标以确定过渡型。这就是说,突变论指导自然区划,必须将定性和定量结合起来,二者相辅相成。定性确认不同的地理单元,并用恰当的参数表示出来,定量找出不同地理单元的界线及二者之间的过渡带,从这个意义上说,用突变理论指导自然区划,很好地体现了定性与定量相结合的方法。

用突变理论指导自然区划,未见有报道,笔者对此研究也很不深入,还有很多具体工作要做。作为一种思想方法,本节只是一个探讨,旨在抛砖引玉,偏颇之处欢迎批评指正。

2.7 断裂点理论与城市经济区划分

2.7.1 断裂点理论模型

区域包括均质区域和结节区域两种形态。均质区域可用泰森三角形、趋势面、聚类分析等方法进行区划;结节区域之间的分界点轨迹从理论上说是一个圆,在现实中可以用断裂点模型和图上作业相结合的方法进行区划。关键是要定义好中心度,扣除内部自我服务部分,确定好中心地的等级,并结合自然界线、交通线路走向等,绘出各中心地的腹地范围。

区域是地球表面上被某种特征所固定的空间系统。一般情况下,区域是指地表的二维平面,但对于较小区域,如一个城市而言,常指三维空间。

区域的划分,既是地理学研究的一种方法,也是地理学研究的一方面成果。按内在结构(形态特征),区域可分为均质区和枢纽(结节)区②。其中均质区具有单一的面貌,根据划分区的标准,其特征在区内各个部分都同样地表现出来。

结节区的形成在于内部结构或组织的协调,这种结构包括一个或多个聚焦点即中

---

① 王凤钦,李凤岐,苏育嵩.浅海变性水团的软划分[J].海洋学报(中文版),1986(4):409-416.
② 王铮,丁金宏.区域科学原理[M].北京:科学出版社,1994:3.

心,以及环绕聚焦点的地域(腹地),二者被流通线路所联结,区的边界处于联结的末梢。

不同结构的区域,要用不同的方法划分①。

1) 均质区域的定量划分

均质区域的划分,大致包括如下几种情况:

(1) 根据若干观测点,推算各观测点的覆盖(控制)面积。如根据各气象站降雨资料推算整个地区的总降雨量等,一般都采用泰森三角形方法②。这种方法计算精度不高,但简单易行,适合于观测点少且分布不均匀情况下的区域划分。

(2) 对区域渐变特征进行分等定级。这可以用等值线和趋势面的方法进行,一般选择等值线密度最大处,即将趋势面变率最大处作为相邻等级区域的分界线。这种方法精度很高,适合于采样点很多,能够建立起趋势面方程和绘出等值线的情况。如地质学上常用此法进行区域地质分析。

(3) 对离散区域进行分区划类。可用聚类分析等方法,结合图上作业来进行。如东北地区农业经济类型的划分,可以以县级区域作为基本单元,选取若干个显示地域分异的因素,进行系统聚类;然后参照各县区的位置和相邻关系,进行区划③。

2) 结节区域的定量划分

结节区域涉及三个概念,即结节性、结节点和腹地。结节性指一定范围地域中某些地段对人口或物质能量交换所产生的聚焦作用;这些具有聚焦性能的特殊地段被称为结节点;结节点按其有效半径服务于一个或大或小的区域,这个区域被称为吸引区(腹地)。结节区域就是根据各结节点的控制范围(腹地)进行划分的。由于各结节点的中心性大小不同,所以不能用泰森三角形法来进行区域划分。

严格说来,结节区域的划分应在对各种流(人员流、物资流等)进行调查的基础上,根据这些流的方向和强度变化来划分结节区域④。这显然很复杂,有时难以做到,有时即使能做到也得不偿失,因为需要投入的人力、物力太多。为此,这里主要探讨用空间相互作用模型来对结节区域进行划分。

(1) 边界点运行轨迹的理论推导

空间相互作用理论包括一系列模型⑤,可用于结节区域划分的是点与点之间无约束的相互作用模型(Completely Unconstrained Mode),计算公式如下:

$$I_{ij} = kQ_i^{\alpha}Q_j^{\beta}/d_{ij}^{b} \tag{51}$$

其中:I_{ij} 表示 i 区与 j 区之间的相互作用,根据具体情况可以是各种"流";Q_i 和 Q_j 采用了更一般的质量概念,而不只是人口;d_{ij} 为距离;b、α、β、k 为经验系数。如为方便,可

---

① 吴殿廷,朱青.区域定量划分方法的初步研究——兼论用断裂点理论进行区域划分问题[J].北京师范大学学报(自然科学版),2003,39(3):412-416.
② 邓绶林.普通水文学[M].北京:高等教育出版社,1985:77.
③ 李振泉.国家自然科学基金项目报告:东北经济区经济区划与生产力布局[J].东北师范大学学报(自然科学版),1991(特辑):146.
④ 顾朝林.城市经济区理论与应用[M].长春:吉林科学技术出版社,1991:46.
⑤ 吴传钧,侯锋.国土开发整治与规划[M].南京:江苏教育出版社,1990:160.

以取 $b=2$, $\alpha=\beta=k=1$。这与牛顿万有引力模型的形式基本一致。

根据上述模型和假定条件,设 i 和 j 为两个相邻的中心地(结节点,如商店或市场),二者相距 D_{ij},该两结节点的腹地分界点为 x,则 x 点满足

$$D_{ix} = D_{ij}/[1+(S_j/S_i)^{1/2}] \tag{52}$$

其中:D_{ix} 为 x 点距 i 的距离;S_i 和 S_j 分别是结节点 i 和 j 的质量(需根据具体情况定义)。

式(52)中的 x 运行轨迹有两种:一是当两个中心地的中心度相等时,x 的运行轨迹是二者之间的垂直平分线;否则,x 的运行轨迹是个圆。见如下推导:

根据式(52)和图 2-8 得

$$\sqrt{x^2+y^2}/\sqrt{(x-a)^2+y^2} = (Q_i/Q_j) = 1/b \tag{53}$$

$$(b^2-1)x^2 + 2ax + (b^2-1)y^2 = a^2 \tag{54}$$

其中,若 $b=1$,即 $Q_i=Q_j$(两中心地的中心度相等),x 的运行轨迹是直线 OA 的垂直平分线。

若 $b\neq 1$,假定 $b>1$(即左边的中心地质量较小),将各项都除以 (b^2-1),得

$$[x+a/(b^2-1)]^2 + y^2 = a^2/(b^2-1) + [a/(b^2-1)]^2 \tag{55}$$

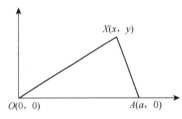 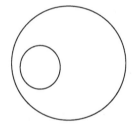

(a) 分界点运行轨迹示意图　　(b) 质量不同的两个中心地腹地间的关系

图 2-8　分界点运行轨迹示意图和质量不同的两个中心地腹地间的关系

由式(55)可以看出,x 的运行轨迹是圆,其圆心在 $O_1(-a/(b^2-1), 0)$,半径是(图2-9)

$$R = \sqrt{a^2/(b^2-1) + [a^2/(b^2-1)]^2} \tag{56}$$

三个中心地之间的腹地划分与此相似。上述推导过程用的是解析几何方法,与前人[①]的工作完全不同。

(2) 腹地范围的图上确定

半径决定式中,$b>0$。当 $b=1$ 时,R 趋向于无穷大,即当两个中心地的"质量"相等时,它们的腹地分界是一条直线(垂直平分线);b 越大,R 越接近 a,左边中心地的腹地越小,右边

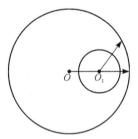

图 2-9　中心度不同的两个中心地腹地划分图

---

① 杨吾扬,梁进社. 关于吸引范围及其模式与划分方法[J]. 地理学报,1985,40(2):97-108.

中心地的腹地越大。由此可见，$b=1$ 只是一种特例。

上述推导说明，在多个中心地相互作用的体系中，除非各中心地的中心度完全相同，即 $b=1$，否则，各中心地腹地的形状及其相互关系，并不是邻接的六边形而是相互包含的圆。这与前人的研究成果是不同的[①]。

理论推导出的分界点轨迹方程，在区划实践中是存在的。例如，沈阳作为东北地区的中心地，有些商品或服务（计算机网络、国内航空、旅游服务等）并没有覆盖长春和哈尔滨，原因就在于北京的剥夺。

当然，在一般的区划中，不存在，也不应该如此分区划界，而是遵循区域共轭原则（不重复、不包含、不遗漏）。这就必须借助于断裂点理论：如果 x 位于 i 和 j 之间的连线上，则将 x 称为断裂点，亦即中心地 i 和 j 之间腹地的分界点。

用空间相互作用模型进行区划，一般都是先求出断裂点，然后根据自然分界线（山脊线、河流等）和交通网络、行政区划等，人为地勾画出各中心地的腹地范围[②]，这难免带有主观性。

一个中心地的腹地，应该是一个相对封闭的区域。因此，求出断裂点之后，还不能直接得到这个区域，需要根据式(56)，用作图的方法确定两中心地腹地分界线。

3) 结论与讨论

(1) 作图中可能遇到的问题

根据计算结果画图，可能遇到这样两种情况：

① 三条垂线在三角形内部相交于一点。这种情况很简单，原结节点、两个垂足和这个垂线交汇点所围成的扇面，就是这个结节点的腹地范围。三个结节点的腹地不重复、不遗漏，符合区域共轭区划原则。

② 三条垂线不相交于一点。那么，每两个垂线有一个交点，三个交点构成一个新的三角形。这又分两种情形：新三角形完全在原三角形内部，如图 2-10 所示；新三角形不完全在原三角形内，如图 2-11 所示。

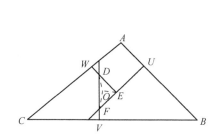

图 2-10 新三角形完全在原三角形内

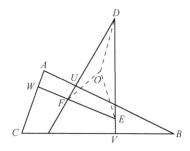

图 2-11 新三角形不完全在原三角形内

对于图 2-10 这种情形来说，如果区划要求严格，应该利用前述公式对新三角形 DEF 再做一次断裂点——垂线分割，此时 D 点、E 点、F 点的位置坐标以前述计算结果为准，

---

① 杨吾扬. 区位论原理[M]. 兰州：甘肃人民出版社，1987：117-121.
② 张伟. 空间相互作用与武汉经济区[M]//吴殿廷. 资源、环境、区域开发. 长春：吉林文史出版社，1987：151-153.

它们的质量可以定义为

$$Q_D = (Q_A \times Q_C) \times (Q_C \times Q_B)/(Q_A \times Q_B \times Q_C) = Q_C \tag{57}$$

$$Q_E = (Q_A \times Q_C) \times (Q_A \times Q_B)/(Q_A \times Q_B \times Q_C) = Q_A \tag{58}$$

$$Q_F = (Q_B \times Q_C) \times (Q_A \times Q_B)/(Q_A \times Q_B \times Q_C) = Q_B \tag{59}$$

因作图中有意义的是相对质量,这样做不影响作图结果。重复上述过程,直至新三角形的面积很小,再作下去对于作图没有意义为止。

如果区划要求不太严格,那么,用新三角形几何中心与 D 点、E 点、F 点分别连成直线,则以 A 点为中心,W 点、D 点、O 点、U 点围成的扇面为 A 点的腹地;以 B 点为中心,U 点、E 点、O 点、F 点、V 点围成的扇面为 B 点的腹地;以 C 点为中心,W 点、D 点、O 点、F 点、V 点围成的扇面为 C 点的腹地。

对于图 2-11 的情形,如仍用前述方法,将导致 A 点和 B 点腹地之间不相邻。这个问题如何解决,仍需探讨。

(2) 使用断裂点模型应该注意的问题

结节点是分等级的,低等级的中心地提供低等级的货物和服务,高等级的中心地提供高等级的货物和服务,也提供低等级的货物和服务,所以,高等级的中心地,辐射范围较广。在进行中心地腹地范围划分之前,必须对中心地的等级进行划分,只有对同一等级的中心地之间进行腹地划分时,才能直接使用断裂点模型。区划过程中如果发现两个相邻中心地的中心度计算结果差别很大(或许是二者本就不是同一等级),这时用断裂点模型来划分它们之间的腹地范围就没有意义,因为货物和服务的内涵不一样。

(3) 中心性的度量

等级划分的关键是要定义好中心度(质量),这方面应该注意的问题,一是最好用多指标综合,避免片面性;二是要扣除内部自我服务部分。

指标选取方面,对于城市中心地来说,应将非农产业的产值、就业人数、客货运输量、周转量,社会商品零售额等纳入城市中心性的计算之中;商店、饭店等作为服务业中心地,其从业人员、营业面积(床位)、固定资产、营业额等,都应被纳入中心度计算中[①];港口、车站、码头等作为交通中心地,其从业人员、客货运输量、周转量、营业收入等,是计算其中心度的主要指标。

指标综合方面,可以用几何加权法,也可以用主成分分析法。但不宜直接用线性加权,因为量纲不同,权重难以确定。从这个意义上说,几何加权也不是理想的方法,尽管计算简单。

扣除内部自我服务的方法,可以仿照克里斯泰勒的做法[②],即把整个地区的人均值作为标准,区内人口与这个标准之积即为内部自我服务部分。

(4) 定性、定量结合确定分界线

一个中心地的腹地,应该是一个相对封闭的区域。因此,求出断裂点之后,还不能直

---

① 吴殿廷,封玉璞.区域城市体系的定量分析——以东北地区城市体系研究为例[J].人文地理,1995,10(2): 52-58.

② 陆大道.区位论及区域研究方法[M].北京:科学出版社,1988:28.

接得到这个区域,需要根据腹地范围的决定式,用作图的方法确定两中心地腹地分界线。分界线的确定,除了断裂点模型中分界点运行轨迹外,还要考虑到自然地理界限,如山脊线、河流等,以及行政区划范围、交通线路的走向等。为此,区域界限的划分,也要注意定量分析与定性分析相结合。只有这样,才能获得真实、合理的区划结果。

2.7.2 利用断裂点模型对东北城市经济区进行划分

1) 功能类型分析

城市区别于其腹地的功能主要表现在工业生产,交通通讯服务,金融保险服务,科研、中高等教育服务,卫生医疗保健服务和对外联系(外经外贸)窗口等方面。为了研究东北地区城市功能类型的特点,构建了城市功能测度指标体系[①]。

（1）工业功能:第二产业就业人数。

（2）交通通讯功能:邮电业务量、年末电话机数、客运总量、货运总量。

（3）金融保险功能:资金总额、固定资产原值、固定资产投资额、银行贷款额、保险承保额。

（4）商饮服务功能:商饮服务人员数、社会商品零售额、城乡集市贸易额、国营与合作社商业流通费。

（5）外经外贸功能:外贸收购额、实际利用外资额、旅游外汇收入。

（6）科教卫生服务功能:科技人员、高校、中专在校生人数,公共图书馆藏书量,卫生机构床位数,卫生机构科技人员教育研究经费。

指标综合一般可采取加权综合(算术加权或几何加权)和因子分析综合。由于加权综合的人为性很大,所以采用了因子分析综合的方法。具体地说是用 R 型因子分析方法将基本指标综合成工业生产、交通通讯、金融保险、商饮服务、外经外贸和科教卫生功能得分。指标综合的过程是:先求出各功能指标对应的相关关系矩阵 R,计算 R 的特征根,用威弗组合指数考察特征根贡献率,看看各功能的信息到底隐含在哪几个主要因子之中;又用最优分割的方法对特征根序列进行分割,舍去骤减之后的特征根,以便确定主因子个数。这两种方法得到的各功能对应的特征根都是一个。因此,选定的各功能的主因子个数都为1。然后,计算各城市不同功能的因子得分,并依相似性原理将这些得分投影到数轴1—1 000上,使各功能的最小得分者为1,最大得分者为1 000。此得分即为各城市的功能评价结果。未直接用因子得分作为功能评价结果的原因是,中小城市的因子得分一般都小于零,若以因子得分为准则无法进行城市间功能的倍比分析。

为了排除人口规模的影响,揭示相对功能的差别,又计算了各城市不同功能的区位熵 $Q(i,j)$(i 城市 j 功能的区位熵)。一般说来,$Q(i,j)>1$,则 i 城市 j 功能相对较强;$Q(i,j)<1$,则 i 城市 j 功能较弱。取1.4为临界值,即若 $Q(i,j)>1.4$,则认为 i 城市具有明显的功能 j;$Q(i,j)\leqslant 1.4$,则认为 i 城市 j 功能不明显。结合城市功能得分值和区位熵的计算结果,对东北地区城市功能的类型进行划分(表2-19),其中 G 即工业功能;T

---

① 吴殿廷,封玉璞.区域城市体系的定量分析——以东北地区城市体系研究为例[J].人文地理,1995,10(2):52-58.

为交通通讯功能；B 为金融保险功能；S 为商业饮食业服务功能；W 为外经外贸功能；K 为科研、中高等教育和卫生医疗功能；Z 指单项功能不明显、只具一般功能者。脚注"1"表示功能得分值较高，脚注"2"表示功能得分值较低。这样得到的功能类型既反映了总体情况，也反映了人均的相对情况。如大连市的功能类型是 W_1+T_2，即大连市的外经外贸功能、交通通讯功能无论从总体上看，还是相对于东北地区的人均情况来说，都是较强的；吉林省龙井市的功能类型是 T_2，即从城市总体上看，龙井市的交通通讯功能与东北地区其他城市相比并不强，但其人均提供的交通通讯服务却比整个东北地区城市人均提供的要多。从表 2-19 可以看出，辽宁省的城市功能较强，且分工明确；吉林省各城市却功能较弱，分工很不明显，黑龙江省更是如此；内蒙古城市功能特点是：有一定的分工特色，但总体水平较低。总之，从功能类型上讲，东北地区城市还应加强特定功能的发展，注意分工，强化特色，逐步建成分工明确、特色突出、内部联系紧密的城市地域系统。

表 2-19 东北地区城市功能类型、规模等级划分表

序号	城市名	功能类型	规模得分	综合分级	序号	城市名	功能类型	规模得分	综合分级
1	沈阳	Z_1	1 000.0	A	23	鹤岗	Z_1	88.3	C_2
2	大连	W_1+T_2	720.9	B_1	24	海城	$S_1+T_1+G_1$	87.4	C_2
3	哈尔滨	Z_1	673.9	B_1	25	浑江	Z_1	85.6	C_2
4	长春	K_1	475.6	B_1	26	四平	Z_1	81.3	C_2
5	大庆	$W_1+B_1+C_1$	404.8	C_1	27	通辽	S_1	74.2	C_2
6	鞍山	B_1	373.1	C_1	28	双鸭山	Z_1	70.3	C_2
7	吉林	Z_1	311.0	B_2	29	通化	Z_1	68.2	C_2
8	抚顺	W_1	308.0	C_1	30	朝阳	S_1	67.9	C_2
9	齐齐哈尔	Z_1	222.7	B_2	31	延吉	Z_1	67.6	C_2
10	本溪	Z_1	220.7	C_1	32	瓦房店	Z_1	66.6	C_2
11	锦州	$G_1+B_1+W_1$	164.4	C_1	33	铁岭	Z_1	66.4	C_2
12	盘锦	W_1	150.2	C_1	34	辽源	Z_1	64.4	C_2
13	丹东	Z_1	142.8	C_1	35	七台河	Z_1	51.9	C_2
14	辽阳	Z_1	141.1	C_1	36	牙克石	Z_1	50.0	C_3
15	牡丹江	W_1	140.6	C_1	37	公主岭	S_2	48.0	C_3
16	营口	Z_1	128.1	C_1	38	白城	Z_2	43.5	C_3
17	佳木斯	Z_1	127.9	C_1	39	扶余	S_1	43.1	C_3
18	阜新	Z_1	118.0	C_1	40	敦化	Z_2	41.7	C_3
19	伊春	G_1	113.5	C_1	41	绥化	Z_2	41.2	C_3
20	锦西	Z_1	112.0	C_1	42	阿城	Z_1	41.0	D_1
21	鸡西	Z_1	111.5	C_1	43	榆树	S_2	38.7	D_1
22	赤峰	Z_1	99.4	C_1	44	九台	S_2	37.4	D_1

续表 2-19

序号	城市名	功能类型	规模得分	综合分级	序号	城市名	功能类型	规模得分	综合分级
45	梅河口	Z_2	36.5	D_1	61	双城	S_2	26.5	D_3
46	海拉尔	Z_2	36.1	D_1	62	安达	Z_2	25.9	D_3
47	尚志	Z_2	35.4	D_1	63	海伦	Z_2	25.8	D_3
48	桦甸	K_2+S_2	33.8	D_1	64	富锦	Z_2	25.8	D_3
49	兴城	S_2	33.5	D_1	65	洮南	Z_2	25.6	D_3
50	开原	Z_2	32.9	D_1	66	满洲里	Z_2	22.6	D_3
51	北票	Z_2	32.0	D_2	67	大安	Z_2	21.6	E
52	肇东	Z_2	31.4	D_2	68	图们	Z_2	19.9	E
53	北安	Z_2	31.3	D_2	69	珲春	Z_2	19.8	E
54	龙井	T_2	30.8	D_2	70	黑河	Z_2	18.8	E
55	密山	Z_2	30.6	D_2	71	集安	Z_2	16.8	E
56	乌兰浩特	Z_2	29.0	D_2	72	霍林郭勒	Z_2	9.7	E
57	铁法	B_2	28.5	D_2	73	同江	Z_2	6.8	E
58	扎兰屯	W_2	27.9	D_2	74	绥芬河	Z_2	2.6	E
59	蛟河	Z_2	27.7	D_2	75	五大连池	Z_2	1.0	E
60	铁力	Z_2	26.9	D_2	—	—	—	—	—

2）等级规模分析

用城市非农业人口数来描述城市规模,这在一般情况下是可行的,但如果要深入地探讨城市之间的相互作用和城市与其腹地之间的联系,就必须具体考察城市作为区别于农村客体所具有的特定功能及其表现方式。为此,在东北地区城市规模等级研究中,从城市基本情况、基本经济活动(不包括第一产业活动)、金融保险服务、交通通讯服务等产业、第三产业劳动者人数、扣除农业后的国民收入、扣除第一产业后的国内生产总值、固定资产原值、固定资产净值、产品销售收入、资金总额、利税总额、全部职工工资总额和行政级别等,构成城市等级规模指标体系。这样得到的城市规模,不仅包含着人口数量因素,还包含着行政职能、空间范围等因素,也包含着社会经济活动强度等成分,因而是广义的、有实际意义的规模。其中行政级别的量化是依据克里斯泰勒城市体系研究中的行政原则进行的,即分别给省级行政中心、地区级行政中心和县级行政中心赋值49、7、1。指标综合与前同,即用 R 型因子分析、威弗组合指数法与最优分割法相结合确定主因子数,将因子得分转换成1—1 000。各城市的规模得分见表2-19中"规模得分"栏。

在求出规模得分的基础上进行规模等级划分,实质上就是数学中的有序分类问题;对于单序列有序样品分类来说,可用最优分割的方法进行。考虑到城市规模分级的特殊性,并探讨将地理分级原理与数学分类方法结合的途径,又用齐夫法则分级法对75个城市的规模得分进行了分级。以上述两种分级结果为基础,结合各城市在地域分工中的作用,对75个城市进行了规模得分的综合分级,结果见表2-19中"综合分级"栏。

分析规模得分数据和分级结果可以得出以下几点结论:

(1) 各城市规模得分的大小与其对应的行政级别基本上呈正相关关系,即对大多数城市而言,行政级别越高,规模得分也越高,反之亦然。说明行政因素对城市发展的影响是很大的。

(2) 辽宁省的城市规模得分较大,级别亦较高,所以在综合分级时,尽量把辽宁省的城市往下压,其他省的往上提,以使各城市的规模等级与其实际作用的地域范围相对应。

(3) 大城市之间规模得分差别较大,中小城市之间规模得分差别较小,用齐夫城市规模等级公式反推参数 q 可以发现,东北地区城市的 q 有随规模得分的减少而递增的趋势,说明整个东北地区中小城市发展较快,数量较多,相比之下,大中城市的发展速度不快,功能作用的发挥还很不够,市管县、市带县在很多地区管不了,带不动。但辽宁的情况恰好相反,辽宁省大中城市较多,规模较大,中小城市却数量不足。所以,就整个东北地区而言,应注意发展大中城市,特别是在边远地区,应努力培植中等城市或大城市,以带动地区经济的发展,辽宁省则应注意发展中小城市。

本节所用数据截至 1990 年末,1990 年后,辽宁省又新设了凌原、普兰店、庄河、盖州和大石桥五个县级市,说明上述定量分析结果是正确的。

为了探讨城市规模与大农业人口、工业生产等之间的关系,我们进行了相关分析和回归分析,所得结果见表 2-20。从中可以看出,城市规模与工业总产值关系最密切($R=0.9673$,最大),说明东北地区的城市发展与工业生产是紧密相连的,有很多城市如大庆、鞍山、抚顺、本溪、双鸭山、佳木斯等,完全是在工业生产的基础上形成和发展起来的。但新近设立的城市,则有一部分是与工业生产关系不大的,如珲春、绥芬河和同江等,它们位居边境地区,是为加强边疆地区建设,促进对外贸易的发展而设立的。

表 2-20 城市规模及其影响因素的相关分析和回归分析结果

影响因素	相关系数 R	回归参数 B_0	回归参数 B_1	显著水平
非农业人口	0.963 9	−12.689 4	2.935 9	0.001
工业总产值	0.967 3	14.807 5	2.732 8	0.001
国民收入	0.930 3	11.778 9	6.115 9	
国内生产总值	0.946 7	11.257 9	4.965 4	0.001

应该注意的是,相关分析的结果表明,城市规模与非农业人口等因素之间的相关程度达到极显著水平,说明影响东北地区城市形成和发展的因素远不止工业生产一项,只是与工业生产的关系最密切罢了。

从影响强度上讲,由回归分析参数计算结果 B_1 可以知道,以国民收入最大,国内生产总值次之,说明要提高城市的总体功能,加强城市建设,应首先在经济方面(包括产值和利润两个方面)下功夫,尤应以后者为主。

3) 城市经济区地域系统分析

城市经济区是以大中城市为核心,和与其毗邻的广大地域共同组成在劳动地域分工中有相对稳定联系的结节地域。城市经济区的形成和发展依赖于城市与其腹地之间的相互作用,又反过来强化了城(市)腹(地)之间的相互作用。城市经济区实乃城市和腹地异质共生的产物。因此,在进行城市经济区划分时,就要考虑城腹之间的联系,就必须注意它们之间的差别,因为差别是联系的基础。有鉴于此,在进行东北地区城市经济区划时,虽仍用规模等级分析中的指标体系,但在指标综合时首先扣除了与腹地无关的城市内部自我服务部分。扣除方法如下:

假定东北地区是一个相对完整的地域系统,其交通通讯、商饮服务等职能均由城市承担。这样,所有城市的某项功能之和就是整个东北地区的该项功能。各城市的内部自我服务部分定义为:东北地区人(包括城市人口和非城市人口)均享受到的服务乘以该城市的总人口(城市非农业人口)。这样定义的内部服务虽与实际情况不尽相符,但在进行城市间的比较时是必要的、合理的。

扣除内部自我服务部分之后的功能,实质就是城市的对外作用力,即城市经济区划分的依据。笔者认为,划分城市经济区不应以笼统的城市规模指数或城市综合实力为依据,因为只有城市的对外作用部分才与腹地有关,内部自我服务部分与腹地无关,因此,不能将既包含外部作用成分,又包含内部自我服务成分的城市规模指数或城市综合实力指数作为划分城市经济区的依据,这与克里斯泰勒定义城市中心性的原理和方法是一致的。当然,作为区别于腹地的客体,城市的基本活动、基本经济活动是与腹地相关的,只是其对外作用的方式不那么直观罢了。因此,描述这些活动的指标必须被纳入进来。前述指标体系中需扣除内部自我服务的有年末电话机数、社会商品零售额、城市集市贸易成交额、国营商业企业流通费、公共图书馆藏书量、科研教育经费支出、卫生机构床位数、卫生机构技术人员等。

指标综合的方法与前同,指标综合得到的就是各城市的对外作用力。以此为基础,利用断裂点理论即可对 75 个城市进行城市经济区划(区划图略)。

由计算结果和区划图可以知道,外在作用力较强的城市基本上都在哈大铁路和滨绥铁路沿线,说明铁路运输条件在东北地区城市发展中的作用是非常突出的。此外,各城市的作用范围不仅受制于其本身外在作用力的大小,而且与其所处的地理位置有关。一般情况下,位居偏远地区的城市,因无其他城市的竞争挤压,作用范围较大(如吉林、齐齐哈尔),而位居城市密布的地区(如鞍山、抚顺、本溪),城市的作用范围较小。正因如此,笔者才将齐齐哈尔市和吉林市视作副省级城市,而将大庆、鞍山和抚顺等视为地级城市。

从区划图还可以看出,高级经济区的界线并不都以低级经济区的界线为基础,处在两个上级经济区交界附近的下级经济区,如四平经济区,其地域范围往往被两个上级经济区(沈阳经济区和长春经济区)瓜分,说明不同经济区之间是相互交叉、相互渗透的。这从实践上证明了克里斯泰勒的蜂窝状城市体系是存在的,也说明克里斯泰勒的中心地理论在我国也是适用的。对比区划图和东北地区行政区图可以发现,相邻城市经济区之间的界线与其所在地区之间的行政界线完全一致者不多,但相差太大者也不多,说明行政因素对城市经济区的形成和发展影响也很大。

总之,东北地区是一个相对完整的地理单元,和全国其他大区相比,虽已基本形成了规模不等、职能各异、地域上有一定分工的城市体系,但规模等级尚不健全,职能分工尚不明确,地域间的协作还有待加强。今后应更好地加强城市之间的联系,强化特殊职能,在哈大铁路和滨绥铁路线以外(特别是周边地区),应注意培植大中城市,尤其是大城市,在辽宁注意发展中小城市。

对比其他学者的研究结果①②可以知道,上述结论基本上是正确的,说明用定量分析为主的方法研究区域城市体系是可行的,也是可靠的。应该注意的内容如下所述:

(1)指标选取应力争充分、恰当。现代定量分析有计算机支持,不怕指标多,就怕不全;但也不能为了全就不顾是否有关,如果那样,计算出来的就不一定是城市的中心性指标。

(2)指标综合最好多用几种方法,以便相互校核和验证。为稳妥起见,可以多种方法的综合结果为准。

(3)用因子分析法进行指标综合,人为因素较小,值得提倡,但不应把因子得分直接作为城市中心度指标,因为中小城市的因子得分常为负数,用其作为中心度指标无法进行倍比分析和城市间的地域划分。

(4)划分城市经济区时应注意扣除城市内部自我服务部门的作用,因城市综合指数(规模指数、综合实力指数等)不同于城市外在作用力;真正对腹地有作用的是城市的外在作用力。

(5)定量分析要与定性分析结合,这种结合既体现在对同一问题的分析上,也体现在研究过程中不同阶段的衔接配合上;由定性分析入手(如指标选择),经过定量分析(指标间的相互关系分析和综合),再回到定性分析(定性结论),这是现代区域分析的一个完整过程,也是区域城市体系研究的完整过程。

2.8 区域合作潜力评价模型——以金砖国家农业合作为例

区域之间的合作,主要受制于友好性、互补性和便捷性。本节以金砖五国——中国、印度、俄罗斯、巴西、南非的农业合作为例,探讨区域合作潜力评价的内容和方法。

金砖国家都是国土广阔、人口众多,正处在快速城市化、工业化关键阶段的国家,农业及粮食安全关系到本国的稳定与可持续发展③。在世界经济一体化的大背景下,金砖国家面临着相似的机遇和挑战,具有共同的利益和立场④。在粮食安全、农业应对气候变化、农产品贸易、农业信息交流与农业科技创新方面,既有必要,也有可能进行广泛深入的合作⑤。本节将从便捷性、友好性和互补性方面,深入探讨金砖国家农业合作的潜力,特别考察农业资源条件和产品产出及贸易方面的差异性,通过定性定量相结合的方法,详细评价金砖五国中每两个国家之间在2015年、2020年农业合作的潜力特征,可以为金砖国家相关部门提供客观、合理的决策支持。

---

① 姚士谋,陈振光,朱英明,等.中国城市群[M].合肥:中国科学技术大学出版社,1992.
② 顾朝林.城市经济区理论与应用[M].长春:吉林科学技术出版社,1991.
③ 马岩.金砖国家经济发展及合作前景[J].国际经济合作,2011(6):9-15.
④ 李向阳.金砖国家经济面临的共同机遇与挑战[J].求是,2011(8):60-62.
⑤ 汤碧.中国与金砖国家农产品贸易:比较优势与合作潜力[J].农业经济问题,2012(10):67-76.

2.8.1 金砖国家农业合作的基础条件分析

两个国家之间,农业合作的潜力取决于多重因素[①],包括农业资源、发展条件、产品人均占有量的差别,以及便利性和友好性等。

1) 土地资源的对比

表 2-21 列出了金砖国家农业发展的基本资源——土地资源及其利用的情况。从中可以看出,金砖五国基本上都是土地资源丰富的国家,其中俄罗斯国土面积占世界的1/8,中国占世界的 7% 以上,只有南非较小。

这些国家农业利用的土地差别很大,其中印度可耕地面积较大,占到世界1/9,谷物收获面积占到世界的 1/7,灌溉面积占到世界的 1/5。中国可耕地面积不到世界的 8%,但谷物收获面积占到了世界的 1/8,谷物生产面积占到世界的近 1/5,灌溉面积占到世界的 20% 以上。

南非国土面积不大,耕地资源也不大,分别只占全球的 1% 左右;谷物种植及灌溉条件更差一些。

俄罗斯是国土大国,可耕地资源不少,但灌溉条件有限,所以谷物产量不高。

表 2-21 2008 年金砖国家的土地使用情况

国家	实际值(千 hm²)					占世界总量的比例(%)				
	土地面积	可耕地面积	谷物收获面积	谷物生产面积	灌溉土地面积	土地面积	可耕地面积	谷物收获面积	谷物生产面积	灌溉土地面积
世界	13 003 469	1 380 515	708 495	2 489 302	306 247	100.00	100.00	100.00	100.00	100.00
中国	932 749	108 642	88 593	483 680	64 141	7.17	7.87	12.50	19.43	20.94
俄罗斯	1 637 687	121 649	41 716	95 079	4 346	12.59	8.81	5.89	3.82	1.42
印度	297 319	158 145	99 880	246 774	62 286	2.29	11.46	14.10	9.91	20.34
南非	121 447	14 500	3 319	14 586	1 498	0.93	1.05	0.47	0.59	0.49
巴西	845 942	61 000	20 220	71 288	4 500	6.51	4.42	2.85	2.86	1.47

表 2-22 列出了人均不同类型土地资源的占有情况,这是反映一个国家农业资源的比较真实、客观、可比的指标,当然,在深入的研究中,还要考察这些资源本身的质量。

表 2-22 人均占有农业资源及其与世界的对比

国家	实际值(hm²/十人)			与世界平均数的对比		
	人均土地面积	人均可耕地面积	人均灌溉面积	人均土地面积	人均可耕地面积	人均灌溉面积
世界	18.856 8	2.001 9	0.444 1	1.00	1.00	1.00
中国	6.797 7	0.791 8	0.467 4	0.36	0.40	1.05
俄罗斯	114.557 2	8.509 4	0.304 0	6.08	4.25	0.68
印度	2.427 9	1.291 4	0.508 6	0.13	0.65	1.15
南非	24.225 0	2.892 9	0.298 8	1.28	1.44	0.67
巴西	43.393 7	3.129 1	0.230 8	2.30	1.56	0.52

注:以世界平均数为 1。

---

① 奥尔蒂斯·卡克林希(Aldis Karklinsh).区域农业合作:历程与未来潜力——东岸的观点[J].徐尚平,译.AMBIO-人类环境杂志,1997,26(7):458-460.

从简单的相对数量看,印度和中国人均占有土地、可耕地资源较少;俄罗斯、巴西较多,南非也好于世界平均水平。但从灌溉条件看,印度人均拥有的灌溉面积最高,甚至高于世界平均水平;中国也不错,其他三国的灌溉条件还需要进一步完善。

2) 农业机械化、集约化、信息化等方面的对比

现代农业的发展,不仅仅取决于土地资源的数量和质量,更重要的是集约化经营情况和科技进步及信息化、网络化支撑。表2-23给出了金砖国家农业集约化经营的程度,从中可以看出,金砖五国中,中国和印度的农业生产属于劳动力高投入的国家,平均每个劳动力耕作的土地不过3亩(0.2 hm²)和9亩(0.6 hm²),而其他国家则是比较粗放的生产方式,俄罗斯农业劳动力每人耕作18.6 hm²,约合280亩,接近中国的百倍。

从机械和化肥使用量来看,中国和印度也属于高投入的国家,每千公顷的耕地上,中国和印度拖拉机、收割机和化肥的使用量分别是:27.7部和19.9部,5.8台和3.0台,467.6 kg和157.7 kg,中国化肥过度使用的现象非常明显。俄罗斯和南非则是过分粗放,巴西介于上述两类之间。

表2-23　2008年金砖国家农业集约化经营程度的对比

国家和地区	平均每个农业经济活动人口耕地面积(hm²/人)	平均每千公顷耕地上拖拉机使用量(部/千hm²)	平均每千公顷耕地上收割机使用量(台/千hm²)	平均每千公顷耕地上化肥施用量(kg/千hm²)
中国	0.2	27.7	5.8	467.6
俄罗斯	18.6	3.0	0.8	15.9
印度	0.6	19.9	3.0	157.7
南非	11.6	4.3	0.7	49.7
巴西	5.2	12.7	0.9	165.4

表2-24对比列出了金砖国家科技、人文及信息化条件,这些因素对各国农业发展的未来前景影响巨大。从表2-24中数字可以看出,俄罗斯的情况最好,远远高于其他国

表2-24　2010年金砖国家宽带用户及其与世界的对比

| 国家和地区 | 每千人宽带用户(个/千人) | 15岁及以上成人识字率(%) | 每百万人中研究和技术人员(人) | 信息化指数 | 人文发展指数 |
	2009年	2009年	2008年	2010年	2011年
中国	77.84	93.99	1 070.94	3.55	0.687
南非	9.75	80.00	516.15	3.00	0.619
俄罗斯	90.94	99.56	3 684.44	5.38	0.755
印度	6.70	66.02	245.00	2.01	0.547
巴西	75.25	90.04	694.20	4.22	0.718

注:印度科技人员数据缺失,根据其他方面的情况与金砖国家的对比,2008年估计为245人。南非识字率数据缺失,根据其他方面估计,大约为80%。

家,特别是科技和信息化等,已经高于高收入国家的水平;当然,俄罗斯的农业技术在世界上并没有像其一般科技及信息条件那样领先于世界。但若真的需要,俄罗斯提高农业技术和农产品产量也是完全可能的。

中国和巴西的情况也不错,但与世界发达国家相比还相差甚远,大体和中等收入国家的情况差不多。

印度和南非两国在整个基础设施建设、文化普及和人文素质全面提高方面压力都非常大,但印度在高等教育、信息技术及服务业外包方面,有比较优势;南非在世界融合、影响非洲地区发展方面,也有其特殊的地位。

3) 农业产品产量的对比

反映农业发展水平,可以重点考察人均生产的产品产量,这是该国农业安全进而是国家生存的基本因素之一。表2-25是金砖国家人均主要农产品产量及其与世界的对比,从中可以看出,除了奶类远远低于世界平均水平、油料略低于世界平均水平之外,中国在其他产品方面都达到和超过世界平均水平,其中人均鱼类产量超过世界平均水平的1.5倍;蛋类人均产量超过世界平均水平的1倍。中国可以说是农业的超级大国,下一步应该向农业强国迈进。

表2-25　2010年金砖国家人均农产品产量及其与世界的对比

	世界人均	中国		俄罗斯		印度		南非		巴西	
		人均	指数	人均	指数	人均	指数	人均	指数	人均	指数
谷物产量(kg/人)	356.39	362.74	1.02	417.05	1.17	212.44	0.60	293.22	0.82	385.7	1.08
油料产量(kg/人)	9.09	7.52	0.83	2.57	0.28	4.45	0.49	2.05	0.23	42.77	4.71
肉类产量(kg/人)	42.85	58.85	1.37	50.46	1.18	5.05	0.12	57.03	1.33	120.38	2.81
蛋类(kg/人)	10.02	20.41	2.04	15.91	1.59	2.76	0.28	9.43	0.94	10.71	1.07
奶类(kg/人)	104.87	29.99	0.29	222.73	2.12	99.50	0.95	64.49	0.61	158.32	1.51
鱼类产量(kg/人)	8.70	22.52	2.59	26.55	3.05	5.87	0.67	9.97	1.15	5.55	0.64
水果(不包括瓜类)(kg/人)	87.43	89.16	1.02	17.21	0.20	61.38	0.70	109.11	1.25	196.93	2.25
人均GDP(美元)	9 116	4 260	0.47	9 910	1.09	1 340	0.15	6 090	0.67	9 390	1.03
农业增加值占GDP比重(%)	2.9	9.5	3.28	4.7	1.62	16.2	5.59	3.0	1.03	6.0	2.07
GDP增长率(2000—2010年)(%)	5.58	16.44	2.95	19.21	3.44	11.53	2.07	7.16	1.28	9.30	1.67

注:GDP增长率是根据2000年、2010年实际GDP(用美元核算)推算的,未扣除美元价格的变化。指数以世界人均水平为1。

俄罗斯鱼类、奶类产品大大高于世界平均水平,蛋类、肉类略高于世界一般水平,水果和油料产品人均占有量大大低于世界平均水平。

印度虽然是农业大国,但同时也是人口大国,其农产品人均占有量都低于世界平均水平,除了肉类(素食人口多的社会构成),蛋类、油料和谷物等,也都低于人界平均水平的 40%—70%,粮食安全、食品营养保障,仍然是这个人口大国面临的严峻挑战。

南非人均农产品产量超过世界平均水平的有肉类、鱼类和水果,谷物和蛋类接近世界人均占有水平,油料作物和奶类远远低于世界平均水平。

巴西人均油料、肉类和水果占有量大大高于世界平均水平,而且除鱼类产品外,其他产品的人均占有量也都高于世界平均数。事实上,巴西的水域水产条件很好,但其水产养殖业严重滞后,导致鱼类产量没有达到其人口所占的比例,每年不得不大量进口鱼类产品[1]。

4) 农产品进出口情况的对比分析

根据表 2-26 计算得到表 2-27。可以看出,21 世纪以来,世界农产品贸易异常活跃,2000—2009 年,农产品进出口贸易翻了一倍,年均增长 8% 以上(未扣除物价,下同)。其中中国农产品进口翻了近两番,年均增长 16% 以上,出口增加了 1.5 倍,年均增长 10% 还多;南非农产品进口接近原来的三倍,出口超过两倍;俄罗斯农产品进口增加了两倍多,出口增加也接近两倍;印度农产业进口是原来的三倍半,进口接近三倍;巴西进口增加了七成,出口增加了近三倍。金砖国家已经成为世界上农产品贸易(进口和出口)最活跃的国家。

表 2-26　金砖国家农产品进出口额

国家	农产品进口额(亿美元)			农产品出口额(亿美元)			农产品进口占比(%)			农产品出口占比(%)		
	2000年	2005年	2009年	2000年	2005年	2009年	2000年	2005年	2009年	2000年	2005年	2009年
世界	5956.62	8991.23	11966.65	5512.94	8469.21	11688.47	100.00	100.00	100.00	100.00	100.00	100.00
中国	195.44	451.89	766.17	163.84	287.11	408.80	3.28	5.03	6.40	2.97	3.39	3.50
俄罗斯	92.62	191.54	290.79	75.27	144.64	210.56	1.55	2.13	2.43	1.37	1.71	1.80
印度	39.53	75.47	140.63	59.31	102.71	166.61	0.66	0.84	1.18	1.08	1.21	1.43
南非	16.50	30.48	47.30	32.27	52.46	66.79	0.28	0.34	0.40	0.59	0.62	0.57
巴西	47.62	43.41	82.08	154.64	350.52	576.59	0.80	0.48	0.69	2.81	4.14	4.93

表 2-27　金砖国家农产品进出口情况及其变化与世界的对比

国家	农业进口增长情况		农业出口增长情况		2009年人均进口额		2009年人均出口额		2009年人均进出口总额	
	2009年/2000年	年均递增(%)	2009年/2000年	年均递增(%)	实际值(美元/人)	相对指数	实际值(美元/人)	相对指数	实际值(美元/人)	相对指数
世界	2.01	8.06	2.12	8.71	176.62	1.0000	172.52	1.0000	349.14	1.0000
中国	3.92	16.39	2.50	10.69	57.54	0.3258	30.70	0.1780	88.24	0.2527
俄国	3.14	13.56	2.80	12.11	205.00	1.1607	148.44	0.8600	353.44	1.0123
印度	3.56	15.14	2.81	12.16	12.17	0.0689	14.42	0.0836	26.59	0.0762
南非	2.87	12.41	2.07	8.42	95.90	0.5430	135.42	0.7850	231.32	0.6625
巴西	1.72	6.24	3.73	15.75	42.37	0.2399	297.62	1.7251	339.99	0.9738

注:指数以世界平均水平为 1。

---

[1] 刘雅丹. 巴西的水产养殖业[J]. 科学养鱼,2005(3):43-45.

但是，和金砖国家巨大的国土面积和人口基数相比，这些国家农产品进出口贸易额在世界所占的比例还很小，2009年中国进口农产品贸易额只占世界的6%多一点，位居第二位的俄罗斯所占比例也不到2.5%，印度作为世界第二人口大国，农产品进口额只相当于世界总额的1.18%。

出口情况也不乐观，2009年巴西农产品出口额接近世界的5%，可以算是农产品出口大国了；中国只占3.5%，其他国家就更少了。

这就是说，金砖国家是农业大国，但都不是农业强国，温饱问题仍然是金砖国家面临的共同挑战。中国、印度和巴西都是农业劳动力非常丰富的国家，农产品的国内需求巨大，农产品产量及国际竞争力还有待大幅度提高。

表2-27中的数字说明，除俄罗斯以外，其他金砖国家的农业进出口额均低于世界平均水平，特别是印度，不到世界平均水平的1/10；中国也只相当于世界平均水平的两三成。这是金砖国家人口大国农业大而不强的集中体现。

2.8.2 金砖国家农业合作潜力评价的思路与方法

1）总体思路

合作潜力取决于双方的便利性、友好性、互补性等[1]。参照前人研究成果[2]—[5]，这里提出合作潜力计算公式

$$K_{ij} = L_{ij} \times H_{ij} \times Y_{ij} \tag{60}$$

其中：K_{ij} 为 i 和 j 两国之间的合作潜力系数；L_{ij}、H_{ij}、Y_{ij} 分别为二者之间的便利系数、互补系数和友好系数。

在合作潜力系数的基础上，把经济活动的规模考虑进来，即可得到合作潜力指数。

2）便捷性分析

根据距离衰减原理[6]可以知道，除了技术、信息方面的合作，农业合作双方一般都需要考虑便捷性（农副产品运输，基本都是运量大、保鲜难）。这样，临近性、有便捷的运输通道，就成了影响双方合作前景的重要因素。为此，笔者把便利系数 L_{ij} 作为重要的测算合作潜力的指标。具体赋值思路如下：

相邻，并有方便的陆路联系通道，便利系数为1；相距越远，此值越小，可以用距离衰减模型或由专家判断打分。本书采取专家打分的方法，由农业部和北京师范大学有关专家商讨完成，打分过程及结果如表2-28所示。

---

[1] 吕宏芬,俞毅.中国与巴西双边贸易的竞争性与互补性研究[J].国际贸易问题,2012(2):56-64.
[2] Armstrong. Measuring trade and trade potential: a survey [J]. Asia Pacific Economic Paper, 2007(368): 1-18.
[3] 于津平.中国与东亚主要国家和地区间的比较优势和贸易互补性[J].世界经济,2003(5):33-40.
[4] 贾利军.中国与拉美主要国家贸易互补性实证分析[J].世界经济研究,2005(11):85-89.
[5] Drysdale P, Garnaut R. Trade intensities and the analysis of bilateral trade flows in a many-country world: a survey[J]. Hitotsubashi Journal of Economics,1982, 2(22):62-84.
[6] 吴殿廷.区域分析与规划高级教程[M].北京:高等教育出版社,2004.

表 2-28　金砖五国便利系数(评价)表

	中国	俄罗斯	印度	南非	巴西		中国	俄罗斯	印度	南非	巴西
中国	—	1	4/5	1/5	1/8	→	—	1.000	0.800	0.200	0.125
俄罗斯	1	—	2/5	1/6	1/10		1.000	—	0.400	0.167	0.100
印度	4/5	2/5	—	3/5	1/6		0.800	0.400	—	0.600	0.167
南非	1/5	1/6	3/5	—	3/5		0.200	0.167	0.600	—	0.600
巴西	1/8	1/10	1/6	3/5	—		0.125	0.100	0.167	0.600	—

3) 友好性分析

交往便捷并有很好的要素、产品互补性,只是为双方合作提供了基本的前提,还不能成为合作的必然条件。历史上,现实中,不同国家之间,以邻为壑者并不少见。因此,测算金砖国家之间农业合作潜力,还要考虑各自双方之间的友好关系及其发展前景。为此,笔者提出了"友好系数"的概念,即双方友好合作的态势,用 Y_{ij} 表示。这个因素很难直接定量,因此,只能采取专家打分的办法来进行赋值,打分过程及结果如表 2-29 所示。

表 2-29　金砖五国友好系数(评价)表

	中国	俄罗斯	印度	南非	巴西		中国	俄罗斯	印度	南非	巴西
中国	—	1	1/5	1/3	1/3	→	—	1.00	0.20	0.33	0.33
俄罗斯	1	—	1	1/3	1/3		1.00	—	1.00	0.33	0.33
印度	1/5	1	—	1/2	1/3		0.20	1.00	—	0.50	0.33
南非	1/3	1/3	1/2	—	1		0.33	0.33	0.50	—	1.00
巴西	1/3	1/3	1/3	1	—		0.33	0.33	0.33	1.00	—

4) 互补性分析

两国之间的合作,在其他条件相同的情况下,互补性越大,合作的必要性和可能性也越大[1][2]。

互补性可以通过多种途径进行测算如用兰氏距离[3]等,力求简单实用,因此取两个向量的夹角余弦为相似性的指标,而用"1—相似系数"作为互补性的度量。即

$$H_{ij} = 1 - \cos(\alpha_{ij}) \tag{61}$$

其中:H_{ij} 为 i 国与 j 国之间的合作系数;α_{ij} 为 i 国与 j 国相关指标构成的向量之间的夹角余弦,公式为

---

[1] 蔡春林. 中俄、中印、中巴经贸合作——基于竞争性与互补性分析[J]. 国际经济合作,2008(3):49-53.
[2] 孙林. 中国与东盟区域经济合作:贸易关系、潜力及合作模式选择(农产品贸易视角)[M]. 北京:中国农业出版社,2008.
[3] 李月臣,陈晋,宫鹏,等. 基于 NDVI 时间序列数据的土地覆盖变化检测指标设计[J]. 应用基础与工程科学学报,2005(3):261-274.

$$\cos(\alpha_{ij}) = \left(\sum_{k=1}^{n} x_{ki} x_{kj}\right) \Big/ \left(\sum_{k=1}^{n} x_{ki}^2 + \sum_{k=1}^{n} x_{kj}^2\right)^{1/2} \tag{62}$$

互补性表现在多方面,诸如:总体互补、结构差异等。这里,笔者特别关注资源、生产要素(技术、资本和劳动力等)和农产品产量等的互补性,这是最根本、最稳定的互补性[①]。

2.8.3 农业合作潜力评价结果

1) 两个国家之间的合作潜力系数

(1) 两个国家间的资源—条件互补系数计算

资源及生产要素(技术、资本和劳动力等)的互补性,是最根本、最稳定的互补性。基本数据指标如表2-30所示。

先考察其中的每两个国家之间的合作潜力,包括 $10\ [C_5^2 = (5 \times 4)/(2 \times 1) = 10]$ 种合作关系方式。

表2-30 金砖国家农业生产资源—条件的对比

国家	单位	中国	俄罗斯	印度	南非	巴西
人均土地面积	hm^2/十人	6.7977	114.5572	2.4279	24.2250	43.3937
人均可耕地面积	hm^2/十人	0.7918	8.5094	1.2914	2.8923	3.1291
人均灌溉面积	hm^2/十人	0.4674	0.3040	0.5086	0.2988	0.2308
平均每个农业经济活动人口耕地面积	(hm^2/人)	0.2	18.6	0.6	11.6	5.2
平均每千公顷耕地上拖拉机使用量	(部/千hm^2)	27.7	3.0	19.9	4.3	12.7
平均每千公顷耕地上收割机使用量	(台/千hm^2)	5.8	0.8	3.0	0.7	0.9
平均每千公顷耕地上化肥施用量	(kg/千hm^2)	467.6	15.9	157.7	49.7	165.4
成人识字率	%	93.99	99.56	66.02	80.00	90.04
每百万人中研究和技术人员数	人	1070.94	3684.44	245.00	516.15	694.2
信息化指数	—	3.55	5.38	2.01	3.00	4.22
人文发展指数	—	0.687	0.755	0.547	0.619	0.718
国家层面基础设施指数	—	5.33	4.61	4.25	4.32	4.33
国家层面效率指数	—	4.70	4.19	4.46	4.44	4.40
国家层面创新指数	—	4.15	3.24	3.92	3.93	4.02

根据表2-30计算每两个国家之间的互补系数,结果如表2-31所示。从表中数字可以看出,在资源—条件方面,中国与俄罗斯、南非之间的互补系数较大,与印度的互补系数较小;而俄罗斯与印度之间的互补系数更大,一个是地广人稀,一个是人口密集;印度与南非之间的互补系数也不小,超过了0.6;南非也可以算是地广人稀,因而与中国、印度的互补性较好。如果考虑到南北半球的差别,在农产品具体品种及季节供给方面,俄罗斯与南非、巴西、印度等的互补性还会更大一些;巴西与印度的互补系数超过0.6,若考虑

---

① 黎鹏.地缘经济区的合作开发及其实践策略调整——以中国—东盟合作开发地缘经济区的实证分析为例[J].经济地理,2006(2):186-192.

到农产品的具体品种,则与中国的互补系数也是不小的。

表 2-31　金砖五国互补系数(1):资源—条件的互补性系数

	中国	俄罗斯	印度	南非	巴西
中国	—	0.671 1	0.470 7	0.672 3	0.554 6
俄罗斯	0.671 1	—	0.734 9	0.531 1	0.518 9
印度	0.470 7	0.734 9	—	0.666 3	0.603 8
南非	0.672 3	0.531 1	0.666 3	—	0.573 5
巴西	0.554 6	0.518 9	0.603 8	0.573 5	—

(2)两个国家间的产品—产出互补系数计算

产品或产出的互补性是决定合作的直接前提。此方面包括 14 个指标,数据见表 2-32。据此计算金砖国家每两个之间产品产出和农业发展状况的互补性,结果如表 2-33 所示。

表 2-32　金砖国家人均农产品产量、农业进出口额及农业进出口贸易的变化

比较内容	中国	俄罗斯	印度	南非	巴西
谷物产量(kg/人)	362.74	417.05	212.44	293.22	385.70
油料产量(kg/人)	7.52	2.57	4.45	2.05	42.77
肉类产量(kg/人)	58.85	50.46	5.05	57.03	120.38
蛋类(kg/人)	20.41	15.91	2.76	9.43	10.71
奶类(kg/人)	29.99	222.73	99.50	64.49	158.32
鱼类产量(kg/人)	22.52	26.55	5.87	9.97	5.55
水果(不包括瓜类)(kg/人)	89.16	17.21	61.38	109.11	196.93
人均 GDP(美元)	4 260	9 910	1 340	6 090	9 390
农业增加值占 GDP 比重(%)	9.5	4.7	16.2	3.0	6.0
GDP 增长率(2000—2010 年)(%)	16.44	19.21	11.53	7.16	9.30
人均农产品进口额(美元)	57.54	205.00	12.17	95.90	42.37
人均农产品出口额(美元)	30.70	148.44	14.42	135.42	297.62
农业进口年均增长情况(2000—2009 年)(%)	16.39	13.56	15.14	12.41	6.24
农业出口年均增长情况(2000—2009 年)(%)	10.69	12.11	12.16	8.42	15.75

注:农业进出口额增长率未扣除物价因素。

表 2-33　金砖五国互补系数(2):人均产品产量及进出口情况的互补性系数

	中国	俄罗斯	印度	南非	巴西
中国	—	0.560 3	0.668 9	0.643 5	0.623 8
俄罗斯	0.560 0	—	0.711 8	0.618 9	0.616 0
印度	0.668 9	0.711 8	—	0.757 5	0.739 0
南非	0.643 5	0.618 9	0.757 5	—	0.659 1
巴西	0.623 8	0.616 0	0.739 0	0.659 1	—

由表 2-33 中数字可以看出,在产品及农业贸易方面,中国与印度、南非及巴西的互

补性较大;俄罗斯与印度的互补性最大,与南非和巴西的互补性也不小;印度与俄罗斯、南非和巴西的互补性超过 0.7;南非与巴西的互补性也不小。由此看来,除了中国、俄罗斯(因同处于北半球温带,人文、技术条件较好,产品及贸易互补性一般)之外,其他国家之间的产品与贸易的互补性都很大,金砖国家之间的农业合作潜力巨大。

(3) 金砖国家农业资源—产品的综合互补系数计算

表 2-34 将金砖国家资源—条件的互补性及产品—贸易的互补性综合起来,具体综合办法是取两个互补性的算术平均值。从综合的角度看,中国与俄罗斯、南非的互补性较大;俄罗斯与印度和中国的互补性较大;印度与俄罗斯、南非和巴西的互补性都很大;南非与印度和巴西的互补性较大;巴西与印度和南非的互补性较大。

表 2-34 金砖五国互补系数(3):条件—产品人均产品产量及进出口额的综合互补性系数

	中国	俄罗斯	印度	南非	巴西
中国	—	0.615 7	0.569 8	0.657 9	0.589 2
俄罗斯	0.615 7	—	0.723 4	0.575 0	0.567 5
印度	0.569 8	0.723 4	—	0.711 9	0.671 4
南非	0.657 9	0.575 0	0.711 9	—	0.616 3
巴西	0.589 2	0.567 5	0.671 4	0.616 3	—

(4) 合作潜力系数的计算

根据上述便捷性、互补性和友好性分析结果,可以计算每两个国家之间的合作潜力系数(表 2-35)。由表中数字可以看出,中国与俄罗斯的农业合作潜力系数最大;俄罗斯除了和中国合作潜力较大外,与印度的合作潜力也不小;印度除了和俄罗斯合作较大外,与南非合作潜力也较大;南非与巴西的合作潜力最大。

表 2-35 金砖国家农业合作潜力系数

	中国	俄罗斯	印度	南非	巴西
中国	—	0.615 7	0.091 2	0.043 4	0.024 3
俄罗斯	0.615 6	—	0.289 3	0.031 7	0.018 7
印度	0.091 2	0.289 3	—	0.213 6	0.037 0
南非	0.043 4	0.031 7	0.213 6	—	0.369 8
巴西	0.024 3	0.018 7	0.037 0	0.369 8	—

2) 金砖国家农业合作潜力指数

(1) 两个国家之间合作潜力指数的计算

潜力系数只是个相对概念,相对于单位产品或产值规模而言。下面把各国的农业生产和贸易的规模考虑进来,进一步测算其总体的合作潜力,且称其为合作潜力指数。

农业增加值的增长速度,按各国 2000—2009 年平均增长速度计算;农业进出口贸易额的推算,统一按年均增长 10% 计算。这是因为,根据表 2-26 可以知道,21 世纪以来,国家间的农产品贸易异常活跃,金砖国家间农产品贸易增长速度大多高于 10%。为稳妥起见,就取 10%,推算数据结果见表 2-36。

表 2-36　金砖国家农业增加值、农产品贸易额预测值及其对应的 Y_{ik}　　（亿美元）

国家	2015 年			2020 年		
	农业增加值	农产品贸易额	Y_{ik}	农业增加值	农产品贸易额	Y_{ik}
中国	6 606	2 081.53	3 708.18	7 814	3 352.33	5 118.12
俄罗斯	774	888.17	829.12	862	1 430.41	1 110.41
印度	3 159	544.29	1 311.26	3 563	876.59	1 767.28
南非	118	202.12	154.43	127	325.51	203.32
巴西	1 562	1 166.87	1 350.06	1 947	1 879.26	1 912.83

注：Y_{ik} 是 i 国 k 年份的农产品贸易额与农业增加值乘积的平方根。

参照空间相互作用模型[①]（距离因素已经考虑——便利系数），建立金砖国家两两之间的农业合作指数计算公式

$$P_{ijk} = kq_{ij}\sqrt{Y_{ik}Y_{jk}} \tag{63}$$

其中：P_{ijk} 为 i 国与 j 国之间 k 年份农业合作潜力指数；k 为平衡常数；q_{ij} 为合作潜力系数；Y_{ik} 是 i 国 k 年份的农产品贸易额与农业增加值乘积的平方根。

假定 $k=1$，由此计算得到任两个国家之间 2015 年、2020 年农业合作潜力指数，如表 2-37 所示。与中国合作潜力最大的国家是俄罗斯，得益于两国友好、临近，并在资源条件和农产品结构方面的较大差异（互补）；其次是与印度，距离临近、农业总体规模大是主要原因。中国与其他四国的农业合作的总潜力是：2015 年为 1 367.90 亿美元，2020 年为 1 862.39 亿美元。

表 2-37　金砖国家未来农业合作潜力指数　　（亿美元）

	2015 年						2020 年					
	中国	俄罗斯	印度	南非	巴西	小计	中国	俄罗斯	印度	南非	巴西	小计
中国	—	1 079.59	201.10	32.84	54.37	1 367.90	—	1 467.80	274.29	44.27	76.03	1 862.39
俄罗斯	1 079.59	—	301.65	11.34	19.78	1 412.36	1 467.80	—	405.27	15.06	27.25	1 915.38
印度	201.10	301.65	—	96.12	49.23	648.10	274.29	405.27	—	128.04	68.03	875.63
南非	32.84	11.34	96.12	—	168.85	309.15	44.27	15.06	128.04	—	230.62	417.99
巴西	54.37	19.78	49.23	168.85	—	292.23	76.03	27.25	68.03	230.62	—	401.93

与俄罗斯合作潜力最大的国家是中国，其次是印度，其与南非和巴西，虽在整体规模上不大，但在特定领域诸如南半球独特种子资源、热带作物等方面，还是很有必要合作的。2015 年、2020 年俄罗斯与其他四国合作的总潜力分别是 1 412.36 亿美元和 1 915.38 亿美元。俄罗斯在金砖国家农业合作中获益最大。

印度与俄罗斯的合作，是金砖国家之间农业合作潜力最大的，二者空间距离不算远，农产品互补性较好，两国合作意愿也较强（事实上，二者军事、技术上的合作更多）。2015 年、2020 年印度与金砖四国农业合作的总潜力分别是 648.10 亿美元和 875.63 亿美元。

南非虽然也是金砖国家，但其人口规模和资源特点，与其他金砖国家差异较大，相互

---

① 王欣，吴殿廷，王红强. 城市间经济联系的定量计算[J]. 城市发展研究，2006(3)：55-59.

之间的农业合作有必要,但在总量规模是还是很有限的。2015 年、2020 年南非与其他四国农业合作的总潜力分别是 309.15 亿美元和 417.99 亿美元。

巴西因为偏居一隅,对于大宗、鲜活的农产品运输来说,与俄罗斯、中国的合作都不会太多,与印度和南非的合作可以有一定规模。巴西应该在特殊农产品和独特种子资源等方面努力开展与金砖国家的合作。2015 年、2020 年巴西与其他四国农业合作的总潜力分别是 292.23 亿美元和 401.93 亿美元。

(2) 三个国家之间的合作潜力指数

五个国家,任意三个国家之间的合作,应该有 $10[C_5^3 = (5×4×3)/(3×2×1) = 10]$ 种方式。

三个国家之间的合作潜力,可以简单地看成任意两个国家之间合作潜力的加和,所得结果见表 2-38 和表 2-39。从表中数字可知,未来一段时间内,中国、俄罗斯、印度三国合作潜力最大;其次是中国、俄罗斯、巴西,中国、俄罗斯、南非的合作;俄罗斯、南非、巴西,中国、南非、巴西的合作微乎其微;印度、南非、巴西,俄罗斯、印度、南非的合作潜力也不大。

表 2-38　金砖五国 2015 年每三个国家之间的合作潜力指数　　　　(亿美元)

	中国、俄罗斯	中国、印度	中国、南非	中国、巴西	俄罗斯、印度	俄罗斯、南非	俄罗斯、巴西	印度、南非	印度、巴西	南非、巴西	小计
中国	—	—	—	—	1 582.34	1 123.77	1 153.74	330.06	304.7	256.06	4 750.67
俄罗斯	—	1 582.34	1 123.77	1 153.74	—	—	—	409.11	321.43	199.97	4 790.36
印度	1 582.34	—	330.06	304.70	—	409.11	321.43	—	—	314.20	3 261.84
南非	1 123.77	330.06	—	256.06	409.11	—	199.97	—	314.20	—	2 633.17
巴西	1 153.74	304.70	256.06	—	321.43	199.97	—	314.20	—	—	2 550.10
小计	3 859.85	2 217.10	1 709.89	1 714.50	2 312.88	1 732.85	1 675.14	1 053.37	940.33	770.23	—

表 2-39　金砖五国 2020 年每三个国家之间的合作潜力指数　　　　(亿美元)

	中国、俄罗斯	中国、印度	中国、南非	中国、巴西	俄罗斯、印度	俄罗斯、南非	俄罗斯、巴西	印度、南非	印度、巴西	南非、巴西	小计
中国	—	—	—	—	2 147.36	1 527.13	1 571.08	446.60	418.35	350.92	6 461.44
俄罗斯	—	2 147.36	1 527.13	1 571.08	—	—	—	548.37	432.52	272.93	6 499.39
印度	2 147.36	—	446.60	418.35	—	548.37	432.52	—	—	426.69	4 419.89
南非	1 527.13	446.60	—	350.92	548.37	—	272.93	—	426.69	—	3 572.64
巴西	1 571.08	418.35	350.92	—	432.52	272.93	—	426.69	—	—	3 472.49
小计	5 245.57	3 012.31	2 324.65	2 340.35	3 128.25	2 348.43	2 276.53	1 421.66	1 277.56	1 050.54	—

有中国、俄罗斯参与的三方合作潜力最大,2015 年、2020 年分别达到 3 859.85 亿美元和 5 245.57 亿美元;有俄罗斯、印度和中国、印度参与的三方合作潜力也很大,2015 年、2020 年分别为 2 000 多亿和 3 000 多亿美元;有巴西、南非参与的三方合作,仅从数量上看,潜力不大。

(3) 四国和五国之间的合作潜力

四个国家之间的合作潜力可简单地看成四个国家之间任何两个国家合作潜力的加

和。根据表2-37,得到:

① 2015年

除中国以外,其余四国的合作指数是480.59亿美元。

除俄罗斯以外,其余四国的合作指数是458.36亿美元。

除印度以外,其余四国的合作指数是783.37亿美元。

除南非以外,其余四国的合作指数是1 038.19亿美元。

除巴西以外,其余四国的合作指数是1 065.88亿美元。

② 2020年

除中国以外,其余四国的合作指数是650.48亿美元。

除俄罗斯以外,其余四国的合作指数是623.99亿美元。

除印度以外,其余四国的合作指数是1 066.98亿美元。

除南非以外,其余四国的合作指数是1 409.61亿美元。

除巴西以外,其余四国的合作指数是1 441.55美元。

俄罗斯、中国与各国家的合作潜力都很大,所以,没有了俄罗斯和中国的参与,金砖国家的农业合作将大受影响;巴西因为距离的关系,与金砖国家的合作潜力还有待于提高;南非因农业规模不大,距离也不算近,与其他国家农业合作的潜力也不是很大。换句话说,即便巴西或南非不参加,另三(或四)个金砖国家的农业合作仍然可以维持在较大的规模上。

五个国家之间的合作潜力=五个国家之间任何两个国家合作潜力之和,即表2-38中各数字之和的一半(如中俄与俄中实际上是一个数,重复计算)。所得结论是:2015农业合作的潜力指数是1 330.92亿美元;2020年的合作潜力指数为1 805.47亿美元。

2.8.4 结论和讨论

1)初步结论

(1)金砖国家农业合作潜力较大

中国、巴西、俄罗斯、印度、南非是新兴市场国家中最有代表性的国家,在全球经济中具有举足轻重的地位,五国资源禀赋各异,农业各有特色,互补性强,合作前景广阔。通过以上计算可知,印度和俄罗斯的合作潜力最大;中国和俄罗斯、印度合作的潜力较大;巴西因为与中国、印度、俄罗斯等距离遥远,常规农业合作潜力不大,但在特殊领域(如种子资源、南半球特有农副产品等)合作前景广阔;南非农业生产水平不高,但土地资源相对丰富,与中国和印度有较强的互补性和一定的合作前景。金砖五国之间两两农业合作建议的具体内容如表2-40所示。

(2)金砖国家农业合作非常复杂

金砖五国在某些领域存在着一定的竞争关系,政治、经济体制和自然资源条件各异,在协调各方利益、立场方面难度较大。建议从保障粮食安全这一符合五国共同利益和目标的题目入手,将发展农业特别是粮食生产放到更加重要的位置,加强信息和政策交流,建立长期稳定、务实高效的合作交流机制和工作机制,深入开展农业科研,开发和推广应用合作。与此同时,加强立场协调,重在共同利益。各国应加强在国际粮农领域重大问题上的沟通与协调,建立公平合理、持续稳定的国际农产品贸易秩序。

表 2-40　金砖五国相互之间农业合作的内容

	中国	俄罗斯	印度	南非	巴西
中国	—	劳动力,农副产品	温带、亚热带作物,农业技术	农业技术、设备、技术农民	农业技术、设备、技术农民
俄罗斯	土地资源、林副产品、林牧渔业产品	—	土地资源,林副产品及特殊种子培育条件	北半球寒温带及寒带特有的农副产品、特殊育种合作	特殊种子培育合作,北半球寒温带及寒带特有的农副产品、特殊育种合作
印度	热带作物产品	水果、热带作物产品	—	农业劳动力	技术交流
南非	土地资源、热带作物产品、羊毛、特殊种子资源;鸵鸟、葡萄酒等	热带农副产品、特殊种子资源	土地资源	—	土地资源、非洲独特果蔬产品
巴西	可可等南半球特有农副产品、特殊种子资源、畜牧业和油料作物产品	可可等南半球特有农副产品、特殊种子资源	南半球独特农副产品	南半球独特农副产品	—

2) 讨论

以上对金砖国家农业合作潜力及方略做了简单的评价。应该说明的是:

(1) 合作潜力指数只具有相对意义,只在相互比较中才有价值,所以,各种合作关系中,所计算得到的合作潜力指数,并非是真实的价值。

(2) 正像空间相互作用模型不能解释相互作用机制、不适于做预测一样[①],本评价模型也是静态(时间断面)的评价结果,不能代替合作机制研究,更不能以此进行合作潜力预测。

(3) 关于三国合作、四国合作或五国合作的计算,比较粗糙。将来应该做进一步的精算。

(4) 本书的突破点是互补系数的构造。但互补系数只适于做一般合作潜力评价,在进一步的研究中,还要考虑最大合作潜力与可能的合作潜力之间的辩证关系。

(5) 便利系数无法改变,至少短时间内是不大好改变的。因此,金砖国家之间的最大合作潜力,就是当友好系数为1时的合作潜力评价结果。

(6) 考察金砖国家及其与世界其他国家之间农业的互补性,可以发现,金砖国家与其他国家的互补性也很大,甚至可能更大。比如,这些国家农业人均农产品产量及农产品进出口贸易的变化,与世界平均状况的互补系数,中国是 0.669 2,俄罗斯是 0.559 4,印度是 0.784 7,南非是 0.632 6,巴西是 0.565 0。这些数字不都小于金砖国家之间的互补

---

① 吴传钧,侯锋.国土开发整治与规划[M].南京:江苏教育出版社,1990.

系数。因此,金砖国家之间的农业合作,不能排斥这些国家与其他国家之间的农业合作;金砖国家之间的农业合作,也不要仅仅局限于互补性,还要考虑在政策、制度、技术、信息等方面的全面协作。

3) 进一步研究的课题

以上关于合作潜力的评价,只是金砖国家合作研究的一个方面,也是比较简单、直接的研究成果。金砖国家农业合作,还有很多值得探讨的问题①,特别是金砖国家对世界农业比较优势的精确计算和控制力研究等。

(1) 金砖国家农业比较优势的精确测算

可以用人均占有量与世界平均、金砖国家平均作为该国家的两个层面的相对优势系数,精确推算各国家及金砖国家整体在世界农业领域的比较优势。

(2) 金砖国家农业影响力和控制力研究

参照克里斯泰勒中心性度量②,确定一个国家农业农产品竞争力、控制力——(人均值—世界人均值)×该国人口,该值越大,其对国际市场某种农产品的控制性就越大。若该值为负,则其绝对值越大,其对国际市场的依赖度就越大!

可以将金砖国家作为一个整体,研究金砖国家组织对世界农产品市场的控制力或依赖程度,进而提出相应的应对策略。

---

① 赖平耀,武敬云."金砖国家"经贸合作面临的机遇和挑战[J].统计研究,2012(2):21-27.
② 周一星,张莉,武悦.城市中心性与我国城市中心性的等级体系[J].地域研究与开发,2001(4):1-5.

3 区域系统功能效益的比较和评价

3.1 比较和评价概述

3.1.1 区域经济的比较与评价

1) 比较的目的和意义

没有比较就没有鉴别。区域是一个复杂的、不可复制的系统,区域的好坏、大小、强弱,区域发展快慢,只有通过与其他区域或特定标准的对比才能被识别。

2) 比较的内容

区域比较方法是区域规划学科一切研究方法的基础,在区域分析中有重要的应用价值。因为区域自然及社会经济要素的特征大都是相对的,即所谓有比较才能有所鉴别。区域分析中通常所说的发达或不发达、稠密或稀疏,都是比较而言的。如果没有参照区域做比较,就很难得出确切的结论。比较可以从下面几个方面进行:

(1) 综合实力、能力、竞争力与总体规模的比较,如经济实力、科技实力、竞争力、可持续发展能力、创新能力的比较等。

(2) 发展水平的比较,包括生活水平、生活质量、科技水平、现代化水平等的比较。

(3) 发展速度的比较,包括年度发展速度、多年平均发展速度等的比较。

(4) 经济结构和社会结构的比较,包括就业结构、产值结构、技术结构、投资结构、进出口结构等的比较。

(5) 经济运行质量和效益的比较,包括投入产出比、投入弹性系数、经济增长方式、生产要素对经济增长的贡献率等的比较。

(6) 经济发展条件的比较,包括自然条件、自然资源、人口与劳动力条件、位置与交通信息条件、社会经济基础等的比较。

(7) 生存条件与生存环境的比较,包括资源潜力、空气环境质量、水环境质量等的比较。侧重于生存、发展和可持续发展及投资环境等的差异。

(8) 社会秩序的比较,包括失业率、犯罪率、离婚率、火灾发生率、交通肇事率等。

3) 比较对象的选择

(1) 横向比较对象

横向比较对象包括相邻地区,同级行政区的相似(相关)地区,上级行政区的平均状况,全国的平均状况等。

(2) 纵向比较对象

纵向比较对象包括本区上一年度,上一发展阶段状况;上级区或全国上一年度/上一发展阶段及其平均状况;相关/相似地区历史阶段的状况等。

在做区域比较时,应注意区域间的可比性,包括地域范围(等级层次)的可比性,统计指标的可比性,结构或者水平的可比性等,还要注意行政区划的变更、统计指标内涵的变动、币值或汇率的变动、地区间物价的差异等。

4) 常用区域比较和评价的指标与指数

(1) 生活质量指数(或生命素质指数)

生活质量指数(The Physical Quality of Life Index, 简称 PQLI)是由美国海外发展委员会于 1975 年提出来的,用以综合评价社会福利民众教育/生活水平。计算公式为

$$\text{PQLI} = \frac{(识字率指数 + 婴儿死亡率指数 + 一岁期望寿命指数)}{3} \tag{1}$$

其中

$$识字率指数 = \frac{实际识字率}{识字率标准值(全国或全世界平均识字率)} \tag{2}$$

其中

$$一岁期望寿命指数 = \frac{(一岁期望寿命实际值 - 38)}{0.39} \tag{3}$$

$$婴儿死亡率指数 = \frac{(229 - 每千个婴儿死亡数)}{2.22} \tag{4}$$

(2) 美国社会卫生协会(American Social Health Association, 简称 ASHA)指标

$$\text{ASHA} = \frac{就业率 \times 识字率 \times 人均 GDP 增长率 \times (平均预期寿命/70)}{人口出生率 \times 婴儿死亡率} \tag{5}$$

(3) 人类发展指数

人类发展指数(Human Development Index, 简称 HDI),是在联合国开发计划署(United Nations Development Programme,简称 UNDP)出版的《1990 年人类发展报告》中首次被提出的,是衡量人文发展的三个方面平均成就的综合性指标:健康长寿的生命,用出生时期望寿命来表示;知识,用成人识字率及大学、中学、小学综合入学率来表示,前者的权重为 2/3,后者的权重为 1/3;体面的生活水平,用按购买力平价法计算的人均国内生产总值来表示,人类发展指数为

$$\text{HDI} = \frac{(健康指数 + 教育指数 + 经济生活指数)}{3} \tag{6}$$

其中

$$健康指数 = \frac{(实际预期寿命 - 25)}{(85 - 25)} \times 100 \tag{7}$$

$$教育指数 = (成人识字率指数 \times 2/3) + (综合入学率指数 \times 1/3) \tag{8}$$

其中

$$成人识字率指数 = 实际成人识字率 \times 100 \tag{9}$$

$$\text{综合入学率指数} = \text{实际综合入学率} \times 100 \tag{10}$$

$$\text{经济生活指数} = \frac{\log(\text{实际人均 GNP}) - \log(100)}{\log(40\,000) - \log(100)} \times 100 \tag{11}$$

其中,实际人均 GNP 按购买力平价法(Purchasing Power Parity,简称 PPP)(美元)计算。

将这三方面的指数进行简单平均,即为人类发展指数。这个指数为 0—1,指数越接近 1,说明这个国家经济和社会发展程度越高。2004 年中国在预期寿命指数、教育指数和 GDP 指数三个分项指数方面与最高的国家相比,还存在一定的差距。预期寿命为 70.9 岁,与日本相差 10.6 岁;教育指数与挪威相差 0.16%;GDP 指数与卢森堡相差 0.36%。

(4) 经济业绩指数

$$\text{经济业绩指数} = \frac{\text{实际 GDP 增长率}}{(\text{通货膨胀率} + \text{失业率})} \tag{12}$$

(5) 综合经济效益指数

$$\text{综合经济效益指数} = \frac{\text{纯收入总额}}{(\text{年均占用资金} \times \text{折算费率} + \text{成本总额})} \tag{13}$$

(6) 全要素生产率

$$A = Y/(K^{\alpha} L^{\beta}) \tag{14}$$

其中:A 为全要素生产率;Y 为产出(产值或产量);K 为资金投入量;L 为劳动投入量;α 和 β 为参数。式(13)实质是生产函数的变形。

(7) 评测技术进步对经济增长贡献的指标体系

评测技术进步对经济增长贡献的指标体系分宏观和微观两个层次。第一层次:总量宏观指标体系,对全社会工业和农业及各行业三方面的技术进步进行分析和预测。第二层次:企业微观指标体系,对企业技术进步进行分析。目前所使用的指标体系有以下几个方面。

① 科技进步贡献率

技术进步对总产值(净产值或国民收入)增长速度的贡献(%),即科技进步贡献率 P。一般情况下,$P>50\%$,可以认为经济增长方式是集约的;$P<50\%$,可以认为经济增长方式是粗放的。我国目前科技进步对经济增长的贡献率不足 40%,可见,我国的经济增长是非常粗放的。

② 年技术进步速度

年技术进步速度是在经济增长速度中,减去加权的资金年增长速度和劳动力年增长速度后,经济增长速度的余值。

③ 技术水平

假定基年的技术水平为 1,T 年技术水平反映的是该年与基年相比,技术水平的高低。

④ 全部劳动效率

测定活劳动和物化劳动的全部劳动效率,不同于全员劳动生产率和资金产值率,全部劳动效率是对二者的综合。

⑤ 劳动—资金产值率

劳动—资金产值率(元/人)是劳动生产率和资金产值率相乘的指标,也具有全部劳动效率的特点。

⑥ 投入弹性系数

$$k = \frac{\left[\dfrac{(I_t - I_0)}{I_0}\right]}{\left[\dfrac{(O_t - O_0)}{O_0}\right]} \tag{15}$$

其中:k 为投入弹性系数;I 为投入速度;Q 为产出速度。投入弹性系数即投入增长速度/产出增长速度,其中投入要素有五种:物力、财力、人力、运力、自然(资源)力。投入弹性系数与经济增长方式关系如表3-1所示。

表3-1 投入弹性系数与经济增长方式的关系

投入弹性系数	经济增长方式
≥1	完全粗放型
≤0	完全集约型
0—1	粗放集约结合型
>0.5	粗放型为主
<0.5	集约型为主

⑦ 投入经济效率或投入系数

$$\begin{aligned}&\text{投入经济效率} = \text{GNP/GDP 或增加值/投入要素量} \\ &\text{投入系数} = \text{投入要素量/GNP/GDP 增加值等}\end{aligned} \tag{16}$$

⑧ 钱纳里标准模式

对城镇化与工业化关系测度的另一种被广泛应用的方法是钱纳里标准。钱纳里标准是美国经济学家钱纳里根据100多个国家经济发展历程的经济结构变化统计出的经验值(表3-2)。

表3-2 钱纳里关于不同发展水平经济结构正常变化的统计分析

人均GNP(美元)	工业化率(%)	非农产值比例(%)	工业就业比例(%)	非农就业比例(%)	城镇化率(%)
<100	17.8	49.2	7.8	30.2	12.8
100	21.0	56.4	9.1	35.8	22.0
200	28.7	69.5	16.4	46.5	36.2
300	33.0	75.9	20.6	53.6	43.9
400	36.1	80.0	23.5	59.0	49.0
500	38.3	82.7	25.8	63.4	52.7
800	42.9	87.7	30.3	73.3	60.1
1 000	44.9	89.6	32.5	78.2	63.4
>1 000	48.8	91.0	36.8	87.8	65.8

注:人均GNP按1964年美元价格计算。

3.1.2 区域经济综合评价方法

1) 评价的基本范畴

评价对象,即对哪些客体进行评价。

评价目标,即评价目的是为了什么,是评价对象的好坏还是大小等。

评价对象因素,即从哪些方面,用哪些指标进行评价。

评语,即评价结论,如好,较好,一般等,或1分,3分,5分等所构成的集合。

评价准则,即在什么情况下,给评价指标什么值,是一种映射关系。

评价结果,即对评价对象评语的最终评价。

2) 区域发展规划中的评价问题

(1) 项目评价。对所建项目或技改项目的技术可行性,经济合理性及客观必要性等进行全面考察,目的是为决策者做"项目建设与否"决策提供建议。

(2) 方案评价。对采取什么路线和办法来实现确定的目标所进行全面的、细致的技术经济分析,目的是为选择最优方案提供科学依据。

(3) 政策评价。对政府将要采取的某项政策进行前瞻性评价,或对已实施的政策进行后验性评价。包括该项政策对区域经济发展的影响(直接影响和间接影响),对社会进步的影响,对产业结构和科技进步的影响,等等,目的是为领导制定和实施/修改政策提供依据。

3) 评价方法

(1) 直观判断法

以评价人员(常常是有一定资历的专家)的直观判断为基础,对评价对象进行评价。具体又分成两种做法,即直接打分法和对比赋值法。前者只考虑评价对象本身和评价标准,直接给出评语,模糊数学中的模糊综合评判即是如此;后者不直接对评价对象进行评价,而是把多个评价对象两两进行比较,给出该评价对象相对于其他评价对象而言的好坏优劣得分,如层次分析法中的做法。两相比较,前者简单易行,但人为性较大;后者客观性较强,但评价过程工作量增加,当评价对象很多,评价准则也很多时,赋值次数相当大,易引起评价者(专家)的反感。

(2) 尺度对应法

直观判断法适合于那些难于量化或不易得到量化数据问题的评价,人为性(主观性)较大。当评价对象的特征指标有数据基础时,应尽量不用这种方法,而用尺度对应方法,即以特征指标数据为基础,通过适当的变换得到对评价对象的评语,这也是数据变换中常用的无量纲化方法。变换方法有直线对应法,曲线对应法和折线对应法等。

① 直线对应法。假定特征值与评价值之间呈线性关系,这在实践中是较为常见的,如特征值越大越好或越小越好。包括以下三个具体变换:

第一,极值法。首先是正线性相关变换,即

$$Y_i = \frac{(X_i - \mathrm{Max}X_i)}{(\mathrm{Max}X_i - \mathrm{Min}X_i)} \tag{17}$$

其中：Y_i 为评价值；X_i 为原始数据（特征值），下同。

其次是负线性相关变换，即

$$Y_i = \frac{(\max X_i - X_i)}{(\max X_i - \min X_i)} \quad (18)$$

第二，标准化（Z-Score）法。即

$$Y_i = \frac{(X_i - \overline{X})}{s} \quad (19)$$

其中：$\overline{X}$ 为 X 的均值；s 是 X 的方差，下同。

Z-Score 法又可表示为

$$Y_i = a + \frac{b(X_i - \overline{X})}{s} \quad (20)$$

其中：a 和 b 是常数，根据研究需要适当确定；s 同式(19)，为方差。

第三，比重法。即

$$Y_i = \frac{X_i}{\sum_{i=1}^{n} X_i} \quad (21)$$

$$Y_i = \frac{X_i}{\left(\sum_{i=1}^{n} X_i^2\right)^{1/2}} \quad (22)$$

② 折线对应法，也叫分阶段直线对应法。假定特征值与评价值之间的关系在不同的域值范围内是不同的，而在同一域值范围内是呈线性相关的。变换公式与直线对应法相似，如用极值法做变换，可有如下形式：

$$Y_i = \begin{cases} 0 & (X = 0) \\ (X_i / X_m) \times Y_m & (0 < X < X_m) \\ Y_m + (X_i - X_m)/(\max X_i - X_m)(1 - Y_m) & (X > X_m) \end{cases} \quad (23)$$

$$Y_i = \begin{cases} 0 & (X < X_a) \\ (X_i - X_a)/(X_b - X_a) & (X_a < X < X_b) \\ 1 & (X > X_b) \end{cases} \quad (24)$$

③ 曲线对应法。假定评价对象的实际值对评价值的影响不是等比例的。指标值 X_i 的等量变化，在某一区间对评价事物作用较大，从而体现在综合评价中，是评价值 Y_i 的较大变化；而在另一区间，情形可能恰恰相反。同时，X_i 的变化又不像折线对应中那样，仅存在一个折点。曲线变换公式较多，常见形式如下：

$$Y = \begin{cases} 0 & (0 \leqslant x \leqslant a) \\ 1 - e^{-k(x-a)} & (x > a) \end{cases} \quad (25)$$

$$Y = \begin{cases} 0 & (0 \leqslant x \leqslant a) \\ 1 - e^{-k(x-a)^2} & (x > a) \end{cases} \quad (26)$$

$$Y = \begin{cases} 0 & (0 \leqslant x \leqslant a) \\ a(x-a)^k & \left(a < x < \left(a + \dfrac{1}{a}\right)^k\right) \\ 1 & \left(x \geqslant \left(a + \dfrac{1}{a}\right)^k\right) \end{cases} \quad (27)$$

(3) 多指标综合评价法

① 原理

把多个描述被评价事物不同方面且量纲不同的统计指标,转化成无量纲的相对评价值,然后将这些评价值换算成一个综合值,实现对该事物的整体评价。

② 步骤

第一,选取评价指标,建立评价指标体系。

第二,根据被评价事物的实际情况,选定恰当的尺度对应方法(无量纲化)和合成方法(算术加权或几何加权等)。

第三,确定指标的有关阈值、参数,如适度值、不允许值、满意值等,确定哪些阈值、参数要随无量纲化方法的不同而不同。

第四,确定每个指标在评价指标体系中的权重。

第五,将指标实际值(特征值)转化为评价值,即进行无量纲化。

第六,将各指标评价值合成,即加权,得出综合评价值。

第七,以综合评价值的大小,对各评价对象排序,给出评价结论。

③ 指标权重的确定

指标权重的确定可仿照直观判断法进行。若使用主成分模型,则权重就是较大特征根的贡献率。

④ 指标体系建立的原则

第一,科学性原则。任何指标体系的建立,包括指标的选择、权重系数的确定、数据的选取,都必须以科学理论为依据,即必须满足科学性原则。所建立的指标必须以客观存在的事实为基础,概念清晰明确并且具有独立的内涵。

第二,针对性原则。对于复杂对象的评价,其指标体系会涉及大量繁杂的指标,必须按系统的层次及各类指标的特点进行综合和选择,要按照评价目的选择有效的指标建立体系。

第三,可操作性原则。区域评价应尽可能地选择有代表性的反映区域特点的综合性指标,应易于统计、量化和表述,以便评价结果能提供有效的信息,并且各指标之间具有可比性。

第四,完整性原则。指标体系作为一个整体,要比较全面地反映区域评价的所有有关特征。

第五,层次性原则。区域评价各因子具有复杂的层次结构,指标体系应分清层次,明确各层次评价指标的种类和数量,以反映不同层次的区域特征。

第六,多样性原则。为了满足对不同性质、不同层次、不同范围、不同要求的区域评价,指标体系既要有定量指标,又要有定性指标;既要有绝对量指标,又要有相对量指标。

⑤ 合成方法的选择

指标综合有多种方法,但不外乎加和法(包括简单加和法、加权加和法)、乘积法、代换法和混合法。基本原则是:缺一不可——乘法法则;好坏搭配——加权加法;不可偏废——加权乘法;一好遮百丑——代换法则;模棱两可——混合法则。

主成分分析模型(计算主成分得分)是一种很好的算术加权模型,其权重即各主成分对应的特征值贡献率,计算结果基本上没有人为性,因而是一种常见的评价模型。但此模型有两个关键困难需要解决,一是要求样本完备、统计数据完整,这对于简单评价(评价精度要求不高)没有必要,而对于复杂评价、涉及大量定性数据的评价,则因数据完备性没有保障,也无法应用。二是在确定主因子个数时难免带有人为性。一般以特征根不小于1或累计贡献率达到85%为标准确定主因子个数,但前者(特征根不小于1)很难保证足够的信息量,后者有时会出现特征根小于1的情况,这实际上已经没有统计意义。

层次分析法(Analytic Hierarchy Process,简称AHP)是一种很好的多指标综合的方法,适合于多层次、多指标、多准则的综合评价,具体方法见第5章中的有关内容。

陈衍泰等对综合评价方法进行了系统总结,对比分析了九类评价方法的特点和实用范围(表3-3)。

表3-3 常用的综合评价方法比较与汇总

方法类别	方法名称	方法描述	优点	缺点	适用对象
定性评价方法	专家会议法	组织专家面对面交流,通过讨论形成评价结果	操作简单,可以利用专家的知识,结论易于使用	主观性比较强,多人评价时结论难收敛	战略层次的决策分析对象,不能或难以量化的大系统,简单的小系统
	德尔菲法	征询专家,用信件背靠背评价、汇总、收敛			
技术经济分析方法	经济分析法	通过价值分析、成本效益分析、价值功能分析,采用净现值、内部收益率等指标	方法的含义明确,可比性强	建立模型比较困难,只适用评价因素少的对象	大中型投资与建设项目,企业设备更新与新产品开发效益等评价
	技术评价法	通过可行性分析、可靠性分析等			
多属性决策方法	多属性和多目标决策方法	通过化多为少、分层序列、直接求非劣解、重排次序法来排序与评价	对评价对象描述比较精确,可以处理多决策者、多指标、动态的对象	刚性的评价,无法涉及有模糊因素的对象	优化系统的评价与决策,应用领域广泛
运筹学方法(狭义)	数据包络分析模型(C^2R、C^2GS^2等)	以相对效率为基础,按多指标投入和多指标产出,对同类型单位相对有效性进行评价,是基于一组标准来确定相对有效生产前沿面	可以评价多输入多输出的大系统,并可用"窗口"技术找出单元薄弱环节加以改进	只表明评价单元的相对发展指标,无法表示出实际发展水平	评价经济学中生产函数的技术、规模有效性,产业的效益评价,教育部门的有效性

续表 3-3

方法类别	方法名称	方法描述	优点	缺点	适用对象
统计分析方法	主成分分析	相关的经济变量间存在起着支配作用的共同因素,可以对原始变量相关矩阵内部结构进行研究,找出影响某个经济过程的几个不相关的综合指标来线形表示原来变量	全面性,可比性,客观合理性	因子负荷符号交替使得函数意义不明确,需要大量的统计数据,没有反映客观发展水平	对评价对象进行分类
	因子分析	根据因素相关性大小把变量分组,使同一组内的变量相关性最大			反映各类评价对象的依赖关系,并应用于分类
	聚类分析	计算对象或指标间距离,或者相似系数,进行系统聚类	可以解决相关程度大的评价对象	需要大量的统计数据,没有反映客观发展水平	证券组合投资选择,地区发展水平评价
	判别分析	计算指标间距离,判断所归属的主体			主体结构的选择,经济效益综合评价
系统工程方法	评分法	对评价对象划分等级、打分,再进行处理	方法简单,容易操作	只能用于静态评价	新产品开发计划与结果,交通系统安全性评价等
	关联矩阵法	确定评价对象与权重,对各替代方案有关评价项目确定价值量			
	层次分析法	针对多层次结构的系统,用相对量的比较,确定多个判断矩阵,取其特征根所对应的特征向量作为权重,最后综合出总权重,并且排序	可靠度比较高,误差小	评价对象的因素不能太多(一般不多于9个)	成本效益决策、资源分配次序、冲突分析等
模糊数学方法	模糊综合评价	引入隶属函数 $L_{IA}:C_y[0,1]$,实现把人类的直觉确定为具体系数(模糊综合评价矩阵) $R=[L_{I_{ij}}(x_{jh})]_{n@m}$,其中, $L_{I_{ij}}(x_{jh})$ 表示指标 $U_{I_{ij}}$ 在论域上评价对象属性值的隶属度,并将约束条件量化表示,进行数学解答	可以克服传统数学方法中"唯一解"的弊端,根据不同可能性得出多个层次的问题解,具备可扩展性,符合现代管理中"柔性管理"的思想	不能解决评价指标间相关造成的信息重复问题,隶属函数、模糊相关矩阵等的确定方法有待进一步研究	消费者偏好识别、决策中的专家系统、证券投资分析、银行项目贷款对象识别等,拥有广泛的应用前景
	模糊积分				
	模糊模式识别				
对话式评价方法	逐步法(STEM)	用单目标线性规划法求解问题,每进行一步,分析者把计算结果告诉决策者来评价结果,如果认为已经满意则迭代停止;否则再根据决策者意见进行修改和再计算,知到满意为止	人机对话的基础性思想,体现柔性化管理	没有定量表示出决策者的偏好	各种评价对象
	序贯解法(SEMOP)				
	代理权衡法(Geoffrion)				
智能化评价方法	基于反向传播算法的人工神经网络的评价	模拟人脑智能化处理过程的人工神经网络技术,通过反向传播算法,学习或训练获取知识,并存储在神经元的权值中,通过联想把相关信息复现。能够揣摩、提炼、评价对象本身的客观规律,进行对相同属性评价对象的评价	网络具有自适应能力、可容错性,能够处理非线形、非局域性与非凸性的大型复杂系统	精度不高,需要大量的训练样本等	应用领域不断扩大,涉及银行贷款项目、股票价格的评估、城市发展综合水平的评价等

3 区域系统功能效益的比较和评价

3.2 主成分分析法及其在多指标综合评价中的应用

3.2.1 主成分分析法概述

主成分分析法是通过恰当的数学变换,使新变量——主成分成为原变量的线性组合,并选取少数几个在变差总信息量中比例较大的主成分来分析事物的一种方法。主成分在变差信息量中的比例越大,它在综合评价中的作用就越大。数学上已证明,实施变换前后的总方差(与离差平方和一样说明变差信息量)是相等的,这说明原指标代表的变差信息已由主成分来表示。数学上还证明,相关矩阵 R 的特征根 λg 即是主成分分析中第 g 个主成分的方差,λg 对应的特征向量 Lg 即是第 g 个主成分 Fg 中各指标变量的系数。在主成分分析中各主成分是按方差大小依次排列的,这说明第一主成分代表的变差信息量最多,其余依次次之。由此在分析实际问题时,可只取前 k 个主成分来代表原变量的变差信息,以减少工作量[①]。

用主成分分析法确定权数有以下优点:

(1) 可消除评价指标之间的相关影响。主成分分析在对原指标变量进行变换后形成了彼此相互独立的主成分,而且实践证明指标间相关程度越高,主成分分析效果越好。

(2) 可减少指标选择的工作量。对于其他评价方法,由于难以消除评价指标间的相关影响,所以选择指标时要花费不少精力,而主成分分析由于可以消除这种相关影响,所以在指标选择上相对容易些。

(3) 主成分分析中各主成分是按方差大小依次排列顺序的。在分析问题时,可以舍弃一部分主成分,只取前后方差较大的几个主成分来代表原变量,从而减少了计算工作量。

3.2.2 主成分分析法的计算步骤

1) 原始指标数据的标准化

设有 n 个样本,p 项指标,可得数据矩阵 $X = (x_{ij})_{n \times p}$。其中,$i = \{1, 2, \cdots, n\}$ 表示 n 个样本;$j = \{1, 2, \cdots, p\}$ 表示 p 个指标;x_{ij} 表示第 i 个样本的第 j 项指标值。

用 Z-score 法对数据进行标准化变换,即

$$Z_{ij} = \frac{(x_{ij} - \bar{x}_j)}{S_j} \tag{28}$$

其中

$$x_j = \frac{\sum_{i=1}^{n} x_{ij}}{n \, S_j^2} = \frac{\sum_{i=1}^{n}(x_{ij} - \bar{x}_j)^2 l}{(n-1)} \quad (l = 1, 2, \cdots, n; j = 1, 2, \cdots, p) \tag{29}$$

---

① 李艳双,曾珍香,张闽,等.主成分分析法在多指标综合评价方法中的应用[J].河北工业大学学报,1999(1):94-97.

2) 求指标数据的相关矩阵

$$R = (r_{jk})_{p \times p} \quad (j = 1, 2, \cdots, p; k = 1, 2, \cdots, p) \tag{30}$$

其中，r_{jk} 为指标 j 与指标 k 的相关系数，公式为

$$r_{jk} = \frac{1}{n-1} \sum_{i=1}^{n} \left[\frac{(x_{ij} - \bar{x}_j)^2}{S_j} \right] \left[\frac{(X_{ik} - \bar{X}_k)^2}{S_k} \right] \tag{31}$$

即

$$r_{jk} = \frac{1}{n-1} \sum_{i=1}^{n} Z_{ij} Z_{jk} \tag{32}$$

有 $r_{ii} = 1$, $r_{jk} = r_{kj}$ $(i = 1, 2, \cdots, n; j = 1, 2, \cdots, p; k = 1, 2, \cdots, p)$

3) 求相关矩阵 R 的特征根特征向量，确定主成分

由特征方程式 $\lambda_{l_p} - R = 0$，可求得的 p 个特征根 $\lambda_g (g = 1, 2, \cdots, p)$，$\lambda_l$ 将其按大小顺序排列为 $\lambda_1 \geq \lambda_2 \geq \cdots \geq \lambda_p \geq 0$，它是主成分的方差，它的大小体现了各个主成分在描述被评价对象上所起作用的大小。由特征方程式，每一个特征根对应一个特征向量 $L_g (L_g = l_{g1}, l_{g2}, \cdots, l_{gp}; g = 1, 2, \cdots, p)$。

将标准化后的指标变量转换为主成分，即

$$F_g = l_{g1} Z_1 + l_{g2} Z_2 + \cdots + l_{gp} Z_p \quad (g = 1, 2, \cdots, p) \tag{33}$$

其中，将 F_1 称为第一主成分，将 F_2 称为第二主成分……将 F_p 称为第 p 主成分。

4) 求方差贡献率，确定主成分个数

一般主成分个数等于原始指标个数，如果原始指标个数较多，进行综合评价时就比较麻烦。主成分分析法就是选取尽量少的 k 个主成分 ($k < p$) 来进行综合评价，同时还要使损失的信息量尽可能少。

可以根据特征跟大于 1 来确定主成分的个数，也可以根据其他标准（如累计贡献率大于 60% 或 80%）来确定主成分个数。

5) 对 k 个主成分进行综合评价

先求每一个主成分的线性加权值，即

$$F_g = l_{g1} Z_1 + l_{g2} Z_2 + \cdots + l_{gp} Z_p \quad (g = 1, 2, \cdots, k) \tag{34}$$

再对 k 个主成分进行加权求和，即得最终评价值，权数为每个主成分得分方差贡献率

$$\frac{\lambda_g}{\sum_{g=1}^{p} \lambda_g} \tag{35}$$

最终评价值为

$$F = \sum_{g=1}^{k} \left(\frac{\lambda_g}{\sum_{g=1}^{p} \lambda_g} \right) F_g \tag{36}$$

3.2.3 主成分分析法用于多指标综合评价中应该注意的问题

按照主成分分析的步骤和过程,剖析其存在的问题,提出针对性的改进建议。

(1) 数据处理

数据处理必须做一致性处理——主成分得分,是个综合的东西,若不进行目标一致性、单调性处理,所得结果的含义是说不清楚的。

用不同年份数据做主成分分析时应该注意数据的可比性,主成分得分的可比性,特别是涉及价格、价值的变化时,要先进行不变价处理,否则做出来的结果是不可比的。

(2) 特征根选取

特征根选取应根据累计贡献率来选,没有统一标准;但至少应以特征根不小于 1 为准(当然,若取一个特征根,其累计贡献率就已达到了 80%,则不必再取更多了),特征根小于 1 显然是不合适的——小于平均贡献率,就不是"主成分",而是一般成分了。

(3) 主成分得分计算

主成分得分计算必须以特征根作为权重,等权重是不合适的,否则还怎么体现"不同主成分"的作用?

(4) 样本必须充分大

大样本才行,样本个数应远远大于变量个数,否则就不是统计分析而是解析分析了。比如,做一个省份十几个城市的竞争力研究,若选择的变量多达几十个,此时用主成分得分作为其竞争力就不合适,因为不符合多元统计分析原理。

(5) 对内部数据结构的要求

如果各变量之间的相关系数绝对值都不大,比如,都小于 0.5,或者说相关矩阵的特征根的大小差别不大,贡献率呈相对均衡分布,则这种结构的数据是不大适合做主成分分析的,而应直接用原始数据做分析和评价即可(没有必要提取主成分——没有主成分,都是均成分)。特别是,相关矩阵中的数字越接近于 0 越不适合——各变量之间的相关系数接近于 0,则说明它们之间是不相关的;既然不相关就是相互独立的,就没有必要用主成分降维,直接使用原先正向归一化数据即可。

(6) 计算结果的解释和应用

如果是评价,实际上只用一个主成分得分即可。此时,要注意以下几点:

① 主成分命名——以主成分载荷中,绝对值最大(而不是一般值)的一两个变量为准,将其名称合并融合,即可得到该主成分的命名;若绝对值最大的是负数,则评价结论就应该是主成分得分值越小,越与评价目标接近。

② 如果要做倍比分析,则必须对主成分的得分进行归一化处理,否则,近一半样本得分为负(总平均值为 0),无法进行倍比分析①。

③ 如果还要做类别分析,可以与系统聚类结合,利用主成分载荷进行分类,这样做比用原始数据好,可以大大避免共线性对分类的干扰,分类结果更客观合理。

---

① 吴殿廷,王力,刘继生,等. 东北地区商业中心城市系统研究[J]. 人文地理,1992(增刊):8-13.

3.3　中国宏观经济特征的国际评价

以世界平均水平为参照,对中国的宏观经济特征进行概括和评价。通过规模与产量、速度与效益、水平与结构等一系列经济指标的对比可以看出,中国是正在起飞的持续高速增长的经济大国,并已经向中等收入国家迈进,但远非经济强国。主要表现为:人均收入水平不高,外贸依存度偏大,消费—积累比率太低,经济运行效益较差,节能减排形势严峻,内部差距过大问题亟待解决[①]。

3.3.1　导言

我国经济的快速发展已引起了普遍关注,世界各地的学者根据各自的专业和视角对我国宏观经济的发展给出了自己的解释和评价。吴殿廷[②]、陈才[③]以世界平均水平为参照系,对中国的宏观社会特征进行概括和评价,指出中国经济规模正在迅速扩大,经济结构逐渐完善,但经济发展的平均水平仍较低。

还有一些学者以与中国发展情况相似的印度为参照,对我国经济发展水平、发展结构、未来趋势等做了对比分析,具有代表性的研究如阿玛蒂亚·森(Amartya Sen)[④]从经济发展与社会保障方面进行了对比研究,强调了经济发展与社会保障间的相互关系,并对两国的发展历史、政策、效果进行了对比分析;杰弗里·萨克斯(Jeffrey Sachs)[⑤]则对市场法规政策方面的改革程度、中国的乡镇企业与印度的小规模企业、中国的经济特区与印度的出口加工区等方面进行了详细对比,分析了彼此间的不足和可互相借鉴之处。

一些国际性的机构或组织,则从国际视角出发,对我国的消费水平及模式进行了预测和分析,认为我国具有很大的消费潜力,尤其是城市,会成为拉动经济增长的动力,但消费模式仍需向个人消费转变;日本独立行政法人经济产业研究所(RIETI)对我国的产业结构进行了研究,认为我国的工业重心正从轻工业转向重工业,产业升级带来的影响正在发挥作用;花旗宏观中国研究报告从银行业角度对我国经济结构及转型中的宏观经济政策的变化进行了分析[⑥]。

我国宏观经济特征研究一般从投资、消费、出口入手,讨论中国区别于其他经济体的高增长、高投资和低消费的三大典型特点。改革开放三十多年来,高经济增长率是中国宏观经济的最显著特征。本节以世界平均水平为参照系,通过规模与产量、速度与效益、水平与结构等一系列经济指标的对比,研究中国宏观经济的地位和变化,揭示其深层次

---

① 王乐乐,吴殿廷.中国宏观经济特征及其变化的评价[J].国际贸易问题,2010(7):35-41.
② 吴殿廷,武聪颖.中国宏观经济的国际评价[J].世界地理研究,2001,10(1):104-112.
③ 陈才,吴殿廷,陈向玲,等.中国宏观社会特征的国际评价[J].区域地理论丛,2008(2009):25-36.
④ 阿玛蒂亚·森(Amartya Sen).社会发展中的和谐与不和谐——中印经验比较[EB/OL].丁启红,译.[2013-03-22]. http://www.drcnet.com.cn.
⑤ 王晓峰.中国与印度的经济改革比较——杰弗里·萨克斯对中国经济改革的论述[J].甘肃金融,2009(6):17-21.
⑥ 根据国研网资料整理所得。

的结构特征。

3.3.2 产值和产量

中国和印度是世界上最重要的两支经济崛起力量。两国的人口占世界人口总数的37.7%,近30年来,两国的经济增长率是世界其余地区增长率的两倍。按照目前趋势,只需要20年,两国的经济总量占世界经济总量的比重将达到40%[①]。作为世界上人口最多的两个国家,印度和中国有太多的相似点:灿烂的古文化、没落的近代发展史、近期高速发展的经济、不断提升的国家地位、新兴的国际市场……同时,中国和印度同为亚洲国家和最大的、经济增长最快的发展中国家,通过两者间的对比更能反映中国的经济发展状况。

中国作为世界上人口第一大国,人口红利为中国经济的发展提供了重要的保障。由于自然更替的演变和人口政策的实施,中国在世界人口的比重在过去10年间出现了下降的趋势(表3-4、表3-5),而印度的人口比重在逐渐上升,联系到人口的年龄构成(表3-6),中国的人口红利在逐渐减少,老龄化程度会逐渐增高,应引起重视;与此同时,印度的人力资源优势则会进一步加强,当然,其人口负担也会更加沉重,并给世界增加包袱,1997—2007年,世界人口增长压力,有近20%来自印度——相比之下,来自中国的压力不到11%。

表3-4 1997年中国经济有关产量和产值及其相对位次变化

指标	中国			印度			世界产量
	总量	比例(%)	位次	总量	比例(%)	位次	
人口(万人)	123 626	21.1	1	97 093	16.6	2	584 900
GDP(亿美元)	9 019.81	3.1	7	3 815.66	1.3	15	289 768
谷物总计产量(万t)	44 752.0	21.6	1	22 071.2	10.6	3	207 479
钢铁产量(万t)	10 894	14.7	1	1 342	1.8	12	74 119
进出口贸易总额(亿美元)	3 252	3.0	10	758	0.7	21	108 885

表3-5 2007年中国经济有关产量和产值及其相对位次

指标	中国				印度				世界产量
	总量	比例(%)	位次	对世界经济增长的贡献率(%)	总量	比例(%)	位次	对世界经济增长的贡献率(%)	
人口(万人)	131 998	20.00	1	10.97	112 332	17.00	2	19.97	661 204
GDP(亿美元)	32 801	6.04	4	9.37	11 710	2.15	12	3.11	543 470
谷物总计产量(万t)	46 035.0	19.70	1	4.79	25 212.1	10.80	3	11.74	234 243
钢铁(粗钢)产量(万t)	48 701	39.70	1	77.67	5 310	4.30	5	8.15	122 797
进出口贸易总额(亿美元)	21 737	7.70	3	10.68	3 619	1.30	16	1.65	281 940

注:增长贡献率是指1997—2007年的增长幅度与世界增长幅度的百分比。

---

① 谢国忠,舍唐·阿赫亚(Chetan Ahya).中国和印度:亚洲的新老虎[EB/OL].[2004-08-12].http://www.drcnet.com.cn.

表 3-6　2003 年人口年龄构成和抚养比　　　　　　　　　　　　　　　（%）

国家	年龄构成		
	0—14 岁	15—64 岁	65 岁以上
中国	23.65	69.05	7.30
印度	32.40	62.53	5.07
世界	28.88	64.00	7.12

在 GDP 方面，1997—2007 年的 10 年间，中国 GDP 占世界的比重增加了一倍，位次也在 2009 年上升到第三位，2007 年对世界经济增长的贡献度为 9.37%，比印度（3.11%）大得多。如不发生较大的灾难，在 2010 年，中国 GDP 将会超过日本，成为仅次于美国的世界上第二大经济体。

在粮食产量、钢铁产量方面，中国一直保持着世界第一的地位。其中钢铁产量接近世界总产量的 40%，远远超过印度，增长幅度的贡献率甚至接近 80%。在进出口贸易方面，10 年间，中国所占世界的比例增加了 1.5 倍，大于 GDP 所占比例的增速（1 倍），也从一个方面反映了进出口贸易对中国经济的拉动作用；2007 年，中国进出口贸易在规模上是印度的 6 倍，进一步体现出中国在国际贸易中的规模优势。

在世界范围内，无论是中国还是印度，农业增加值的比重都在下降，服务业的增加值都在上升，符合配第—克拉克定理。中国工业化率（工业增加值所占比重）几乎达到了 50%，且有进一步上升的趋势，说明中国正处在工业化中期阶段。与印度及世界大多数国家相比，中国的服务业对经济增长的贡献是很低的（印度为 52.65%，世界平均为 73.88%），2000—2007 年，中国工业对 GDP 增长的贡献超过了 50%，服务业的贡献刚过 40%，中国的服务业，特别是现代服务业亟待加强（表 3-7）。

表 3-7　三次产业比例及其对 GDP 增长的贡献　　　　　　　　　　　　（%）

		中国		印度		世界	
		2000 年	2007 年	2000 年	2007 年	2000 年	2005 年
比例	农业增加值	15	11	23	19	4	3
	工业增加值	46	49	26	29	29	28
	服务业增加值	39	40	51	52	67	69
增长贡献率	农业增加值	8.70		16.41		0.56	
	工业增加值	50.73		30.94		25.56	
	服务业增加值	40.58		52.65		73.88	

3.3.3　速度与效益

改革开放以来至 2007 年，中国 GDP 年平均增长速度为 9.7%，累计增长了 12.3 倍。中国目前是世界第三大经济体。

1978 年改革的指标之一是对外贸易的增长速度。1978 年底，中国内地对外贸易总额是 206 亿美元，而当年中国台湾一省的对外贸易总额是 236 亿美元。1978—2006 年，中国对外贸易额增长了85倍,中国大陆目前的对外贸易总量仅次于美国和德国。在吸引外资方面,中国则居发展中国家之首,再加上连续多年的经济高速增长,所有这些都对世界经济产生了非常大的影响[①]。

中国经济在高速增长的同时,经济效益却并不乐观。从表3-8可以看出,在劳动生产率方面,中国处于中等收入国家和低收入国家之间,仅是高收入国家的1/20,是世界平均水平的1/3,中国劳动生产率亟待提高。

表3-8 中国近年有关效益指标的国际比较

指标		中国	世界	高收入国家	中等收入国家	低收入国家	印度(2006年)
劳动生产率(2007年)	美元/人	3 409.7	15 708.7	72 865.8	6 366.4	1 627.0	2 092.0
	与中国之比	1.00	4.61	21.37	1.87	0.48	0.61
万美元国内生产总值能耗(2005年)	吨标煤	7.65	2.49	1.61	5.42	9.42	6.64
	与中国之比	1.00	0.33	0.21	0.71	1.23	0.87

在万美元GDP能耗方面,中国是高收入国家的4.8倍,是世界平均水平的3倍,也高于印度。高能耗代表着落后的生产方式、低效率、高污染,这与当前提倡的低碳经济不相协调,也不利于我国经济和环境的可持续发展。

高速度、低效益,显示了中国经济的问题所在,也体现了提高生产效率和技术水平的必要性。低效益是当前中国经济继续增长的瓶颈,调整经济增长方式迫在眉睫。

3.3.4 水平与结构

我国人均GDP在1997—2007年增长了1.7倍,由1997年低于下中等收入国家跃迁到接近中等收入国家水平行列,但与高收入国家相比仍存在很大的差距[仅是高收入国家人均GDP的1/16,相较于1997年的同类型数据已经有了显著的变化,同时也要注意到我国与高收入国家人均GDP的绝对差额仍在加大(1997年为25 030美元,2007年达到35 206美元)]。相似的情景也发生在购买力评价的人均GNP上。

2000—2005年,中国人均能源消费量增加了1/2,远远大于同期的世界平均水平(7%)。如果说经济发展必定带来物质消费的增多,进而消耗更多的能源,产生更多的二氧化碳排放,那也是一个国家的人均能源消费和二氧化碳排放应与人均GDP相一致,从表3-9和表3-10可以看出,中国的人均能源消费和二氧化碳排放高于人均GDP的水平,在低碳经济的情景下,人们提倡的是更加环保的生产生活方式。如同"未富先老"一样,中国经济还未到达一定高度或完成一定的积累就要面对低碳、环保等压力,这对短期内经济的发展是不利的。

---

① 林毅夫.中国当前经济形势与未来发展展望[J].外交评论,2007(96):6-13.

表 3-9 1997 年前后中国经济发展水平指标的国际比较

指标	中国	世界	低收入国家	中等收入国家	下中等收入国家	上中等收入国家	高收入国家	印度
人均GDP(美元)(按官方汇率计算)	860	5 180	350	1 890	1 230	4 540	25 890	370
2000年人均GNP(美元)	2 330	6 885	834	3 283	2 213	7 338	27 115	1 500
2000年人均能源(石油)消费量(kg/人)	876	1 668	403	988	738	1 932	5 358	453
2000年人均二氧化碳排放量(t/人)	2.6	4.1	0.5	2.5	1.9	4.8	12.5	1.1
人文发展指数	0.701	0.706	—	—	—	—	—	0.545

表 3-10 2007 年前后中国经济发展水平指标的国际比较

指标	中国	世界	低收入国家	中等收入国家	下中等收入国家	上中等收入国家	高收入国家	印度
人均GDP(美元)(按购买力计算)	2 360	7 958	578	2 872	1 887	6 987	37 566	950
人均GNP(美元)(按购买力计算)	5 370	9 852	1 494	5 952	4 543	11 868	36 100	2 740
2005年人均能源(石油)消费量(kg/人)	1 319	1 795	424	1 166	937	2 050	5 458	492
2005年人均二氧化碳排放量(t/人)	4.3	4.5	0.5	3.1	2.6	5.1	12.6	1.3
2005年人文发展指数	0.777	0.743	0.570	0.776	—	—	0.936	0.619

对比表 3-11 和表 3-12 可以看出,中国的城市化以每年超过 1%的速度在增长,这个速度不仅超过了世界平均水平,也大于正处在城市化进程中的南非和印度,但 2007 年 42.2%的城市化率,与已经完成城市化进程的发达国家的指标(如美国 81.4%、日本 66.3%等)还是有很大的差距。中国的一些学者利用模型和国内外实例证明了中国的城市化率低于其经济发展的应有水平[①],这与中国独特的国情和城乡分离的户籍制度相关,随着相关制度的明晰和经济的进一步发展,中国城市化的数量和质量都会得到进一步提升。

表 3-11 1997 年中国经济结构指标的国际比较

指标	世界	中国	印度	美国	日本	巴西	俄罗斯	南非	韩国
城市化率(%)	46.0	29.9	27.4	76.5	78.4	79.5	76.6	49.7	83.3
工业化率(%)	31.6	49.2	30.1	26.2	37.2	29.7	35.3	32.7	43.1
科学研究与试验发展(R&D)占GDP的比重(%)	—	0.7	0.6	2.6	2.8	0.8	0.9	—	2.8
外贸依存度(%)	—	41.7	24.8	25.6	21.0	17.8	44.5	48.4	70.4
2000年FDI(亿美元)	13 982	407	36	3 140	83	328	27	9	90
投资率(%)	22.3	38.2	23.4	18.5	28.7	21.3	21.3	15.7	34.2

---

① 朱要武.中国城市化水平与经济发展水平偏离度[J].城市问题,2003(5):6-9.

续表 3-11

指标	世界	中国	印度	美国	日本	巴西	俄罗斯	南非	韩国
总储蓄占 GDP 的比重(%)	22.3	42.7	21.9	16.7	31.0	16.9	21.9	14.1	32.8
居民消费占社会总消费的比例(%)	—	46.5	61.4	67.7	58.9	63.2	62.6	63.4	54.1
政府消费占社会总消费的比例(%)	—	11.6	11.1	15.2	9.5	18.1	13.2	19.8	9.5

表 3-12 2007 年主要结构性指标的国际比较

指标	世界	中国	印度	美国	日本	巴西	俄罗斯	南非	韩国
城市化率(%)	49.5	42.2	29.3	81.4	66.3	85.1	72.9	60.3	81.2
工业化率(%)	27.6	48.1	29.4	22.0	30.2	30.6	38.6	30.9	39.4
R&D 占 GDP 的比重(%)	2.30	1.42	0.69	2.61	3.40	0.82	1.08	0.92	3.23
外贸依存度(%)	52	66	31	23	30	22	45	58	74
FDI(亿美元)	18 333	835	230	2 329	225	346	525	57	26
投资率(%)	—	44.4	38.2	19.3	23.3	22.1	24.5	20.1	29.4
居民消费占社会总消费的比例(%)	—	37.8	55.3	70.5	57.2	47.7	48.5	62.1	54.1
政府消费占社会总消费的比例(%)	—	14.2	10.1	16.0	18.2	28.0	17.3	19.9	15.1

中国的工业化率在所选的八个国家中处于首位,一方面说明了中国作为"世界工厂"的地位,也从另一方面说明了中国与发达国家间的差距——工业所占的 GDP 比重太高,正处于向重化工业化发展阶段。2007 年的比重与 1997 年相比虽略有下降但相差不大,这体现了中国的工业化阶段处于一个稳定的时期,且有调整的趋势。重化工业的产业结构和传统工艺技术,特别是能源结构与技术等,都需要调整。

科技进步在经济发展中的作用日益加大,各国也逐步增加了对科研的投入,特别是后金融危机时代,能在技术上取得突破的国家无疑会站在经济发展的顶端。中国研发投入的增长幅度是最大的(增加了 1 倍),这说明了国家对科技研发的重视。目前发达国家的 R&D 占 GDP 的比重大约在 2.8%,若以这个为标准的话,中国 2007 年 1.42% 的比重仍有待提高。

改革开放以来,中国的对外贸易飞速增长,由此带来的结果是,外贸总额(含服务贸易)与国内生产总值的比值节节升高[①]。从横向比较来看,2007 年中国与表 3-12 中相关国家相比,外贸依存度仅次于韩国。2007 年中国的外贸依存度不仅高于世界平均水平(52%),而且远高于美国(23%)、日本(30%)等发达国家。在金砖四国(印度、俄罗斯、巴西和中国)中,中国的外贸依存度依然是最高的。俄罗斯由于依赖石油和天然气出口,其外贸依存度相对较高(45%),但也大大低于中国的 66%;印度和巴西的外贸依存度则更低,分别为 31% 和 22%。出口加工是一个国家实现经济起飞的必然过程,但中国外贸依存度长期过高不利于国民经济的健康发展,以自然资源和环境为代价换来的外汇盈余,实际上是国家机体的大出血。

---

① 曾才生.我国外贸依存度的变化趋势分析及其国际比较[J].北方经济,2008(3):44-45.

改革开放以来,中国由于丰富的劳动力资源和较为宽松的投资环境,迅速成为发展中国家的FDI首选,美国科尔尼管理咨询公司(AT Kearney)在2004年做的FDI信心指数调查显示,中国连续两年蝉联投资者信心排行榜首位,这体现了中国对于外资的吸引能力(图3-1)。表3-11和表3-12的数据也显示,2000—2007年,中国的FDI增长了一倍;横向比较,2007年中国的FDI(835亿美元)超过了印度(230亿美元)、日本(225亿美元)、巴西(346亿美元)三个国家之和。

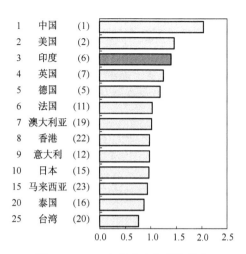

图3-1　2004年外商直接投资信心

在投资—消费比率方面,一般来说,投资是扩大再生产、提高生产能力的重要手段,较高的投资率不仅可以直接带动生产的增长,还会带动居民消费的增长。发展中国家和地区为保持经济的较快增长,都维持较高的投资率。我国投资率在1997年为38.2%,远大于世界平均水平(22.3%),也高于金砖四国中的印度(23.4%)、巴西(21.3%)和俄罗斯(21.3%);纵向比较,2007年中国的投资率为44.4%,有上升趋势,其余大部分国家有小幅上升,但印度上升最为明显,升幅达14.8%。投资率的上升反映了人们对投资的信心,但要防止产能过剩和重复建设造成的浪费。

消费率是一个国家或地区在一定时期内(通常为一年)的最终消费(用于居民个人消费和社会消费的总额)占当年GDP的比率。当经济发展到一定水平后,投资率会逐步趋缓,消费率逐步提升。此时,经济增长也由投资拉动为主转为以消费拉动为主,此后,消费率始终保持在较高水平。相较于美国(86.5%)、日本(75.2%)、印度(64.9%)的消费率,中国2007年47.7%的消费率实在是太低了,说明中国消费对经济的拉动作用较少,扩大内需十分必要。中国的问题,主要是政府消费强劲,居民消费增长缓慢。

3.3.5　结论和讨论

1) 结论

中国作为世界上人口最多、经济增长最快、制造业比较发达的大国,对世界经济的影响越来越大,2001—2008年,中国在20国集团中不仅经济增长率最高,而且经济波动系数最低。2009年则只有中国和印度经济增长率下降幅度最小[①]。在当今金融危机之时,中国经济保持较快增长,不仅能带动世界经济复苏,同样也可为世界经济新格局的形成作出贡献。

在过去的十几年间,中国的经济保持两位数的增长速度,在中国这样人口众多的国家无疑是个奇迹。在受金融危机影响的2008年,我国GDP仍保持8.7%的增长速度,体

---

① 胡鞍钢.中国对世界经济复苏的四大贡献[EB/OL].[2009-12-18]. http://news.xinhuanet.com.

现了中国经济良好的发展态势。2010—2015年中国的经济增长率可保持在8%—9%,仍然是世界经济增长的火车头,也会成为世界贸易增长的第一火车头①。

中国GDP总量在2008年超过德国,2010年超过日本,成为世界第二大经济体;钢铁、水泥等产量已连续十多年位居世界第一;进出口贸易总额逐年攀升,制造业发达。这一切都说明中国已经是经济大国,在当今世界经济格局中占据着重要的地位。但由于中国人口众多,人均收入水平还不高。2007年中国GDP总量为世界第四位,但人均GDP仅为2 360美元,低于中等收入国家(2 872美元)水平。作为经济大国,中国要成为经济强国还有很长的路要走。

虽然中国的人均经济水平较低,但已经开始向世界中等收入国家迈进。人均收入与中等收入国家平均状况已很接近,人文发展指数(0.777)甚至超过中等收入国家的平均水平(0.776)。2007年中国的城市化率为42.2%,低于世界平均水平49.5%,这与中国的经济结构与水平不符。因此,加快城市化进程,提高城市化质量,仍然是近期的重要战略。

当前中国经济发展所存在的问题和将要面临的挑战是:

(1) 内部差距较大。如东部与中西部的城市化水平、人均GDP、FDI分布的差异,城乡收入差异,居民文化差异等,内部的差距能提供激励效应,为落后地区提供赶超的模板,但更多情况下是造成地方保护主义和一些不必要的内耗。如何处理好公平和效率间的关系,使得社会和谐,经济持续健康发展,是中国未来要解决的问题之一。

(2) 经济运行效益不高。中国万美元GDP能耗不仅远大于发达国家,而且也高于中等收入国家水平;二氧化碳排放量居高不下,与经济发展水平不相适应。中国的经济发展仍是以粗放型经济为主,高排放工业占中国能源总消费的1/3,占中国年度温室气体总排放量的44%②。在低碳经济条件下,以及将来的碳交易中,这些都会使中国陷入窘境。

(3) 消费—积累比率太低,不利于经济的长期持续发展。2008年,中国在医疗、教育和社会安全上的支出只占GDP的6%,而经济合作与发展组织(Organization for Economic Co-operation and Development,简称OECD)成员国的上述支出占比平均大约在25%。较低的消费—积累比率和较高的外贸依存率,拉动经济增长的"三驾马车"(投资、贸易和消费)中的贸易和消费比例的畸形使得扩大经济内需成为中国的当务之急。

2) 讨论

本节的分析和推论是以统计数据为基础的,由于数据统计口径和计算方法不完全可比,又受数据本身的真实性、准确性、时效性影响,本节的结论只能是初步的。另外,宏观社会特征内涵深厚、外延宽广,本节仅是对其中的几个方面进行了分析和评价,不足以涵盖宏观社会特征的所有方面。

---

① 胡鞍钢. 中国对世界经济复苏的四大贡献[EB/OL]. [2009-12-18]. http://news.xinhuanet.com.
② 麦肯锡. 中国的绿色革命. [EB/OL]. [2009-12-18]. http://bbs.vsharing.com.

3.4 城乡协调发展评价

城乡是一个相互依存的地域系统,城乡协调发展的实质是该系统整体利益最大化与内部公平的统一。从协调发展内涵入手,设计基于效率—公平统一性的协调度评价模型,考察2000—2010年各地区城乡协调发展的状态及其变化,预测今后走势,并提出改进城乡协调发展的政策建议[①]。

3.4.1 城乡协调发展的内涵与目标

1) 关于协调的讨论

关于协调,前人进行了很多有益的探索。有的从复合系统的有序性来定义,建立协调度模型,虽然严谨、科学,但用于城乡之间的协调发展评价上显得操作性不够强。也有的从可持续发展的角度来定义协调,可持续发展确实与协调有关,但二者不完全是一回事。涉及城乡协调、区域协调的问题,他们更多的是从"差异"入手,认为有差异就是不协调,差异扩大更是不协调。

均衡不等于平衡,平衡不等于协调;协调不等于不平衡,也不等于平衡。要跳出一般的"平衡与不平衡"的怪圈看协调。城乡协调发展,包括时间上的协调——避免大起大落,确保长期、平稳、可持续发展,同时尽可能快、尽可能好的发展,由此入手考察协调问题就是动态协调评价;空间上的协调——在防止城乡之间的差异不会因过大而导致不公平,甚至影响到区域整体稳定的前提下,追求整体利益、综合利益、长期利益的最大化,由此入手考察协调问题就是静态协调评价。本节主要考虑空间上的协调。

空间协调,即静态协调问题,就是要在效率与公平之间找到最佳平衡点。没有效率就没有协调;当然,只讲效率将难以持续发展,因而也谈不上协调。

2) 城乡协调发展内涵

城乡协调发展是指在宏观指导下,实行城乡结合、工农并重,使工业和农业这两大国民经济的主要部门保持均衡增长态势;在微观经济活动中,农村和城市、工业和农业相互连接,相互促进。这里指的仅是经济的协调发展。而按照目前的城乡统筹这一战略思想,城乡协调发展包括城乡居民在自然、经济、社会以及生产、生活等多方面的协调发展。

城乡协调发展是当今建设和谐社会的重要组成部分,是缩小城乡差距,改变城乡二元结构,从根本上解决"三农问题"的根本途径,是我国实现现代化的必由之路。城乡区域系统是由城市子系统和农村子系统组成的,通过人流、物质流、资金流、信息流等实现相互交流。从地域空间上来看是由城市市区和广大农村所组成的复合系统;从其人口的身份性质来看则是分别以市民和农民为社会经济活动的主体;从其产业构成来看则是分别以第二、第三产业和第一产业为主。

总之,城乡协调发展的过程从根本上说就是不断缩小直至完全消灭城乡对立的过

---

① 吴殿廷,王丽华,戎鑫,等.我国各地区城乡协调发展的初步评价及预测[J].中国软科学,2007(10):111-117.

程,关键在农村,根本的障碍是城乡阻隔和城市化滞后,其实质是区域内城乡要素优化组合、城乡协调度日益提高的一个地域社会经济过程,目的是解决"三农"问题,促进二元经济结构的转变。

3) 从公平与效率角度看城乡协调发展

(1) 效率与公平关系的变化

效率和公平是一对矛盾体,在社会经济发展的不同阶段,二者的角色是不一样的。在经济起飞的过程中,效率是第一位的,不能为了公平而放弃发展,导致共同贫穷。事实上,共同贫穷是最不公平的。为了效率,必须集中有限的资源进行重点建设。因为工业比农业效率高,城市比农村效率高,因此,农业要支援工业,农村需支援城市。这种情形持续了一段时间以后,一方面,城乡之间的差距太大,导致了社会矛盾的激化,影响了社会、经济的可持续发展,效率的进一步提高也受到影响;另一方面,社会也有了一定的储备,有能力支援农村,反哺农业。当然,这种能力是有限的,因此,应平等地看待效率和公平。当社会经济发展到高级阶段,社会财富得到极大丰富,大部分人的基本消费需求都得到满足,正朝着追求生活质量的目标努力。此时,效率的提高已不是社会的主要目标,而公平、对弱势群体的关怀以及全社会的共同富裕便成了社会的主要目标。这就是说,在效率和公平的对比关系上,似乎存在着这样的三阶段目标演替规律:以效率为中心阶段→效率与公平兼顾阶段→以公平为中心阶段(简记为:效率>公平→效率=公平→效率<公平)。

(2) 我国城乡关系中的效率与公平

从过去的城乡不平等到提出城乡协调发展,从城乡二元制管理体制到城乡统筹管理,从农业农村支持工业和城市发展到工业反哺农业、城市支援农村,这样一个过程其实是符合效率—公平目标变化规律的。曾经长期地追求经济效益,忽视了公平,在经济迅速发展的同时造成了城乡差距;现在到了工业反哺农业、城市支援农村的阶段。但从全国整体情况来说,还没有到达"效率<公平"的阶段。因此,进行城乡统筹,也不是从倾向城市转而完全倾向农村,只强调公平而不讲求效率,从而造成投入的浪费,贻误发展契机。

要做到公平与效率兼顾,就要对"公平"有准确的理解。公平不是"结果"的公平,而是"机会"的公平。要给农村居民和城市居民共同的发展"机会",创造公平的市场竞争环境。不要人为地划分农民和市民以及相关的福利待遇及社会地位等,不论是财政货币政策、社会福利政策,还是教育、就业等政策,都完全地对城乡居民一视同仁,这就是公平。如果因历史原因造成的不公平,现在应从政策上给予调整,使他们拥有共同的机会。

从社会经济发展看,要达到城乡协调发展,一定要有良好的社会经济发展基础,因为要实现的城乡协调发展是一种高水平的协调而不是低水平上的均衡发展(共同贫穷)。在市场机制下,只有讲求效率才能促进社会经济发展的良性循环。对一个国家或地区而言,经济发展是基础,只有经济发展了,社会和环境才能得到有效的维护。要发展经济就要讲求效率,发展集约经济,进行产业结构调整;发展高新技术、加速城市化进程、实现工业化和现代化,都是要实现整个社会经济的发展。

只有做到政府投入的有效才能达到协调城乡发展的目的。政府在市场经济中行为的主要目的有:一是使社会每一个成员的需要尽可能地得到满足;二是使社会的公平和效率之间,尽可能地达到平衡和完美的程度。在市场经济为主导的今天,政府宏观调控可能更多的是弥补市场经济的不足。从这一角度出发,政府在政策和财政投入上应该更加注重的是公平。当然,反哺农业、加大对农村的投入,并不是不讲求效率盲目地进行投入,而更要以现实为基础,在充分考虑人的需求的基础上进行有效的投入。

(3) 从现实性与可行性的角度看城乡协调发展

协调是一个动态的过程,不同的经济、社会发展阶段,对应着不同的协调目标。就中国目前的情况看,要实现城乡的协调发展有两条途径:一是自下而上的乡村城镇化;二是自上而下、有目的地进行统筹城乡发展。前者是历史发展的趋势,后者是认清历史发展的趋势而采取的有效发展策略。作为政府,就是要转变政府职能和角色,工作中心从重城轻乡或只管城不管乡向城乡兼顾转移,把农村经济社会发展有关问题纳入各级政府主管范围之内,统一管理,为城市和乡村的发展做好服务,从管理体制和规划上对城乡进行统筹考虑。政府在统筹城乡发展方面重点要做好以下五个方面。

① 城乡居民统筹管理。打破城乡户籍和就业制度障碍,对城乡居民一视同仁,为创造公平的市场竞争环境、促进城乡交流打下良好的基础。

② 城乡经济统筹发展。通过发展集约经济、进行产业结构调整、加大科技投入和加快科技成果转化、实现工业园区化和农业现代化等措施,增强地区的经济实力,促进社会经济的良性循环;国家在信贷、财政和税收政策上对农业农村予以扶持,加大政府对农业农村的有效投入,促进农村工业化和农业现代化进程,一方面推进农业规模化经营,提高劳动生产率,增加农民收入,另一方面搞好城乡工业分工与协作,通过积极发展乡镇企业和其他非农产业,振兴农村、富裕农民。

③ 城乡社会事业统筹建设。加大对农村的文化教育和医疗卫生等公共服务设施的有效投入,健全城乡社会福利事业,从而真正改善农村居民生活,促进农民生活水平的提高。

④ 城乡空间布局统筹规划。政府要为城市和乡村的发展服务好,加强城乡发展空间的统一规划,合理布局,有效地布局城市人口,构筑规模合理的多中心城市,完善城乡基础设施配套建设,实现以城市化为内涵的城乡一体化和区域协调发展。

⑤ 城乡环境统筹治理。严格控制污染源,改善城市环境的同时不污染乡村环境。城乡输入、输出关系合理,物质、能量循环途径完善,信息传递渠道通畅,保护物种的多样性,建设城乡一体和谐的生态环境。

(4) 城乡协调发展的目标

城乡协调发展的最终目标是实现城乡一体化,它是生产力发展到一定水平时,城市和乡村成为一个相互依存、相互促进的统一体,充分发挥城市和乡村各自的优势和作用,城乡的劳动力、技术、资金、资源等可以进行自由交流和组合,实现城乡共同繁荣、共同富裕。具体可分为以下几个方面。

① 城乡人口一体化。人们有选择不同生活方式的自由,实现户口性质、管理与公民待遇城乡一体化,实现城乡人口的自由流动。

② 城乡经济一体化包括产业、信贷、财政、税收等方面。产业上,实现农业的现代化

和产业化,城乡产业互动发展,形成城乡产业链和城乡之间完善的市场体系。城乡企业在信贷、财政和税收政策上完全平等,完全免除农业税。最终实现城乡经济共同繁荣、协调发展。

③ 城乡社会一体化。城乡社会事业协调发展,城乡居民在教育、文化生活、医疗卫生和社会福利等方面享受同样的待遇,最大限度地缩小城乡差别,城乡共享高度的物质文明与精神文明。

④ 城乡空间一体化。城乡统一规划,形成完善的城镇体系和合理的空间结构,大中小城市和小城镇协调发展,各产业功能区与居住区合理布局,实现产业园区化和居住社区化,城乡间和各产业园区之间有完善的交通体系和通信网络,城乡联系有序,产业联系密切,实现城乡空间上的协调和融合。

⑤ 城乡生态环境一体化。城乡经济的发展不以牺牲环境为代价,城乡生态环境得到有效保护,污染源得到有效控制,垃圾、污水得到有效治理,实现城乡生态环境可持续发展。

3.4.2 基于效率与公平统一的评价模型

1) 简单评价模型

设所考察的对象是由两个部分组成,用一个指标反映它们的效率特征,如人均收入。但各组成部分的含义或理想值可能有差别,如城镇人均可支配收入和农村人均纯收入,都是描述收入的,但二者的统计方法和实际价值却不是简单的 1∶1 关系。因此,在测算公平时,不能要求二者完全相同,而应是城镇人均可支配收入略高于农民人均纯收入。

从效率和公平两个方面构筑评价度模型,可以有多种形式,但无论如何,该模型一定要包含两个部分,即一部分描述效率,此部分应与协调度成正相关;一部分描述公平,此部分要考虑差异问题,差异值应与协调度成负相关。基于这些考虑,设计了如下的两个组分、一个效率指标的效率—公平协调度模型(多效率指标可以用层次分析法、因子综合法等将其先合成为一个效率指标):

$$K = \sqrt{k_1 k_2} \quad (37)$$

其中:K 是协调度,K 越大,系统的协调性越好;k_1 是效率(有效度);k_2 是公平(公平度)。

$$k_1 = \frac{\left(\dfrac{x}{x_0} + \dfrac{y}{y_0}\right)}{2} \quad (0 \leqslant k_1 \leqslant 1) \quad (38)$$

其中:x 和 y 分别是两个组分的效率指标;x_0 和 y_0 分别是对应的理想值(或充分大)。两个组分的理想值不一定相同,对于城和乡人均收入来说,二者的理想极大值不应是相同的,因为同样的收入,所能保证的生活水准(质量)是不同的——乡村物价低一些,在用水、卫生、住房等方面,尤为明显。本节认为,二者的比例关系以 1.2∶1 较为合适。

有效度公式的含义是:第一个对象(如乡村)的效率(接近理想最大值的程度,下同)与第二个对象(如城市)的效率之算术平均值。不论哪个效率提高,都对总效率有贡献。这里把二者的贡献视作相等。如果两个对象的体量(如城乡人口比例)不一样大,应该以它们的加权平均值为准。效率度介于0—1。

$$k_2 = \frac{e^{-\left|\frac{x}{x_0}-\frac{y}{y_0}\right|} - e^{-1}}{1-e^{-1}} \quad (0 \leqslant k_2 \leqslant 1) \tag{39}$$

公平度公式的含义是：公平性与两个对象的效率之差成负相关。在总效率(k_1)保持不变的情况下，提高协调度的关键是加快弱势地区(群体)的发展(即提高其效率)。

这样，协调度公式就可以写成

$$K = \sqrt{\frac{\left(\frac{x}{x_0}+\frac{y}{y_0}\right)(e^{-\left|\frac{x}{x_0}-\frac{y}{y_0}\right|} - e^{-1})}{2(1-e^{-1})}} \quad (0 \leqslant K \leqslant 1) \tag{40}$$

此模型揭示的规律是：协调取决于效率和公平两个方面(二者缺一不可)。首先是效率问题，没有效率就没有协调；其次一个组分的效率保持不变，另一个组分效率在提高，虽然二者的差别扩大了，但并不一定是不协调——要看k_1和k_2乘积的变化。

2) 加权评价模型

有效度计算，在式(38)中将两个组分的效率，分别乘以一个权重系数。对于城乡协调发展评价，则分别乘以城镇居民比例和农村居民比例。公平度计算不变(表3-13)。

表3-13 1978—2011年城乡协调度及其变化

年份	一般计算结果			加权计算结果		
	有效度	公平度	协调度	有效度	公平度	协调度
1978	0.047 9	0.929 1	0.211 0	0.018 4	0.929 1	0.017 1
1980	0.062 3	0.915 0	0.238 8	0.024 5	0.915 0	0.022 4
1985	0.060 4	0.928 1	0.236 8	0.026 8	0.928 1	0.024 9
1990	0.109 0	0.904 0	0.313 9	0.046 9	0.904 0	0.042 4
1991	0.114 8	0.891 3	0.319 9	0.048 6	0.891 3	0.043 3
1992	0.124 5	0.876 9	0.330 4	0.052 0	0.876 9	0.045 6
1993	0.133 7	0.857 9	0.338 7	0.055 1	0.857 9	0.047 3
1994	0.143 5	0.842 2	0.347 5	0.059 1	0.842 2	0.049 8
1995	0.150 7	0.835 4	0.354 8	0.063 1	0.835 4	0.052 7
1996	0.159 0	0.836 3	0.364 7	0.068 5	0.836 3	0.057 3
1997	0.165 1	0.832 8	0.370 8	0.072 2	0.832 8	0.060 1
1998	0.173 8	0.821 4	0.377 8	0.076 7	0.821 4	0.063 0
1999	0.186 8	0.797 2	0.385 9	0.082 7	0.797 2	0.065 9
2000	0.196 2	0.778 2	0.390 7	0.087 0	0.778 2	0.068 0
2001	0.210 3	0.753 9	0.398 2	0.094 4	0.753 9	0.071 2
2002	0.233 1	0.709 9	0.406 8	0.105 3	0.709 9	0.074 7
2003	0.251 0	0.687 8	0.415 5	0.114 6	0.687 8	0.078 8
2004	0.269 7	0.655 3	0.420 4	0.124 7	0.655 3	0.081 7
2005	0.285 7	0.636 1	0.426 3	0.133 7	0.636 1	0.085 0

续表 3-13

年份	一般计算结果			加权计算结果		
	有效度	公平度	协调度	有效度	公平度	协调度
2006	0.304 2	0.610 8	0.431 1	0.144 1	0.610 8	0.088 0
2007	0.339 8	0.567 4	0.439 1	0.163 3	0.567 4	0.092 7
2008	0.373 2	0.533 3	0.446 1	0.181 8	0.533 3	0.096 7
2009	0.389 3	0.514 7	0.447 6	0.191 6	0.514 7	0.098 6
2010	0.420 1	0.494 7	0.455 8	0.209 9	0.494 7	0.103 8
2011	0.465 8	0.463 0	0.464 4	0.235 5	0.463 0	0.109 0

3.4.3 我国各地区城乡协调发展分析与预测

由于加权计算更能反映实际情况,以下将根据加权评价模型,以城镇居民人均可支配收入、农民人均纯收入为效率评价指标,以城乡人口比重为权重,对 2005 年、2010 年各地区的城乡协调发展状况进行测算,从而对"十一五"期间各地区城乡协调发展进行对比和评价。同时,测算 2011 年各地区城乡协调发展数据,一方面对"十二五"开局年城乡协调发展局势进行评价,另一方面,对比由各地区"十二五"规划目标测算出的预期值,对各地区"十二五"城乡协调发展的实现情况进行预测并提出建议。为确保数据测算标准的统一,在各年份的计算中,农民人均纯收入理想值以 40 000 元计;城镇居民人均可支配收入理想值取 48 000 元;隐含城乡收入比 1.2∶1 为合理比例。

1)各地区"十一五"城乡协调发展状况分析

以 2005 年为基准年,利用加权评价模型对各地区 2005 年与 2010 年的效率、公平以及总体协调程度进行测算,并对结果进行排序,结果见表 3-14。

表 3-14 各地区"十一五"城乡协调发展状况

序号	2005 年						2010 年					
	排序	效率	排序	公平	排序	协调	排序	效率	排序	公平	排序	协调
1	上海	0.245 7	黑龙江	0.817 7	上海	0.402 3	上海	0.375 0	黑龙江	0.745 4	上海	0.185 4
2	北京	0.225 1	海南	0.813 4	北京	0.384 1	北京	0.346 5	新疆	0.699 0	北京	0.183 2
3	浙江	0.175 6	辽宁	0.807 2	浙江	0.344 1	浙江	0.287 7	吉林	0.695 8	天津	0.155 4
4	广东	0.155 2	吉林	0.803 5	天津	0.343 0	天津	0.266 1	江西	0.687 2	浙江	0.153 3
5	天津	0.155 0	江西	0.800 0	广东	0.316 5	广东	0.237 3	海南	0.682 7	江苏	0.132 0
6	江苏	0.129 6	河北	0.797 6	江苏	0.313 4	江苏	0.225 5	湖北	0.673 4	广东	0.121 4
7	福建	0.120 0	新疆	0.794 4	福建	0.294 2	福建	0.203 0	甘肃	0.672 4	福建	0.114 8
8	山东	0.103 2	四川	0.794 0	辽宁	0.283 6	山东	0.189 1	四川	0.667 8	辽宁	0.114 3
9	辽宁	0.099 7	湖北	0.792 3	山东	0.279 3	辽宁	0.172 3	河北	0.666 0	山东	0.113 6
10	全国	0.093 6	宁夏	0.791 7	吉林	0.267 8	全国	0.162 1	河南	0.663 7	黑龙江	0.101 1
11	重庆	0.090 0	河南	0.786 3	黑龙江	0.265 5	内蒙古	0.158 8	辽宁	0.663 4	海南	0.101 1

续表 3-14

序号	2005年						2010年					
	排序	效率	排序	公平	排序	协调	排序	效率	排序	公平	排序	协调
12	吉林	0.089 2	安徽	0.783 4	全国	0.262 3	重庆	0.151 0	青海	0.661 2	吉林	0.100 7
13	内蒙古	0.086 2	山西	0.777 9	河北	0.258 6	海南	0.148 1	安徽	0.661 0	内蒙古	0.098 3
14	黑龙江	0.086 2	青海	0.776 8	内蒙古	0.258 3	吉林	0.144 7	山西	0.653 4	湖北	0.095 2
15	河北	0.083 8	内蒙古	0.774 0	重庆	0.255 4	湖北	0.141 4	宁夏	0.644 4	全国	0.094 7
16	湖北	0.082 1	甘肃	0.767 9	湖北	0.255 0	湖南	0.137 1	湖南	0.643 5	江西	0.091 5
17	湖南	0.081 7	湖南	0.765 2	海南	0.252 6	黑龙江	0.135 6	贵州	0.641 3	重庆	0.091 2
18	山西	0.080 0	陕西	0.764 3	湖南	0.250 0	江西	0.133 1	西藏	0.639 6	湖南	0.088 2
19	海南	0.078 4	贵州	0.760 9	山西	0.249 5	宁夏	0.128 5	内蒙古	0.618 9	安徽	0.084 1
20	江西	0.077 1	天津	0.759 3	江西	0.248 4	安徽	0.127 2	陕西	0.616 2	河南	0.083 1
21	宁夏	0.071 7	江苏	0.757 6	宁夏	0.238 2	广西	0.125 8	重庆	0.603 9	宁夏	0.082 8
22	广西	0.071 0	山东	0.756 1	四川	0.235 3	河南	0.125 2	云南	0.603 7	新疆	0.082 7
23	安徽	0.070 2	广西	0.746 3	河南	0.234 7	陕西	0.120 8	山东	0.600 8	河北	0.075 0
24	河南	0.070 1	全国	0.735 5	安徽	0.234 4	新疆	0.118 3	广西	0.594 1	广西	0.074 7
25	四川	0.069 7	云南	0.727 1	新疆	0.231 1	河北	0.112 6	江苏	0.585 2	陕西	0.074 4
26	新疆	0.067 2	重庆	0.725 1	广西	0.230 1	山西	0.111 6	天津	0.584 2	山西	0.072 9
27	青海	0.065 7	西藏	0.722 7	青海	0.225 9	青海	0.109 7	全国	0.583 8	青海	0.072 5
28	陕西	0.064 2	福建	0.721 1	陕西	0.221 6	云南	0.106 3	福建	0.565 5	四川	0.070 3
29	云南	0.062 0	浙江	0.674 2	云南	0.212 2	四川	0.105 2	浙江	0.532 8	云南	0.064 1
30	西藏	0.060 3	上海	0.658 7	甘肃	0.208 9	贵州	0.093 6	北京	0.528 6	甘肃	0.061 6
31	甘肃	0.056 8	北京	0.655 6	西藏	0.208 8	甘肃	0.091 6	广东	0.511 8	贵州	0.060 0
32	贵州	0.053 3	广东	0.645 2	贵州	0.201 4	西藏	0.089 9	上海	0.494 5	西藏	0.057 5

从以上数据可以看出,各地区的效率水平与经济发展水平正相关,高效率地区仍然是经济发达地区,且各地区效率差距越来越大,呈现强者愈强的趋势。从2005年以及2010年的效率数据可以看出,发展效率高于全国平均水平的省份集中于经济发达地区,包括长三角、珠三角和环渤海等地区,发展效率低的省份则集中于西部经济相对落后的省区。

高公平多集中于东北和中部等经济中速发展地区,且2005年与2010年的高公平地区存在一定的偏离,云南、新疆等地区在"十一五"期间,公平水平上呈现出大幅度的跃升,西部大开发对提高落后地区人民的整体经济水平初见成效。从全国整体来看,2005年以及2010年全国公平水平位次较低且出现滑落,表明从国家层面我国的公平度较低且城乡差距仍在扩大。

从各地区总体协调水平来看,高协调地区仍然集中在长三角、京津、东北以及粤闽等经济相对发达地区,而西部地区则普遍为低协调地区,尤其是云南、甘肃、西藏、贵州四省(自治区),城乡协调程度更低。从全国协调程度的位次来看,2005年以及2010年全国协调程度位次下滑,表明国家整体的协调水平的提升速率低于很多地区协调水平提升速率。

2) 各地区"十一五"城乡协调状况变化对比

对比 2010 年与 2005 年的城乡协调变化状况可以看出,各地区在"十一五"期间,效率水平均得到了较大的提高,平均提升比率达 6.65%。效率提高方面,除经济发达地区如江苏、天津等之外,提升最大的为中部的安徽,达到 21.75%;其次为西部的广西,达到 16.63%;东北的吉林和辽宁位列第 8 和第 13,联系到天津滨海新区快速发展的事实,环渤海地区成为全国第三经济增长极确有可能。全国效率水平提升达到 6.65%,表明"十一五"期间,我国整体发展效率较高。

从公平度的变化看,除上海外,各地区以及全国的公平度均出现了不同程度的下降,这表明除上海外,各地城市发展均快于农村,从而导致城市居民收入快速增长,而农村居民未能充分分享经济发展的成果。经济发达地区公平度下降幅度较大,江苏、安徽、广西、江西、天津、海南、河北公平度的下降率均在 20% 以上,而公平度下降较小的地区则集中在经济发展相对落后的地区,重庆、云南、贵州三地公平度的下降率不足 10%。

由于效率和公平两方面的作用,各地区的协调水平均在下降,平均提升比率达到 −17.15%。总体看来,经济不发达地区在"十一五"期间协调度的下降较慢,安徽的协调度下降不足 10%,而协调度下降较大的地区包括北京、黑龙江、辽宁、长三角、珠三角、闽浙等地区。由此可见,西部大开发和中部崛起战略不仅一定程度上促进了有关地区经济的发展,也使当地农民得到了一定的实惠(表 3-15)。

表 3-15 各地区"十一五"城乡协调变化状况

序号	排序	效率提升比率(%)	排序	公平提升比率(%)	排序	协调提升比率(%)
1	江苏	24.54	上海	8.67	安徽	−8.11
2	安徽	21.75	广东	−0.17	河北	−10.32
3	天津	19.15	全国	−3.65	广西	−10.87
4	河北	18.23	重庆	−4.24	河南	−12.11
5	广西	16.63	福建	−6.01	江苏	−12.80
6	江西	12.59	山东	−6.89	贵州	−13.11
7	河南	11.90	北京	−7.18	江西	−13.36
8	吉林	8.31	云南	−8.58	甘肃	−13.45
9	四川	8.13	浙江	−8.90	四川	−14.41
10	甘肃	6.40	湖南	−9.18	西藏	−14.46
11	新疆	6.13	贵州	−9.31	新疆	−14.83
12	湖南	5.97	青海	−10.44	云南	−15.22
13	辽宁	5.91	山西	−11.19	吉林	−15.35
14	黑龙江	5.85	西藏	−11.90	重庆	−15.43
15	重庆	5.81	内蒙古	−12.06	湖南	−15.48
16	贵州	5.19	黑龙江	−12.19	天津	−15.98
17	浙江	4.99	陕西	−12.47	陕西	−16.41

续表 3-15

序号	排序	效率提升比率(%)	排序	公平提升比率(%)	排序	协调提升比率(%)
18	海南	4.74	湖北	−12.86	青海	−16.43
19	西藏	4.60	宁夏	−13.05	黑龙江	−16.48
20	湖北	4.31	吉林	−14.01	宁夏	−16.57
21	宁夏	3.80	新疆	−15.00	湖北	−17.19
22	山西	3.26	甘肃	−15.17	山西	−17.45
23	云南	3.16	河南	−18.55	海南	−17.79
24	山东	2.99	辽宁	−18.83	全国	−17.96
25	青海	2.59	四川	−19.01	辽宁	−18.53
26	陕西	2.57	河北	−21.34	内蒙古	−18.54
27	内蒙古	2.54	海南	−21.93	山东	−18.78
28	全国	2.47	天津	−23.07	福建	−21.01
29	福建	0.72	广西	−23.45	浙江	−21.21
30	广东	−1.81	江西	−23.45	广东	−22.83
31	北京	−6.30	安徽	−25.06	北京	−28.94
32	上海	−11.01	江苏	−26.31	上海	−30.12

3) 我国各地区"十二五"开局年城乡协调情况

我国国民经济与社会发展第十二个五年规划纲要中要求努力实现居民收入增长和经济发展同步、劳动报酬增长和劳动生产率提高同步，低收入者收入明显增加，中等收入群体持续扩大，贫困人口显著减少，人民生活质量和水平不断提高。为此，将对我国"十二五"规划开局年——2011 年的城乡协调发展情况进行测算和分析(表 3-16)。

表 3-16　2011 年各地区城乡协调发展状况及变化

地区	2011 年			2011 年比 2010 年提高率(%)		
	效率	公平	协调	效率	公平	协调
全国	0.2120	0.5072	0.3279	3.57	−4.42	23.07
北京	0.4279	0.4546	0.4410	5.15	−6.11	24.69
天津	0.3092	0.5473	0.4114	0.91	0.21	24.78
河北	0.1804	0.6247	0.3357	2.67	−2.15	23.64
山西	0.1421	0.5705	0.2847	−0.05	−4.70	19.67
内蒙古	0.2085	0.5379	0.3349	3.43	−4.36	23.36
辽宁	0.2273	0.5994	0.3691	3.32	−3.63	24.57
吉林	0.1903	0.6575	0.3537	2.76	−2.99	24.19
黑龙江	0.1782	0.7355	0.3620	2.53	−0.67	24.85
上海	0.4780	0.4055	0.4403	5.97	−5.36	24.83
江苏	0.2951	0.5091	0.3876	5.04	−4.24	25.27
浙江	0.2845	0.4527	0.3589	−1.48	−4.37	21.03

续表 3-16

地区	2011年			2011年比2010年提高率(%)		
	效率	公平	协调	效率	公平	协调
安徽	0.1731	0.5794	0.3167	2.98	−5.55	22.57
福建	0.2623	0.4792	0.3545	4.66	−4.53	24.14
江西	0.1734	0.6424	0.3338	2.57	−2.37	23.54
山东	0.2435	0.5272	0.3583	4.94	−3.84	24.85
河南	0.1679	0.6074	0.3194	2.71	−3.24	22.93
湖北	0.1876	0.6131	0.3392	3.25	−3.49	23.87
湖南	0.1781	0.5847	0.3227	2.55	−3.76	22.77
广东	0.3008	0.4422	0.3647	4.22	−3.54	24.12
广西	0.1233	0.5336	0.2565	−1.56	−3.02	17.82
海南	0.1820	0.5954	0.3292	3.10	−4.61	23.23
重庆	0.2033	0.5368	0.3304	3.51	−4.02	23.33
四川	0.2088	0.5983	0.3534	7.37	−3.96	26.72
贵州	0.1250	0.5668	0.2662	2.57	−5.03	20.49
云南	0.1132	0.5233	0.2433	−0.61	−4.98	17.49
西藏	0.1143	0.6060	0.2631	1.22	−0.98	20.02
陕西	0.1640	0.5449	0.2990	3.05	−4.61	22.01
甘肃	0.1183	0.6065	0.2678	2.01	−4.09	20.42
青海	0.1415	0.6139	0.2947	2.35	−2.87	21.89
宁夏	0.1669	0.5807	0.3113	2.67	−4.45	22.36
新疆	0.1450	0.6506	0.3072	2.29	−3.16	22.39

从表 3-16 可以看出，"十二五"开局年各地经济运行良好，除山西、浙江、广西、云南外，其他各地区效率水平较 2010 年均呈现出不同程度的提高。对比表 3-14，2011 年各地区效率水平与 2010 年相比位次变化甚微，效率高于全国平均水平的地区依然集中在经济相对发达的地区，浙江超过天津位列第三。宁夏、广西、云南等地的位次小幅下降，四川位次上升。从效率水平的提升比率来看，陕西、四川、江西、宁夏等地区在"十二五"开局之年发展迅猛，国家西部大开发政策继续发挥作用，中部崛起的效果也略有体现。与 2010 年相比，各地效率水平差异仍然在扩大，强者愈强的趋势依然存在。

"十二五"开局之年各地区公平度除天津之外，均延续"十一五"期间的下降趋势，下降幅度较小的地区依然集中在中西部发展相对落后的地区，而下降幅度较大的地区仍多为经济发达地区以及贵州、山西、新疆等快速发展的地区，天津是唯一一个公平度略有上升的地区。

总体协调水平方面，对比 2010 年各地区协调水平位次，开局之年我国协调水平格局变动不大，"十一五"期末经济发展水平与协调水平基本对应的格局依然明显，长三角、珠三角、环渤海地区协调水平位列前茅，在一定程度上印证了环渤海经济圈正逐步走向实践，成为我国经济发展第三极；东北三省协调水平位次的快速提升亦彰显了振兴东北发展战略的成果。从协调水平的变化来看,各地区协调水平均呈现大幅提升,其中四川提升幅度最大,达到 26.72%,江苏、山东、黑龙江三省紧随其后,山西、广西、云南三省的提升比率不足 20%,总体趋势依然表现为经济发达地区和快速发展地区的协调水平的提升相对较高。从各地区协调水平的差异程度来看,2011 年比 2010 年仍存在小幅增长。

3.4.4 我国各地区"十二五"期末城乡协调状态的预测

对我国各地区"十二五"期末城乡协调状态的预测,可从两个方面入手,一方面,利用各地区"十二五"发展规划目标,利用加权模型进行测算,由此可得出各地区对"十二五"期间城乡协调发展的预期;另一方面,可根据各地区"十二五"开局年的城乡协调发展状况以及速率对"十二五"期末进行推算。通过二者的对比,还可进一步推断各地区城乡协调发展目标的预期实现情况。

通过对各地区"十二五"规划的信息提出,可测算出各地"十二五"期末城乡协调发展的态势(表 3-17)。

表 3-17 各地区"十二五"规划中城乡协调发展态势的测算[①]

地区	各地"十二五"规划目标			"十二五"期末协调度			比"十一五"期末提升比率(%)		
	城镇人均可支配收入(元)	农村人均纯收入(元)	城镇化率(%)	效率	公平	协调	效率	公平	协调
北京	37 434	16 336	90.96	0.299 1	0.609 4	0.427 0	−4.74	8.08	24.38
天津	29 963	12 163	84.55	0.230 7	0.655 0	0.388 7	−3.54	7.08	23.33
河北	20 606	7 210	27.57	0.101 7	0.722 0	0.271 0	−1.09	5.60	19.60
山西	30 000	9 000	55.00	0.179 7	0.575 4	0.321 6	6.81	−7.80	24.87
内蒙古	25 359	7 900	60.00	0.159 7	0.640 2	0.319 8	0.09	2.13	22.15
辽宁	24 430	8 937	70.00	0.170 4	0.686 3	0.342 0	−0.19	2.29	22.77
吉林	22 410	8 425	60.00	0.147 2	0.715 9	0.324 6	0.25	2.01	22.39
黑龙江	20 106	8 331	60.66	0.135 8	0.764 0	0.322 1	0.02	1.86	22.10
上海	40 373	17 476	91.72	0.323 7	0.579 7	0.433 2	−5.13	8.52	24.78
江苏	30 828	12 005	65.58	0.211 5	0.633 3	0.366 0	−1.40	4.81	23.40
浙江	41 100	17 400	63.00	0.282 8	0.563 9	0.399 4	−0.49	3.11	24.61
安徽	31 576	10 570	50.00	0.186 6	0.582 9	0.329 8	5.94	−7.81	24.57
福建	36 000	12 500	57.00	0.227 0	0.544 5	0.351 6	2.40	−2.10	23.68
江西	26 000	10 000	52.80	0.163 6	0.681 3	0.333 8	3.05	−0.59	24.23
山东	26 717	9 178	55.00	0.165 5	0.645 1	0.326 7	−2.36	4.43	21.31
河南	24 460	8 460	48.00	0.143 7	0.673 2	0.311 0	1.85	0.95	22.79

---

① "十二五"规划预测值测算过程中,城镇居民可支配收入和农村居民人均纯收入是按各地区"十二五"规划推算得出;没有预测 2015 年城市化率的地区是按"十二五"期间,我国城市化率每年增加 1% 来推算的。

续表 3-17

地区	各地"十二五"规划目标			"十二五"期末协调度			比"十一五"期末提升比率(%)		
	城镇人均可支配收入(元)	农村人均纯收入(元)	城镇化率(%)	效率	公平	协调	效率	公平	协调
湖北	21 551	7 553	52.00	0.131 2	0.710 9	0.305 3	−1.02	3.75	21.01
湖南	22 626	7 364	50.00	0.132 6	0.682 9	0.301 0	−0.45	3.94	21.28
广东	35 100	11 600	68.00	0.237 6	0.540 3	0.358 3	0.03	2.85	23.69
广西	23 177	5 971	45.11	0.121 3	0.635 5	0.277 6	−0.45	4.14	20.29
海南	28 700	9 720	56.00	0.178 5	0.618 6	0.332 3	3.04	−6.41	23.12
重庆	31 000	12 000	60.00	0.205 0	0.629 7	0.359 3	5.40	2.58	26.81
四川	27 300	9 000	48.00	0.158 0	0.628 7	0.315 1	5.28	−3.91	24.48
贵州	19 294	4 508	38.81	0.091 1	0.677 9	0.248 6	−0.25	3.66	18.86
云南	21 636	5 054	39.81	0.103 5	0.643 5	0.258 0	−0.28	3.98	19.38
西藏	22 348	5 827	30.00	0.098 4	0.648 8	0.252 6	0.85	0.92	19.51
陕西	30 000	8 000	57.00	0.178 3	0.551 6	0.313 6	5.75	−6.46	23.92
甘肃	23 100	5 830	40.00	0.113 4	0.633 5	0.268 1	2.18	−3.89	20.65
青海	19 038	5 354	49.72	0.106 9	0.705 8	0.274 7	−0.28	4.46	20.22
宁夏	15 147	4 372	55.00	0.089 9	0.764 3	0.262 1	−3.86	11.99	17.93
新疆	23 000	7 900	55.00	0.142 4	0.689 2	0.313 3	2.41	−0.98	23.06

与"十一五"期间各地区城乡协调发展提升速率(表3-15)相比,可以看出各地区对效率水平提升比率的设定差异明显,各地区对效率提升比率的设定均放缓。预期提升比率超过5%的地区为山西、安徽、陕西、重庆、四川五个省(市),其中,山西在"十二五"期间预计提升比率达6.81%。而另一方面,广西、浙江、湖北、河北、江苏、山东、天津、宁夏、北京、上海等地区,在"十二五"期间效率提升速率较"十一五"期间不升反降。

从公平度来看,宁夏、上海、北京三个地区希望率先成为公平度提高的地区,其他地区也期望公平度下降的局面较之于"十一五"期间趋缓。对比表3-18,除北京、上海之外,天津、河北、江苏、山东等发达地区公平度降低比率均希望小于"十一五"期间,西部青海、广西、云南、贵州、重庆、内蒙古、西藏,中部的湖南、湖北、河南等省区的公平度降低比率亦希望小于"十一五"期间;而海南、陕西、山西、安徽等地公平度比率则较之于"十一五"期间提高了5%以上,可判断"十二五"期间,该四省区期望快速推进经济尤其是城市经济发展,城乡差距将进一步拉大。

从总体协调水平来看,"十二五"期间,各省区的协调度均希望有所提升,平均提升比率达到22.42%。除宁夏、贵州、云南、西藏、河北五省(自治区)的协调度低于20%之外,其他地区的协调度均大于20%,尤其是重庆由于效率的保持和公平度的提高,在协调水平上提高比率高达26.81%。长三角、珠三角、环渤海经济圈等的地位日趋凸显,山西与安徽两省也将为各省城乡协调发展做出很好的示范效应。得益于西部大开发和中部崛起战略,中西部地区的城乡协调发展也取得较大进展。各经济发达地区协调水平尽管已处于一个相对高的水平,但城乡协调发展依然任重而道远。

以各地区2011年城乡协调发展速率为基础,推算该地区"十二五"期末城乡协调状况,结果见表3-18。可以看出,"十二五"期末,绝大多数地区能够完成效率水平的预期,山西、安徽、江西、陕西、重庆、四川等地区由于效率预期较高,可能有一定难度;从公平度来看,尽管各地区都希望缩小城乡差别,建设和谐社会,但山西、安徽、福建、海南、四川、陕西、甘肃等地区公平度的下降仍将超出预期,必须在今后四年严格控制公平度的下降,切实提高农民收入水平,方能完成"十二五"规划目标;各地区协调度的预期与发展趋势预测差异相对较小,除山西、安徽、江西、河南、重庆、四川、陕西、新疆、甘肃之外,普遍表现为预期高于趋势的态势预测。因此,各地区尤其是中西部等经济欠发达地区,"十二五"期间仍需致力于切实促进城乡协调发展,方能实现规划目标。

表 3-18 各地区"十二五"规划完成情况预测

地区	"十二五"规划预测值(x_0)			同比增长预测值(x)			完成情况预测($x-x_0$)		
	效率	公平	协调	效率	公平	协调	效率	公平	协调
北京	0.2991	0.6094	0.4270	0.3846	0.5167	0.4458	0.0855	−0.0927	0.0188
天津	0.2307	0.6550	0.3887	0.2966	0.5711	0.4116	0.0659	−0.0839	0.0229
河北	0.1017	0.7220	0.2710	0.1308	0.6520	0.2920	0.0291	−0.0700	0.0210
山西	0.1797	0.5754	0.3216	0.1291	0.6369	0.2868	−0.0506	0.0615	−0.0348
内蒙古	0.1597	0.6402	0.3198	0.1804	0.6014	0.3294	0.0207	−0.0388	0.0096
辽宁	0.1704	0.6863	0.3420	0.1940	0.6508	0.3553	0.0236	−0.0355	0.0133
吉林	0.1472	0.7159	0.3246	0.1637	0.6841	0.3347	0.0165	−0.0318	0.0101
黑龙江	0.1358	0.7640	0.3221	0.1527	0.7371	0.3355	0.0169	−0.0269	0.0134
上海	0.3237	0.5797	0.4332	0.4161	0.4816	0.4477	0.0924	−0.0981	0.0145
江苏	0.2115	0.6333	0.3660	0.2538	0.5709	0.3807	0.0423	−0.0624	0.0147
浙江	0.2828	0.5639	0.3994	0.3221	0.5184	0.4086	0.0393	−0.0455	0.0092
安徽	0.1866	0.5829	0.3298	0.1456	0.6456	0.3066	−0.041	0.0627	−0.0232
福建	0.2270	0.5445	0.3516	0.2298	0.5476	0.3547	0.0028	0.0031	0.0031
江西	0.1636	0.6813	0.3338	0.1517	0.6745	0.3198	−0.0119	−0.0068	−0.0140
山东	0.1655	0.6451	0.3267	0.2137	0.5843	0.3533	0.0482	−0.0608	0.0266
河南	0.1437	0.6732	0.3110	0.1437	0.6490	0.3054	0.0000	−0.0242	−0.0056
湖北	0.1312	0.7109	0.3053	0.1607	0.6597	0.3256	0.0295	−0.0512	0.0203
湖南	0.1326	0.6829	0.3011	0.1569	0.6273	0.3138	0.0243	−0.0553	0.0128
广东	0.2376	0.5403	0.3581	0.2677	0.4910	0.3624	0.0301	−0.0493	0.0043
广西	0.1213	0.6355	0.2776	0.1455	0.5734	0.2889	0.0242	−0.0621	0.0113
海南	0.1785	0.6186	0.3328	0.1672	0.6692	0.3348	−0.0113	0.0506	0.0022
重庆	0.2050	0.6297	0.3598	0.1723	0.5847	0.3174	−0.0327	−0.0450	−0.0419
四川	0.1580	0.6287	0.3151	0.1223	0.6527	0.2825	−0.0357	0.0240	−0.0326
贵州	0.0911	0.6779	0.2486	0.1094	0.6218	0.2608	0.0183	−0.0561	0.0122
云南	0.1035	0.6435	0.2586	0.1243	0.5825	0.2696	0.0207	−0.0611	0.0109
西藏	0.0984	0.6489	0.2521	0.1059	0.6211	0.2560	0.0075	−0.0278	0.0039
陕西	0.1783	0.5516	0.3136	0.1392	0.5959	0.2880	−0.0391	0.0443	−0.0256
甘肃	0.1134	0.6335	0.2681	0.1065	0.6548	0.2641	−0.0069	0.0213	−0.0040
青海	0.1069	0.7058	0.2747	0.1263	0.6435	0.2857	0.0193	−0.0622	0.0109
宁夏	0.0899	0.7643	0.2621	0.1471	0.6270	0.3037	0.0572	−0.1373	0.0416
新疆	0.1424	0.6892	0.3133	0.1348	0.6849	0.3038	−0.0076	−0.0043	−0.0095

3.4.5 结论和讨论

(1)"十一五"期间,我国各地区的协调水平均在下降。总体看来,经济不发达地区在"十一五"期间协调度的下降较慢,安徽的协调度下降不足 10%,而协调度下降较大的地区包括北京、黑龙江、辽宁、长三角、珠三角、闽浙等地区。由此可见,西部大开发和中部崛起战略不仅一定程度上促进了有关地区经济的发展,也使当地农民得到了一定的实惠。至"十一五"期末,高协调地区仍然集中在长三角、京津、东北以及粤闽等经济相对发达地区,而西部地区则普遍为低协调地区。

(2)"十一五"期间,高效率地区仍然是经济发达地区,且各地区效率差距越来越大,呈现强者愈强的趋势。高公平多集中于东北和中部等经济中速发展地区,全国公平水平位次较低且出现滑落。这表明各地城市发展均快于农村,城市居民收入增长高于农村居民。高公平多集中于东北和中部等经济中速发展地区,经济发达地区公平度则较低。提高落后地区发展效率,提升经济发达地区城乡居民公平度是"十一五"遗留给各地区的重大课题。

(3) 2011 年各地经济运行良好,我国协调水平格局变动不大,"十一五"期末经济发展水平与协调水平基本对应的格局依然明显,长三角、珠三角、环渤海地区协调水平位列前茅,在一定程度上印证了环渤海经济圈正逐步走向实践,成为我国经济发展第三极,东北三省协调水平位次的快速提升亦彰显了振兴东北发展战略的成果。从协调水平的变化来看,各地区协调水平均呈现大幅提升,其中陕西提升幅度最大,四川、辽宁、海南三省紧随其后,总体趋势依然表现为经济发达地区和快速发展地区协调水平的提升相对较高。

(4)各地区"十二五"规划中,对效率水平提升比率的设定明显不同,经济发达地区对效率提升比率的设定均放缓,中西部地区则普遍提升其效率预期,期望通过效率带动地区协调程度的提升。宁夏、上海、北京三地区希望率先成为公平度提高的地区,其他地区也期望公平度下降的局面较之于"十一五"期间趋缓。总体看来,各地区在"十二五"期间对城乡协调的发展预期均有利于缩小整体城乡差距,促进城乡协调发展。上海、江西、重庆三省(市)协调度期望最高,成为沿海经济发达地区、中部地区和西部地区促进城乡协调发展的突出代表。

根据同比增长推算,各地区若持续开局年的发展速率,对"十二五"规划预期的达成情况不尽相同,绝大部分地区能够完成效率水平的预期,但大多地区尤其是经济发达地区,其公平度的下降仍将超出预期,因此,各地区需致力于提升农村居民收入以尽可能控制公平度的下降幅度,中西部地区则应加速发展经济提高效率,最终确保协调发展目标的实现。

3.5 我国各地区新型城镇化进程评价

新型城镇化是我国当前最主要的战略。本节总结新型城镇化的主要特征,提出新型城镇化的评价指标体系和方法,并对近 10 年来我国各地区新型城镇化进程进行评价。新型城镇化是以人为本、注重质量、统筹城乡、绿色发展的城镇化,2001年以来我国各地区城镇化总体趋势是好的,但差别很大。影响新型城镇化进程的最主要因素是城镇化率和城镇人均可支配收入,推进新型城镇化进程的关键环节是缩小城乡差距和节能减排。

3.5.1 新型城镇化的内涵和特征

2002年,中国共产党第十六次全国代表大会明确提出,要坚持大中小城市和小城镇协调发展,走中国特色的城镇化道路。此后,学术界和政界掀起了关于中国城镇化道路的研究热潮。中国特色的城镇化就是新型城镇化,但到目前为止,关于新型城镇化的内涵和本质特征尚未达成共识。

孙久文等认为,新型城镇化是以科学发展观为指导,实现从速度型向"又好又快"的质量型转变,走集约型城镇化道路。一是以"统筹城乡综合配套改革"为基本的制度建设方向;二是以区域协调带动城乡协调,建立和完善城市群规划体系;三是制定适合主体功能区发展的城市发展政策;四是转变"移民就业"的大规模人口流动模式[1]。彭红碧等认为,新型城镇化是以工业化和信息化为主要动力,实现资源节约、环境友好、经济高效、文化繁荣、城乡统筹、社会和谐,大中小城市和小城镇协调发展、个性鲜明的健康城镇化[2]。牛文元认为,中国特色的城镇化应该更加注重城乡一体化、均等化,更加注重集约发展、和谐发展,提升农民和新增城镇居民的生存条件和生活质量,转变经济发展方式,实现资源节约、环境友好、大中小城镇协调发展[3]。

仇保兴则强调,和传统城镇化相比,新型城镇化从城市优先发展的城镇化转向城乡互补协调发展的城镇化;从高能耗的城镇化转向低能耗的城镇化;从数量增长型的城镇化转向质量提高型的城镇化;从高环境冲击型的城镇化转向低环境冲击型的城镇化;从放任式机动化的城镇化转向集约式机动化的城镇化;从少数人先富的城镇化转向社会和谐的城镇化[4]。王如松提出,新型城镇化的"新",是指观念更新、体制革新、技术创新和文化复新,是新型工业化、区域城镇化、社会信息化和农业现代化的生态发育过程。"型"指转型,包括产业经济、城市交通、建设用地等方面的转型,环境保护也要从末端治理向"污染防治—清洁生产—生态产业—生态基础设施—生态政区"五同步的生态文明建设转型[5]。魏后凯提出,要采用集约、智能、绿色、低碳的发展方式,高度关注农民市民化,着力解决城乡和城市内部"双二元结构";新型城镇化是人本城镇化、市场城镇化、文明城镇化、特色城镇化、绿色城镇化、城乡统筹城镇化、集群城镇化和智慧城镇化等的统一[6]。李铁从城乡关系的角度揭示新型城镇化的特点,那就是实现城镇化从数量型增长到质量型

---

[1] 孙久文,叶振宇.走中国特色城镇化道路的若干问题探讨[J].中州学刊,2009(3):50-54.
[2] 彭红碧,杨峰.新型城镇化道路的科学内涵[J].理论探索,2010(4):75-78.
[3] 牛文元.中国新型城市化报告2012[M].北京:科学出版社,2012.
[4] 仇保兴.新型城镇化:从概念到行动[J].行政管理改革,2012(11):11-18.
[5] 孙秀艳.中科院专家:新型城镇化生态要优先[N].人民日报,2013-01-05.
[6] 魏后凯.多角度聚焦"走新型城镇化道路"[N].社会科学报,2013-06-20(1).

提升的转变,也就是说要解决农民工进城后公共服务均等化和定居落户难的问题①。

倪鹏飞认为,新型城镇化的目标是建设城乡一体化的城市中国,即以科学发展观为指导方针,坚持"全面、协调、可持续推进"的原则,以人口城镇化为核心内容,以信息化、农业产业化和新型工业化为动力,以"内涵增长"为发展方式,以"政府引导、市场运作"为机制保障,走可持续发展道路,建设城乡一体的城市中国②。尚娟强调,中国特色的城镇化要坚持以人为本,以统筹协调为原则,以新型工业化为动力,通过市场推动和政府导向相结合,推动中国城市现代化、集群化、生态化,全面提升中国城镇质量③。胡际权认为,新型城镇化体现以人为本、全面协调可持续发展的科学理念,以发展集约型经济与构建和谐社会为目标,以市场机制为主导,大中小城市规模适度,布局合理,结构协调,网络体系完善,与新型工业化、信息化和农业现代化互动,产业支撑力强,就业机会充分,生态环境优美④。

结合国内外城镇化的经验教训,综合国内专家学者及政府文件关于新型城镇化的论述,本节将新型城镇的科学内涵界定为:新型城镇化是以人为本,不断提高城乡居民生活质量的城镇化;是城乡统筹、城乡一体、产城互动、节约集约、生态宜居、和谐发展的城镇化;是大中小城市、小城镇、新型农村社区各具特色、互促共进的城镇化。新型城镇化的本质特征可以概括为:

① 新型城镇化是以科学发展观为指导,以人的全面发展为目的的城镇化。

② 新型城镇化是民生得到保障和改善,使人民幸福指数不断上升、能够安居乐业的城镇化。

③ 新型城镇化是遵循客观规律,全面、协调、可持续发展的城镇化。

④ 新型城镇化是以工业化、信息化和农业现代化协调发展的城镇化。

新型城镇化是在传统城镇化遭遇障碍的背景下提出来的。为了更好地把握新型城镇化的特点,有必要将新型城镇化与传统城镇化加以比较。这种比较,可以从不同的角度展开,详见表3-19。新型城镇化与传统城镇化的根本区别主要体现在发展背景不同,发展目标不同,发展重点不同,发展主体不同,发展方式不同,以及发展动力不同⑤。

表3-19 新旧城镇化模式的对比

	旧城镇化	新型城镇化
城镇化的目的	以物为本,产业非农化,土地非农化,高楼大厦	以人为本,提高城镇居民的生活质量,让农村转移人口获得同样的幸福感受
城乡关系	城乡分离,重城轻乡,优先发展城镇;城市像欧洲,农村像非洲	统筹城乡协调发展,城乡一体化,城乡差距缩小,基本公共服务均等化
城镇居民关系	大院经济,纵向联系为主	邻里和谐,社区建设,加强横向联系

---

① 李铁.推进新型城镇化的制度性变革[N].解放日报,2013-04-10(11).
② 倪鹏飞.新型城镇化的基本模式、具体路径与推进对策[J].江海学刊,2013(1):87-95.
③ 尚娟.中国特色城镇化道路[M].北京:科学出版社,2013:5.
④ 胡际权.中国新型城镇化发展研究[D]:[博士学位论文].重庆:西南农业大学,2012.
⑤ 王发曾.中原经济区的新型城镇化之路[J].经济地理,2010,30(12):1972-1977.

续表 3-19

	旧城镇化	新型城镇化
质与量关系	重数量、重规模、重速度	重质量、重结构、重效益
资源利用	粗放,土地城镇化远远快于人口城镇化	精明增长,土地城镇化与人口城镇化速度比小于1.2:1
与环境关系	高污染、高排放、高碳;大广场、大马路、大公园以及高档政府办公楼	低污染、低排放、低碳;生态建筑,节能环保
产城关系	产城分离,力争互促	产城融合互动
城镇体系建设	或强调优先发展中小城镇,或强调优先发展大城市	大中小城市和小城镇统筹协调发展;特色发展,充分发挥城市群的作用
可持续性	不可持续	可持续

3.5.2 新型城镇化评价指标及数据处理

新型城镇化内涵丰富,表现多样,因此,很难用一两个单独指标直接加以描述,必须从多方面构筑评价指标体系。

考虑到我国正处在城镇化快速发展阶段,加快推进城镇化是党的第十八次全国代表大会提出的一大战略,所以,提高城镇化率是推进新型城镇化的一个重要途径,为此,首先把城镇化率(X_1)纳入进来。

城镇化不仅仅是人的城镇化,还要有产业支撑,特别是非农产业的发展。为此,必须把非农产业增加值比例(X_2)纳入进来。

新型城镇化与传统城镇化的一个重要区别,就是注重城镇化的质量,为此,有必要把城镇居民的恩格尔系数(X_3)、建成区人均绿地(X_4)等纳入。城镇登记失业率本来也应该被纳入,但是在我国,城镇登记失业率只是一个政策性数据,没有实际的意义,也不能反映出各地区的实质差别。

新型城镇化还特别强调统筹城乡协调发展,因此,在提高城镇居民人均收入(X_5)的前提下,缩小城乡居民之间生活水平差距、坚持基本公共服务均等化等,也要被纳入考察范围。这里,用非农产业就业比(X_6)和乡城居民人均收入比(X_7)来反映城乡统筹协调发展的态势。这两个指标越低,越与新型城镇化的要求相悖。

新型城镇化也强调生态文明和环境改善。因数据限制,用城区人均建设用地(X_8)、单位 GDP 能耗降低率(X_9)和工业固体废弃物综合利用率(X_{10})来反映各地区在此方面的努力。

影响新型城镇化进程的指标还有很多,如单位 GDP 排放的二氧化碳、建成区绿化覆盖率、节能建筑普及率等。但这些指标有的根本就没有全地域(省级区域)的统计,如节能建筑普及率;有的也缺乏历史数据,如碳排放及绿化覆盖率等。任何综合评价,都不是指标越多越好,也不是方法越复杂越好。应努力做到简单实用,客观合理,只要能识别出评价对象之间的差别即可。新型城镇化不外乎"社会进步,转型发展"、"以人为本,提高城镇化质量"、"统筹城乡协调发展"、"节能降耗,可持续发展"四大方面,上述 10 个指标已经涵盖了这四大方面,因此,笔者就用这 10 个指标来评价各地区的新型城镇化进程。

需要说明的是,表 3-20 中的大部分数据都可以在不同年份的中国统计年鉴上获得,只有 2001 年的数据缺少工业固体废弃物综合利用率,而 2006—2011 年各地区(全国平均也是如此)该指标没有统一的趋势性变化特点,为此用 2006 年、2011 年两年情况的平均值作为该地区 2001 年的数据。

表 3-20　新型城镇化评价指标体系及数据处理

目标层	操作层:具体指标	符号	数据来源及处理方法
社会进步,转型发展	城镇化率	X_1	直接使用,越大越好
	非农产业增加值比例	X_2	直接使用,越大越好
以人为本,提高城镇化质量	城镇居民恩格尔系数	X_3	正向归一化处理:100—恩格尔系数
	建成区人均绿地	X_4	生态城镇标准为 12 m²/人,为留有余地,以人均 15 m² 为最佳,太大浪费土地,太小满足不了宜居环境的需要,以此进行归一化
	城镇人均可支配收入	X_5	正向归一化处理:以 2001 年价格、40 000 元/人为理想值进行归一化;不变价处理方法:GDP 缩减指数法
统筹城乡协调发展	非农产业就业比	X_6	直接使用,越大越好
	乡城居民人均收入比	X_7	以 1∶1.2 为最佳,并据此进行正向归一化
节能降耗,可持续发展	城区人均建设用地	X_8	过大是土地不节约,太小是生态环境没保证,《中华人民共和国城乡规划法》中规定人均 100—120 m² 为宜,为留有余地,以 120 m² 为最佳。折算成建成区人口密度,就是 8 333 人/km²,以此进行正向归一化
	单位 GDP 能耗降低率	X_9	节能降耗是新型城镇化的重要原则,按每年降低的百分比计,降低的比例越大越好。单位 GDP 能耗下降,以五年下降 20%("十一五"规划要求),即平均每年下降 4.36% 为标准(得分 100)处理,下降越大越好,然后用罗马尼亚法进行归一化
	工业固体废弃物综合利用率	X_{10}	直接使用,这是新型工业化与新型城镇化互动、循环经济的客观要求

这些指标有的是正指标,即数值越大,越能体现新型城镇化的要求;有的是逆指标,即数值越大越与新型城镇化的要求相悖,如城镇居民恩格尔系数、登记失业率等,需要进行正向化处理;有的是以某一特定值为标准的指标,超过或低于该指标都不好,如城区人均建设用地、建成区绿化率,需要用恰当的转换模型将其正向一致化,详见表 3-20 的最后一列。

下面以我国 31 个省市自治区为评价对象,重点考察各地区"十五"、"十一五"和"十二五"开局之年(即 2001 年、2006 年、2011 年)的新型城镇化态势及其变化。

3.5.3　评价方法

新型城镇化是一个过程,单纯地说某一地区的城镇化特点是新或旧、科学或不科学,也是难以做到客观、准确、全面的,只有在比较中才能识别,在动态变化过程中才能明了。为此,应该采取多指标综合的方法来评价各地区的新型城镇化特点。

多指标综合的方法很多，常用的是模糊评价法、层次分析法、主成分分析法等[1]。其中模糊评价法主观性太大；层次分析法虽然提高了客观性，但也不能完全避免人为性[2]，而且，上述10个指标中，很难说哪一个或哪些指标更重要。

笔者曾对31个省市自治区2011年上述10个指标进行主成分分析，发现最大特征根的贡献率不到40%，第二大特征根的贡献率只有15%多一点。这说明，上述10个评价指标是从不同角度反映城镇化特征的，它们的内在联系性不高，即不适合用主成分分析的方法[3]评价各地区新型城镇化态势。而且，为了便于进行纵向比较，就更不能采取主成分分析的方法了。

这里采取熵多样化的方法计算权重，然后进行加权计算。这样做可以完全避免人为性[4]，从计算结果（表3-21）看，也比较合理。为便于不同年份间的数据可比，这三年各指标的权重都用2011年的熵多样化指数。

表3-21 评价因子的权重系数

评价因子	城镇化率	非农比重	非食品消费比	城镇可支配收入	人均绿地	非农就业比例	乡城收入比	人口密度	能耗降低率	固体废弃物处理
权重	0.130 2	0.099 0	0.098 0	0.127 5	0.092 2	0.093 7	0.109 3	0.040 9	0.115 7	0.093 4
大小顺序	1	5	6	2	9	7	4	10	3	8

由此可以看出，影响新型城镇化最主要的因素是城镇化率、城镇人均可支配收入的高低——这和我国整体上正处在经济起飞和城镇化快速发展阶段（诺瑟姆曲线规律）是相符的；其次是节能降耗、乡城收入比，这正体现科学发展的本质要求。

3.5.4 评价结果

据此测算的各地区2001年、2006年、2011年新型城镇化进程评价结果，如表3-22所示。

表3-22 各地区城镇化质量和效益评价结果

地区	2001年	2006年	2011年	2006年—2001年	2011年—2006年	2011年—2001年	(2011年—2001年)/2001年(%)
北京	67.72	71.10	75.04	3.38	3.94	7.32	10.81
天津	63.75	66.57	73.86	2.82	7.29	10.11	15.86
河北	47.12	55.84	61.88	8.72	6.04	14.76	31.32
山西	44.08	53.74	61.34	9.66	7.60	17.26	39.16
内蒙古	44.71	53.96	63.00	9.25	9.04	18.29	40.91
辽宁	52.75	55.89	61.81	3.14	5.92	9.06	17.18
吉林	52.07	56.26	62.10	4.19	5.84	10.03	19.26

---

[1] 方创琳,毛汉英.区域发展规划指标体系建立方法探讨[J].地理学报,1999(5):410-419.
[2] 吴殿廷,李东方.层次分析法的不足及其改进的途径[J].北京师范大学学报(自然科学版),2004,40(2):264-268.
[3] 徐建华.现代地理学中的数学方法[M].北京:高等教育出版社,1996:39-43.
[4] 陈衍泰,陈国宏,李美娟.综合评价方法分类及研究进展[J].管理科学,2004(2):70-80.

续表3-22

地区	2001年	2006年	2011年	2006年—2001年	2011年—2006年	2011年—2001年	(2011年—2001年)/2001年(%)
黑龙江	53.73	57.69	63.63	3.96	5.94	9.90	18.43
上海	66.64	70.16	76.08	3.52	5.92	9.44	14.17
江苏	55.45	64.00	70.86	8.55	6.86	15.41	27.79
浙江	54.93	63.77	70.98	8.84	7.21	16.05	29.22
安徽	47.02	55.46	62.83	8.44	7.37	15.81	33.62
福建	49.62	58.21	65.15	8.59	6.94	15.53	31.30
江西	44.32	53.41	62.38	9.09	8.97	18.06	40.75
山东	51.95	64.47	68.20	12.52	3.73	16.25	31.28
河南	39.75	57.26	61.70	17.51	4.44	21.95	55.22
湖北	53.26	56.41	62.50	3.15	6.09	9.24	17.35
湖南	45.98	56.36	60.15	10.38	3.79	14.17	30.82
广东	58.51	64.89	71.19	6.38	6.30	12.68	21.67
广西	44.86	51.35	57.72	6.49	6.37	12.86	28.67
海南	45.48	53.76	52.87	8.28	−0.89	7.39	16.25
重庆	46.69	56.49	64.81	9.80	8.32	18.12	38.81
四川	39.02	52.44	58.65	13.42	6.21	19.63	50.30
贵州	36.42	47.72	54.67	11.30	6.95	18.25	50.11
云南	35.63	48.33	56.63	12.70	8.30	21.00	58.94
西藏	30.75	43.20	46.64	12.45	3.44	15.89	51.67
陕西	41.99	54.51	61.93	12.52	7.42	19.94	47.49
甘肃	41.86	50.27	54.80	8.41	4.53	12.94	30.91
青海	47.69	50.01	50.74	2.32	0.73	3.05	6.40
宁夏	42.66	56.12	57.50	13.46	1.38	14.84	34.79
新疆	43.49	50.42	50.72	6.93	0.30	7.23	16.62

注：为了便于纵向比较，必须采取统一的数据处理方法和价格核算方法。数据处理方面，详见表3-22最后一列；价格核算方面，以2011年数据为基础，用GDP增长缩减指数的方式反推出2006年、2011年的相应价格。严格说来，能耗数据也需要做不变价处理，但作为10个因子之一，这种折算对总体评价结果没有太大的差别，故此表未做不变价处理。2001年能源消耗减少是按照中国统计年鉴电力减少情况推算的，重庆的数据异常(2000年消耗电力为307.61亿kW·h，2001年消耗电力220.54亿kW·h)，因此改用《重庆市统计年鉴2002》的数据。该指标以10%为最大进行标准化；因为部分省份个别年份单位GDP能耗有升高现象，不便于熵多样化指数模型的应用，故对此数据又用罗马尼亚法①进行了归一化。2006年节能降耗数据太理想了，是贯彻国家"十一五"规划的结果，还是统计数据被人为处理了？西藏固体废弃物利用数据缺失，估计不会大，甚至可能接近于0。但为了不影响熵多样化指数模型的使用，将其赋值为1。城镇人均可支配收入以2001年的价格40 000元为最大理想值进行归一化，40 000元并不具有特殊意义，只要充分大、模拟效果好即可。

从表3-22中可以看出，"十五"计划开局之年(2001年)，城镇化质量和效益最佳的地区是北京(67.72)、上海(66.64)、天津(63.75)三个直辖市和广东(58.51)、江苏(55.45)、

---

① 用罗马尼亚法计算公式是 $y'_{ij} = (y_{ij} - \text{Min } y_{ij})/(\text{Max } y_{ij} - \text{Min } y_{ij}) \times 99 + 1$，三年节能降耗的最小值是−101，最大值是84.5，按100计算作为理想值。

浙江(54.93)等沿海发达地区;较差的是云南、贵州、四川、西藏等西南内陆地区和河南等人口多,城镇化、非农化落后地区。此一时期,影响城镇化质量的最主要因素是经济发展水平和城镇化进程。

"十一五"规划开局之年(2006年),城镇化质量和效益最佳的地区是仍然是北京、天津、上海和广东、江苏、浙江等发达地区,山东后来居上,也进入先进行列;较差的地区仍然是西南的云南、贵州、四川,还有西北的陕西、甘肃、青海。经济发展水平仍然是决定此一时期城镇化质量、效益的最主要因素。

从"十五"到"十一五",城镇化质量、效益提高最快的地区是云南(35.64%)、贵州(31.03%)、四川(34.39%)、西藏(40.49%)、陕西(29.82%)、甘肃(31.55%)等西部大开发地区和河南(44.05%)、山东(24.10%)等人口多、乡村人口比例大的地区。2000年实施的西部大开发战略在提高城镇化质量和效益方面已经取得初步成果。

"十二五"开局之年,城镇化质量效益较好的地区,依然是北京、天津、上海和广东、浙江、江苏等发达地区,山东、福建等也进入第一梯队,这些地区都是沿海开放地区;较差的依然是西南和西北地区的省(自治区),如云南、贵州、四川、西藏和甘肃、青海、新疆等。从"十一五"开局之年到"十二五"开局之年,新型城镇化进程较快的是云南(17.17%)、贵州(14.56%)、重庆(14.73%)、陕西(13.61%)、内蒙古(16.75%)等西部大开发地区和山西(14.14%)、江西(16.79%)、安徽(13.29%)等中部崛起地区。新型城镇化提高较慢的地区是宁夏(2.46%)、青海(1.46%)、新疆(0.60%)和海南(-1.66%),这几个省份正处在城镇化、工业化快速发展阶段,城镇化数量提高较慢也有一定的合理之处。

21世纪以来(2001—2011年)的10年间,城镇化质量和效益提高最快的是云南(58.94%)、河南(55.22%)、西藏(51.67%)、四川(50.31%)、贵州(50.11%)、陕西(47.49%);提高最慢的是北京(10.81%)、天津(15.86%)、上海(14.17%)等老牌直辖市和青海(6.40%)、新疆(16.62%)和海南(16.25%)等欠发达地区。

总之,我国各地区新型城镇化水平较高的是北京、天津、上海和广东、江苏、浙江等经济发达地区;水平较低的是西南和西北等内陆欠发达地区。在推进新型城镇化、提高城镇化质量和效益的进程中,老牌发达地区进步不快,而原先城镇化水平较低、基础较差的地区,反而改进较大,国家的西部大开发、中部崛起战略收到了一定的效果,但东北等老工业振兴地区在此方面的进步相对说来还不是很明显。

3.5.5 结论和讨论

新型城镇化是我国当前乃至今后一段时间内的最主要战略。总结全文,可得如下几点结论和讨论。

1) 结论

(1) 新型城镇化进程评价,不能用简单指标或方法,必须从不同角度用多指标进行综合评价。1990年以来,我国的城镇化进程总体上是好的,但囿于重化工业阶段和应对金融危机等的特殊原因,也出现了短暂的波动。

(2) 影响新型城镇化的主要因素是非农产业产值比例、城镇居民恩格尔系数、乡城收入比和城镇化率,制约新型城镇化进程的关键环节是缩小城乡收入差距,降低单位 GDP 的能耗。为了更好地推进新型城镇化步伐,必须进一步提高城镇化率,加快非农产业,尤其是新型工业化和现代服务业的发展,在缩小城乡收入差别的基础上提高城镇居民的生活质量。

2)讨论

对比原始数据和表 3-22 中的评价结果,可以发现,大部分地区的城镇化率(数量)与新型城镇化进程得分(质量)呈正相关关系,即要么处于高—高状态,如上海、北京、天津、浙江等;要么处于中—中状态,如山东、吉林、湖北等;要么处于低—低状态,如西藏、甘肃、云南、贵州等。只有少数几个地区城镇化水平和质量不对称,其中辽宁是高城镇化率、中城镇化质量;安徽、河南是低城镇化率、中城镇化质量;海南、青海和宁夏是中城镇化率、低城镇化质量。一个高、一个低的没有(表 3-23)。

表 3-23 新型城镇化与传统城镇化的对称分析表

		新型城镇化:城镇化质量		
		高	中	低
传统城镇化:城镇化数量	高	上海、北京、天津、广东、浙江、江苏	辽宁	—
	中	—	河北、吉林、山西、湖南、福建、重庆、黑龙江、内蒙古、江西、陕西、山东、湖北	海南、青海、宁夏
	低	—	安徽、河南	云南、贵州、四川、广西、甘肃、新疆、西藏

2011 年新型城镇化态势(评价值)与城镇化率(传统城镇化态势)之间的相关系数是 0.855 0,二者呈正相关关系,模型的可信度达到了 99.9%($\rho_{31-1}^{0.001} = 0.554\,1$);以城镇化率为解释变量,以新型城镇化评价得分为因变量,建立回归模型,经过数十次模拟,发现二者的关系稳定,且模型的可信度达到了 99.9%。

$$y = 39.674\,66 + 0.428\,162\,3X, \quad F_{31-1}^{0.01} = 7.56, \quad F = 78.80 \tag{41}$$

据此可以得知,从总体上说,我国各地区的城镇化速度和质量是有密切关系的,推进城镇化、提高城镇化率,仍然是我国目前的重要战略。但新型城镇化步伐(质量)总是滞后于城镇化速度(数量),城镇化率每提高 1%,城镇化质量仅提高 0.43%。这一点也是应该引起注意的。

应该说明的是,上述评价都是建立在具体的统计资料的基础上进行的,虽然客观,但不一定全面,比如,信息化、建筑节能、科技创新等也是新型城镇化的内在要求,因受统计数据的限制暂未列入,这不能不影响到评价结果的全面性和合理性。此外,评价结果也只有相对意义,只在与其他地区的横向比较或自身的纵向比较中才能说明本地区是优是劣,是进步快还是进步慢,单纯说某一地区某一年份新型城镇化进程好或坏、快或慢都没有意义。

3.6 我国各地区现代化进程的比较和评价

实现现代化一直是国人心中历久不灭的梦想。早在1964年中国还一穷二白的时候,周恩来就在人大会议上提出了建设现代化社会主义强国的目标;1979年邓小平提出"三步走"的战略部署,要在21世纪中叶使中国达到中等发达国家的水平,基本实现现代化;2000年中国共产党第十五届中央委员会第五次全体会议(中共十五届五中全会)上,江泽民在《中共中央关于制定国民经济和社会发展第十个五年计划的建议》的讲话中谈到"十五"期间中国经济和社会发展问题时宣布:"中国已胜利实现了现代化建设的第一步、第二步战略目标。从现在起,要开始实施第三步战略部署。"这就意味着从21世纪开始,中国将进入全面建设小康社会并加快推进现代化的新的发展阶段。

中国离现代化还有多远?到底该做些什么?这些问题已经引起人们的重视,并在一定程度上达成共识[①]。中国是一个地域大国、人口大国,各地区的现代化进程是不平衡的,这里仅对我国大陆各省区(不包括香港、澳门、台湾地区)的现代化水平做一粗略分析。

3.6.1 现代化指标

现代化表现在很多方面,目前比较流行的现代化水平测量方法是用10个最能反映现代化特征的指标对一个国家或地区进行综合测定。

根据这些数据和罗马尼亚公式

$$X_i = 99 \times \frac{C_i}{A} + 1 \tag{42}$$

其中:X_i为i省(区)该项指标的得分;A为现代化标准;C_i为i省(区)该项指标的值,逆指标需做相应处理。评价各省(区)的现代化进程,所得结果如表3-24所示。

表3-24 我国各地区现代化进程评价

项目 地区	人均GDP得分	非农产值得分	第三产业比重得分	非农就业比重得分	基础教育状况得分	高等教育状况得分	城市化水平得分	预期寿命得分	医师数得分	人口自然增长率得分	总分
权重	0.22	0.05	0.12	0.09	0.12	0.13	0.10	0.05	0.08	0.04	1.00
北京	428.73	116.49	168.36	112.32	118.21	197.79	171.68	114.4	343.07	247.27	230.58
上海	433.46	116.71	128.71	126.67	117.41	128.13	177.81	114.51	227.69	530.41	221.73
天津	447.35	115.83	102.55	87.43	117.38	181.98	160.39	112.57	218.95	397.00	213.50
江苏	327.28	110.20	94.37	72.80	114.48	103.39	123.56	109.38	169.81	380.31	169.19
浙江	311.35	111.77	97.53	44.75	112.81	84.54	124.35	110.93	226.61	971.59	168.11

---

① 田杰,吴殿廷,等.我国各地区现代化进程研究[J].中国软科学,2002(6):98-101.

续表 3-24

项目 地区	人均 GDP 得分	非农 产值 得分	第三产 业比重 得分	非农就 业比重 得分	基础教 育状况 得分	高等教 育状况 得分	城市化 水平得 分	预期寿 命得分	医师数 得分	人口自 然增长 率得分	总分
内蒙古	304.67	106.88	77.85	58.79	115.06	72.17	113.11	106.27	228.96	244.24	160.23
广东	267.13	111.64	100.63	74.75	116.64	67.99	132.67	109.18	176.44	292.18	157.84
辽宁	266.89	107.43	81.76	72.95	117.56	120.04	127.82	109.02	221.78	926.23	156.80
吉林	202.46	103.39	77.60	65.06	117.61	130.01	106.73	108.73	215.54	283.05	156.46
福建	249.17	106.78	87.18	49.01	115.01	89.96	116.04	108.14	167.29	163.30	145.36
山东	248.95	107.27	85.25	57.93	112.38	76.11	101.88	109.14	192.11	195.12	137.77
黑龙江	172.91	101.72	80.56	69.43	117.15	107.67	112.87	108.45	199.26	160.42	137.33
陕西	176.29	106.11	77.59	49.27	114.09	133.86	94.65	106.62	174.90	313.30	129.15
湖北	180.13	102.23	82.21	51.77	113.29	112.86	103.62	106.89	176.55	269.29	128.49
重庆	181.71	107.65	80.63	48.39	114.34	104.47	109.94	108.06	169.12	227.03	126.44
宁夏	174.08	107.27	91.20	54.31	110.29	75.43	99.47	104.77	190.78	111.37	117.44
河北	178.93	103.67	77.13	45.97	115.88	69.31	91.30	107.02	188.05	153.31	116.51
海南	152.37	87.03	101.2	55.21	114.53	84.73	100.99	108.91	176.21	204.70	115.74
山西	137.98	110.82	78.54	47.6	116.82	75.91	99.37	106.96	234.70	111.37	113.84
新疆	158.60	97.40	75.72	61.34	116.01	54.62	87.21	103.32	223.01	333.21	112.74
湖南	157.51	101.08	85.33	32.64	115.23	76.14	90.30	106.65	170.06	94.66	110.90
江西	165.25	103.63	74.71	39.25	115.86	80.78	91.49	106.12	139.60	152.15	110.66
青海	155.64	106.66	72.14	43.55	107.63	44.78	92.52	99.94	199.57	133.00	109.38
四川	137.89	100.94	74.39	38.00	111.68	71.94	83.82	106.72	190.14	201.40	106.54
河南	151.13	102.28	66.28	32.05	113.48	68.52	81.33	106.47	166.21	120.13	105.91
安徽	135.40	102.13	72.55	33.13	110.22	73.60	89.70	107.18	141.50	157.65	101.33
广西	133.66	97.13	76.05	28.35	115.42	52.20	83.76	107.23	159.04	130.07	98.24
甘肃	103.64	101.72	87.06	37.56	108.62	84.30	74.56	103.15	158.79	164.64	97.61
云南	101.91	98.99	92.58	24.42	109.48	54.38	73.86	99.35	139.29	156.91	90.71
西藏	106.17	103.15	118.14	25.23	85.04	55.81	45.97	97.42	137.28	156.17	87.41
贵州	86.97	102.64	108.31	23.83	105.68	50.16	70.22	101.56	130.62	97.49	86.77

注：人均 GDP 折算美元的汇率按 6.3 计算。各指标的权重是根据专家判断确定的。

3.6.2 数据分析

在上面计算中采用的 10 个指标，都从不同的角度反映了一个地区现代化的程度。但是，表 3-25 的相关矩阵显示，在这 10 个指标中的大多数指标之间，都存在着非常密切的相关关系。那么，简单地对 10 个指标得分进行线性加权得到的结果显然是与实际情况存在偏差的。为此,笔者用主成分分析的方法对指标进行综合,以找出影响各地区现代化水平的主导因素。

表 3-25 现代化指标的相关矩阵

	人均GDP	非农产值	第三产业比重	非农就业比重	基础教育状况	高等教育状况	城市化水平	预期寿命	医师数	人口自然增长率
人均GDP	1.000	0.557	0.622	0.879	0.459	0.761	0.924	0.493	0.709	0.568
非农产值	0.557	1.000	0.697	0.534	0.928	0.540	0.705	0.963	0.727	0.326
第三产业比重	0.622	0.697	1.000	0.648	0.565	0.612	0.679	0.659	0.679	0.260
非农就业比重	0.879	0.534	0.648	1.000	0.492	0.775	0.917	0.504	0.761	0.455
基础教育状况	0.459	0.928	0.565	0.492	1.000	0.504	0.673	0.980	0.708	0.275
高等教育状况	0.761	0.540	0.612	0.775	0.504	1.000	0.803	0.529	0.692	0.400
城市化水平	0.924	0.705	0.679	0.917	0.673	0.803	1.000	0.680	0.802	0.530
预期寿命	0.493	0.963	0.659	0.504	0.980	0.529	0.680	1.000	0.709	0.301
医师数	0.709	0.727	0.679	0.761	0.708	0.692	0.802	0.709	1.000	0.419
人口自然增长率	0.568	0.326	0.260	0.455	0.275	0.400	0.530	0.301	0.419	1.000

第一主成分解释了变量方差的 59.81%,与各原始变量的载荷系数均大于 0.5(人口自然增长率得分除外)。因此,认为第一主成分基本可以反映 10 个原始变量的信息,其中载荷系数最大的有非农就业比重、人均 GDP、城市化水平、高等教育状况、医师数,与各原始变量的载荷系数都大于 0.8。事实上,我国各省区之间社会经济发展中差异最大的也正是这些方面。载荷系数较小的(也就是对分级影响最小的)是基础教育状况和人口自然增长率,可见,我国各省区的基础教育水平还是比较平衡的。

第一主成分的累计贡献率已达到 59.81%,根据数学原理,对其进行排序能够在很大程度上说明现代化水平的地域差异。为了进行区域间的对比,有必要将第一主成分得分换算成标准现代化水平得分(0—100 分)。考虑到最好的地区——北京的现代化水平已经达到国际上公认的现代化水平的底线,将其定义为 100 分,而最差的贵州地区的现代化水平虽然很低,但也有了一定的发展基础,将其定义为 20 分。然后利用线性变换公式

$$Y(i) = \left\{\frac{80 \times [X(i) - \min(X(i))]}{[\max(X(i)) - \min(X(i))]}\right\} + 20 \tag{43}$$

其中,$X(i)$ 和 $Y(i)$ 分别为第一主成分得分和现代化标准得分,显然有 $20 \leqslant Y(i) \leqslant 100$。在此基础上可以进行现代化进程的分级。

3.6.3 我国各地区现代化水平的整体特点分析

下面结合原始变量的得分来分析我国各省区现代化水平的特点。

从整体来看,各省区的得分都比较高的指标是人口自然增长率、人均 GDP、人均拥有的医师数及受过基础教育的人口比重。除少数西部省区外,人口自然增长率都低于现代化标准的 1%,反映了我国计划生育工作卓有成效;从人均 GDP 来看,除贵州外,我国各省区基本都超过 3 000 美元的现代化标准;另外,大多数地区千人拥有的医师数都高于一

名医师服务1 000人的现代化标准,这主要是中国"医生"的含义和国外不完全相同,用中国的概念指标实际上是高估了现代化进程;受过基础教育的人口比重这项指标,各省区都超过80%的现代化标准,其中最低的西藏地区为85.04%,其他省区均超过100%,充分体现了九年制义务教育普及的成果。其余的六项指标中有四项则是大多数省区都低于现代化标准,其中大多数省区得分很低的指标项,即影响现代化水平的主要方面,是非农产值、城市化水平、受过高等教育的人口比重及非农就业比重。

将各省区的现代化指标第一主成分对应的标准分反映在地图上,就可以看出非常明显的地域分异的特点。按照现代化水平同样可以非常清晰地划分出"三大地带",东部各省区除了发展水平一向较低的河北、海南之外,现代化水平都是相对较高的;东北振兴地区的现代化进程也很高;而中西部广大地区的各省区,都属于中低等水平,水平最低的三个省区(西藏、云南和贵州)都集中在西南一隅,西南无疑将是我国未来发展任务最为艰巨的地区(表3-26)。现代化水平的地域差异与我国经济发展的四大板块的划分表现出了如此高度的一致性,这绝非偶然,它充分证明了现代化与经济发展之间的高度相关性。事实上,只要对衡量现代化的各个指标稍做分析,就不难看出它们与经济发展水平都有着直接或间接的密切关系,人均GDP自身就是经济指标;而非农产值比重、第三产业产值比重、城市化水平和非农就业比重的水平都是与经济发展的不同阶段相对应的,在我国目前的情况下,还是会随着经济的发展而提高的;其余的诸如教育,特别是高等教育状况、预期寿命和医师数,虽然影响它们的因素比较复杂,经济并非是决定性的因素,但是以一定的经济基础作为保障却是必须的;而人口自然增长率通常也是随着经济和受教育水平的提高而自然降低的。由此,可以明确,为了实现现代化,我国在未来发展中的主要任务就是在发展经济的基础上,大力推进城市化进程,提高高等教育水平,致力于高素质人才的培养。

表3-26 各省区的第一主成分得分及其对应的等级

地区	第一主成分得分	现代化进程评价标准分	等级	地区	第一主成分得分	现代化进程评价标准分	等级
北京	4.09	100.00	1	宁夏	−0.32	41.10	3
上海	3.36	90.18	1	河北	−0.46	39.23	3
天津	3.02	85.71	1	海南	−0.66	36.60	4
江苏	1.20	61.42	2	新疆	−0.72	35.74	4
浙江	1.12	60.38	2	湖南	−0.74	35.46	4
辽宁	1.01	58.88	2	江西	−0.75	35.42	4
广东	0.87	56.95	2	四川	−0.93	33.02	4
内蒙古	0.71	54.82	2	青海	−0.96	32.62	4
山东	0.31	49.58	2	河南	−1.00	32.08	4
福建	0.31	49.46	2	安徽	−1.07	31.07	4
吉林	0.28	49.10	2	广西	−1.21	29.25	4

续表 3-26

地区	第一主成分得分	现代化进程评价标准分	等级	地区	第一主成分得分	现代化进程评价标准分	等级
黑龙江	−0.01	45.22	3	甘肃	−1.30	28.09	4
重庆	−0.12	43.76	3	贵州	−1.66	23.17	5
陕西	−0.21	42.64	3	云南	−1.71	22.50	5
湖北	−0.25	42.09	3	西藏	−1.9	20.00	5
山西	−0.31	41.25	3	—	—	—	—

3.6.4 各省区现代化程度分类

根据等级划分及聚类分析,并结合原始变量的得分情况,将中国各省区按其现代化程度可分为四个等级类别。

第一等级:北京、上海和天津,步入基本现代化阶段。这三个老直辖市无疑是目前中国发展水平最高的地区,这三个地区各项指标基本超过现代化的标准,已经跨入了现代化的门槛。其中北京的现代化进程在全国最快,其优势主要体现在高等教育和第三产业比重这两个指标上,特别是北京受过高等教育的人口比重为 24.8%,为全国最高,也远远高于现代化标准的 10%。上海一直是我国经济最为发达的地区之一,其优势主要体现在城市化水平、非农就业人口比重和人口自然增长率三个指标上,特别是其城市化水平已达 89.3%,为全国最高,另外上海非农就业人口占总人口比重为 88.86%,远远高于 70% 的现代化标准,同样为全国最高。天津虽然发展程度略逊于上海和北京,但从整体水平的综合来看,已经初步达到了现代化的标准。天津有一项指标未达到现代化标准:非农就业比重为 61.11%,低于现代化标准的 70%。另外,天津第三产业比重这一指标为 46.2%,略高于现代化标准的 45%,这也是它与上海和北京最大的差距所在。

第二等级:辽宁、吉林、黑龙江、江苏、广东、浙江、内蒙古、福建、山东九个省区,得分明显低于前一个等级,除第三产业占 GDP 比重、非农就业人口占就业人口比重和高等教育三项指标外,其余指标均达到或超过现代化标准。与现代化标准差距最大的两项指标则是第三产业占 GDP 比重及非农就业人口占就业人口比重,另外,高等教育除辽宁、吉林、黑龙江和江苏外,其余均未达到现代化标准,这三项指标也是影响我国实现现代化的主要限制因素。这一等级中的江苏和浙江两省得分比较高的指标项是人均 GDP、人均拥有医师数及城市化水平。这些地区已经进入初步现代化,除江苏和浙江外,这一等级的区域如能迅速提高社会结构,8—10 年可望实现基本现代化。

第三等级:新疆、山西、湖北、河北、海南、陕西、青海、湖南、宁夏、重庆、江西、四川、甘肃、广西、河南、安徽。这一等级包含的省区最多,因而内部差异也比较大。这一等级区域的大多数省区仅有受过基础教育的人口比重、人均拥有的医师数和人口自然增长率等三项指标达到或略有超过现代化标准,新疆的人口自然增长率为 10.6%,超过标准 0.6%,这是由于少数民族地区的人口政策所致。第三产业占 GDP 的比重得分多在七八十分,非农就业比重得分多在 35—60 分,与现代化标准还有很大的差距。这些地区发展的最薄弱环节,也就是影响现代化水平的最关键因素是高等教育水平及非农就业比重,这几项得分多在 50 分以下,甚至 30 分左右,表明这些地区要实现现代化,还有很长的路要走,至少需要 15 年。其中四川、甘肃、广西、河南、安徽等中西部省区,除人均 GDP、基础教育(西藏除外)、非农产值、人均医师数和人口自然增长率等项指标初步达到现代化标准外,其他各项指标得分都较低,受过高等教育的人口比重基本在 6%—10%,城市化率均低于 45%,与现代化的标准有一定差距。重庆,作为我国最新的直辖市,还处在这一等级中是极不正常的,由此也可以看出中西部发展水平与东部的巨大差距,作为整个中西部地区最大的城市,重庆市的发展水平也不过如此,其他地区就可想而知了。同时重庆要使得自身与直辖市的地位相符,真正在中西部的经济发展中起到巨大的带动作用还需付出很大的努力。

第四等级:云南、贵州、西藏。这三个西南部的省区,不仅经济落后,社会也很落后,有些地区甚至还没有达到温饱水平,工业文明还相差很远,实现现代化至少还需 20 年。

3.6.5 结论

通过上述分析,可以得出以下结论:

(1)我国各省区在现代化进程中发展比较好的方面是人均 GDP、人口自然增长率的控制、基础教育和医疗水平(仅就医师数而言),而主要影响因素是城市化水平、高等教育水平,由此可以确定我国各省区未来的工作重点就是以经济建设为基础,以提高人的素质为重点,加速社会结构的调整和社会进步的步伐。

(2)我国各省区的现代化表现出明显的地域差异性,由东部到西部可以划分为三大地带,体现了现代化水平与经济发展水平的高度一致性。

(3)我国各省区的现代化水平还比较低,除三个直辖市外,大多数省区的水平都与现代化指标的标准存在一定的差异,要实现全面现代化还有很长的路要走。

(4)各省区之间的现代化水平的差距,在高低两极表现得十分明显,最高与最低两个等级的少数省区与大多数中间水平的省区差异很大,而大部分省区的发展水平相对比较均衡。

(5)评价指标体系还有待于进一步完善,生态环境指标并未包含在其中,而生态环境对人们的生活的巨大影响也受到越来越多的重视,它也是刻画现代化水平的一个非常重要的方面,但是对这一指标的量化还存在极大的困难。

4 区域系统预测方法研究

4.1 系统预测概述

4.1.1 预测的过程

预测就是根据历史资料和现实条件,根据主观的经验与教训,用特定的方法推测事物的未来变化。现代预测研究一般包括如下几个基本环节:

(1) 明确被预测的内容(即预测对象)及其变量指标,确定预测研究的目标。

(2) 收集有关预测对象变化的原始资料。

(3) 对原始资料进行整理、加工、分类,去伪存真,去粗取精,使之成为对预测有用的初级信息。

(4) 通过建模、计算、模拟等信息处理方法和经验判断方法,分析客观事物的演化规律。

(5) 对于建立的模型及处理结果进行可靠性检验和误差分析,并做适当的修改和完善。

(6) 运用已经得到的关于事物发展规律的结论或模型,对未来进行预测。

4.1.2 预测研究的特性

(1) 着眼过去和现在,展望未来,具有动态性和历史性。

(2) 从已知条件出发,从人们熟悉的现实情况来探索和研究事物的发展规律,预言未来,因而具有一定的现实性。

(3) 通过定性分析到定量分析的建模、计算,来推测和判断事物未来发展趋势和可能性,因而具有可验证性(对过去)和风险性(对未来)。

4.1.3 区域分析中的预测问题

在区域系统分析中,预测问题的种类是多种多样的。对于这些问题,可以从如下几个不同的角度来认识。

1) 预测问题的内容

区域规划中的预测问题包括资源预测、环境预测、人口预测、经济预测、社会预测、科技预测等。

(1) 资源预测的内容包括资源储量预测,开发利用前景预测及资源利用结构变化预测等。

(2) 环境预测的内容包括诸环境要素及其变化趋势预测,环境整体质量变化预测,环境灾害预测,环境治理预测等。

(3) 人口预测的内容包括人口数量预测、人口结构预测、人口素质预测、劳动力预测等。

(4) 经济预测的内容包括国民经济的总体规模、结构和发展速度预测,行业经济的总体规模、结构和发展速度预测,消费和积累的总体规模、结构和发展速度预测,进出口规模、结构和发展速度预测,市场需求规模、结构和发展速度预测等。

(5) 社会预测的内容包括各种基础设施的数量变化、社会需求预测,社会基本形态结构的变化预测等。

(6) 科技预测的内容包括科技水平预测,科技进步速度及其变化对社会经济发展的贡献、重大科技发现预测,重大技术创造与发明预测等。

2) 预测方法

到目前为止,预测学已提供了两百多种预测方法,但从总体上说,这些方法可以归结为结构化预测和非结构化预测两大类。

(1) 结构化预测指的是借助于物理原型或数学方法建立定量化模型进行预测。在区域规划研究中常见的结构化预测方法有确定性模型(数量经济学等模型)、回归预测法、马尔可夫预测法和灰色预测法等。

(2) 非结构预测主要是通过定性分析和经验判断给出预测结论。区域开发与规划中的许多预测问题,如社会形态及其结构、重大科技进步、市场结构等,因找不到适用的物理原型和数学方法,或得不到足够的数据信息,无法建立定量预测模型,只能用定性分析和经验判断方法进行预测。在非结构化预测中,通过恰当的设计可以把复杂的定性问题转化为相对简单或有定量特征的问题,从而可以借助于现代方法如统计分析、模糊数学和计算机模拟等进行预测。这方面比较常用的方法有专家会议法,德尔菲预测法,交叉影响分析法等。

4.2 微分回归建模的初步研究

4.2.1 概述

微分回归分析也叫直接建模(与一般灰色预测方法对应,但使用原始数据而不是累加数据建模)或连续型系统建模(因可对任意间隔,包括不等间隔的数据进行建模)。建模过程是:先根据数学分析原理,在不大的区间内,用直线代替曲线、用直线的斜率代替曲线的斜率,由此可以将微分方程转化为代数方程;然后用参数辨识的方法(最小二乘法等)确定代数方程的参数,回代到微分方程中,求出对应的解析形式,并依据一定的标准确定积分常数,得到用于预测的数学模型。

4.2.2 建模过程

下面以一阶微分方程为例,说明此法的具体过程。

一阶微分方程的一般形式是:

$$\mathrm{d}_Y/\mathrm{d}_X = f\{X, Y\} \tag{1}$$

若已知 X 与 Y 的 N 个采样点数据 $\{X_i, Y_i(i=1, 2, \cdots, N)\}$，为讨论方便，假定 $X_i < X_j$ 对于任意的 $i < j$ 都成立，否则要将原始数据的次序重新排列，遇有 $X_i = X_j$ 时，需特殊处理（或舍弃其一，或以二者的均值为样本而舍弃原样本）。用这些数据微分建模的代换公式是：

$$\mathrm{d}_Y/\mathrm{d}_X \approx \Delta Y_i/\Delta X_i = [Y_{i+1} - Y_i]/[X_{i+1} - X_i] \quad (i=1, 2, \cdots, N-1) \tag{2}$$

$$f\{X, Y\} \approx f\left\{\frac{[X_i + X_{i+1}]}{2}, \frac{[Y_i + Y_{i+1}]}{2}\right\} \quad (i=1, 2, \cdots, N-1) \tag{3}$$

把式(2)、式(3)代入式(1)，可得到 $N-1$ 个关于式(1)中参数的代数方程。对于每一个 X 与 Y 的具体形式，都可用最小二乘法等参数辨识的方法确定出这些参数的值，进而解出微分方程，得到 X 与 Y 的解析形式（其中含有一个积分常数）。

积分常数的确定，可以依据不同的标准，如初值、终值、中位值或均值等，灰色预测中用的是初值。从统计学的角度讲，以"使拟和误差平方和最小"为标准更有意义。

表 4-1 给出了直线、指数曲线和幂函数曲线的微分建模结果。从几何意义上讲，根据历史数据建立预测模型的过程，就是由折线推断曲线的过程，而微分建模就是用折线中的每段直线的斜率代替该直线中点对应的曲线的导数。所以，从理论上说，采样点（自变量取值）越细密，越均匀，建模效果越好。

表 4-1 常见三种模型的微分建模结果

项目		直线	指数曲线	幂函数曲线
模型形式		$Y = C_1 + C_2 X$	$Y = C_1 \mathrm{e}^{C_2 X} + C_3$	$Y = C_1 X^{C_2} + C_3$
微分方程		$\mathrm{d}_Y/\mathrm{d}_X = C_2$	$\mathrm{d}_Y/\mathrm{d}_X = C_2 Y - C_2 \times C_3$	$\mathrm{d}_Y/\mathrm{d}_X = C_1 C_2 X^{(C_2-1)}$
回归求得		C_2	C_2, C_3	C_1, C_2
积分求得	初值为准	$C_1 = Y_1 - C_2 X_1$	$C_1 = (Y_1 - C_3)/\mathrm{e}^{C_2 X_1}$	$C_3 = Y_1 - C_1 X_1^{C_2}$
	均值为准	$C_1 = \bar{Y} - C_2 \bar{X}$	$C_1 = (\bar{Y} - C_3)/\mathrm{e}^{C_2 \bar{X}}$	$C_3 = \bar{Y} - C_1 \bar{X}^{C_2}$
	剩余平方和最小为准	$C_1 = \bar{Y} - C_2 \bar{X}$	$C_1 = \sum_{i=1}^{n}(Y_i - C_3)\mathrm{e}^{C_2 X_i} \Big/ \sum_{i=1}^{n} C_2 X_i$	$C_3 = 1\Big/ n\sum_{i=1}^{n}(Y_i - C_1 X_i^{C_2})$

和一般回归相比，微分回归建模的意义在于能求出同时含有幂指数和常数的回归模型（一般回归方法只能解决含有其中一种常数的模型）；和灰色预测模型相比，微分回归方法可解决不等间隔取值的建模问题，灰色建模则只适合于等间隔取值数据的建模（不允许间断）。

4.2.3 灰色预测方法

由我国学者邓聚龙先生提出的灰色预测方法包括五种基本类型，即数列预测、灾变预测、季节灾变预测、拓扑预测和系统综合预测，其中数列预测是基础，且在实践中用途最广。因此,主要对此加以介绍。灰色数列预测中最常用的是GM(1,1)模型(一阶单变量灰色模型),该模型是微分回归分析的一个特例——以指数形式为基础,以一次累加数据作为原始数据,以初始观测值为准确定积分常数。

设$\{X_{01}, X_{02}, \cdots, X_{0m}\}$是所要预测的某项指标的原始数据,一般而言,这是一个不平稳的随机数列。如果它的波动太大,其发展趋势无规律可循,就无法直接对其进行预测。

如果对它做一次累加生成,即令

$$X_k^1 = X_1^0 + X_2^0 + \cdots + X_k^0 \quad (k=1, 2, \cdots, m) \tag{4}$$

则数列$\{X_k^1 (k=1, 2, \cdots, m)\}$是一个单调递增序列,平稳程度大大增加。如表4-2所示,$x^1(i)$比$x^0(i)$的规律性明显增大。

表 4-2　灰色预测模拟数据

	1	2	3	4	5
原始数据 $x(i, 0)$	2.874	3.278	3.000	3.390	3.678
一次累加数据 $x(i, 1)$	2.874	6.152	9.430	12.430	15.820

数学上可以证明,当$X>0$时,X_1的变化趋势可近似地用如下的微分方程描述:

$$dX_1/dt + aX_1 = u \tag{5}$$

在式(5)中,a和u可以利用已有观测值和最小二乘法求得

$$(a, u)^T = (B^T B)^{-1} B^T Y_m \tag{6}$$

在式(6)中,Y_m是列向量,$Y_m = [X_{02}, X_{03}, \cdots, X_{0m}]^T$;$B$为$(m-1)$行两列数据矩阵,其中第二列元素均为1,第一列$k$行元素为

$$b_{k1} = -\frac{(X_k^1 + X_{k+1}^1)}{2} \quad (k=1, 2, \cdots, m-1) \tag{7}$$

微分方程(5)所对应的时间响应函数为

$$X'^1_{t+1} = (X_1^0 - u) e^{-at} + \frac{u}{a} \tag{8}$$

式(8)是对一次累加生成序列的拟合值(历史数据)和预测值(未来时刻),要求得原始数据的拟合值和预测值,可用如下公式:

$$X_{t+1}^0 = X_{t+1}^1 - X_t^1 \tag{9}$$

虽然这种方法在经济预测中用途较广,并被证明较为有效,但和一般的微分回归分析相比,对不等间隔取值的序列无法应用;而且在常数选取方面,以初始值为准也缺乏理论基础。下面对灰色系统GM(1,1)模型经典例题进行计算结果比较,详见表4-3。

表 4-3　不同模型精度的比较

模型及建模方法		原始数值	2.874 0	3.278 0	3.337 0	3.390 0	3.678 0	误差平方和
GM(1,1)累加建模	模拟值		2.874 0	3.232 2	3.359 9	3.481 2	3.612 9	0.013 018 230 0
	模拟误差		0.000 0	0.005 7	−0.017 9	−0.091 3	0.065 8	
GM(1,1)直接建模	模拟值		2.880 0	3.231 0	3.353 1	3.479 9	3.611 4	0.000 086 551 7
	模拟误差		0.006 0	−0.001 2	−0.006 7	−0.001 3	−0.001 5	
GM(1,0)直接建模	模拟值		2.874 0	3.190 9	3.384 1	3.537 2	3.647 1	0.036 310 000 0
	模拟误差		0.000 0	0.107 1	−0.047 1	−0.147 2	0.030 9	
GM(1,0)优化拟合值	模拟值		2.877 2	3.173 2	3.385 8	3.538 4	3.648 0	0.000 000 700 0
	模拟误差		0.003 2	0.002 3	0.001 6	0.001 7	0.000 8	

注：原始模型为 $dy/dt = ay + u$。

GM(1,1)模型用一次累加数据建模，以初始值为基础确定积分常数，所得预测模型是

$$X(t+1) = 85.478\,577\,56 \times e^{0.037\,116\,122t(1-1/e)} - 82.604\,577\,56 \qquad (10)$$

GM(1,1)优化建模用原始数据建模，以剩余平方和最小为基础确定积分常数，所得预测模型是

$$X(t+1) = 82.708\,092\,87 \times e^{0.037\,116\,122t} - 82.604\,577\,56 \qquad (11)$$

GM(1,0)直接建模是用原始数据建模，以初始值为基础确定积分常数，所得预测模型是

$$X(t+1) = -1.052\,904 \times e^{-0.331\,322\,7t} + 3.926\,904 \qquad (12)$$

GM(1,0)优化建模用原始数据建模，以剩余平方和最小为基础确定积分常数，所得预测模型是

$$X(t+1) = -1.462\,099 \times e^{-0.331\,322\,7t} + 3.926\,904 \qquad (13)$$

由表 4-3 可见，并不是以 GM(1,1)效果最好(拟合误差平方和最小)，而是 GM(1,0)最好。

4.3　区域发展态势的多模型预测

下面以全国旅游业发展指标预测为例[①]，说明多模型结合方法在区域系统预测中的应用。

2009 年 12 月 1 日，国务院出台了《关于加快旅游业发展的若干意见》，提出要把旅游

---

① 吴殿廷,王丽华,王素娟,等.把旅游业建设成为战略性支柱产业的必要性、可能性及战略对策[J].中国软科学,2010(9):1-7.

业建设成为战略性支柱产业[1]。这是到目前为止,国内外国家层面的首个正式关于旅游业最高定位的文件,文件在旅游界引起了强烈的反响。本节的议题是:有必要把旅游业建设成为战略性支柱产业吗?旅游业有可能成为全国的战略性支柱产业吗?我国目前旅游业发展的主要瓶颈在哪里?怎样才能把旅游业建设成为战略性支柱产业?

4.3.1 将旅游业建设成为战略性支柱产业的必要性

1)战略产业、支柱产业和旅游业

所谓"战略产业",一般被界定为攸关一个国家或者地区生死存亡而"不得不"发展的产业。涉及国家根本竞争力、国家安全、国家战略目标实现,影响国家政治地位的产业,都属国家战略产业[2-5]。战略产业定位的基本原则包括:从全局考虑,符合国家利益;从实际出发,符合产业当前的实际状况;明确产业性质,从产业的外部性、自然垄断性、规模、关联度及对国防的意义等多方面进行全面评价[6-8]。用这些标准去考量,旅游业目前还不是典型的战略产业。近几年,中国旅游业占GDP的比例都不到5%,没有承担起战略产业的作用。

对于战略产业也有其他说法,特别是在区域层面,战略产业与先导产业、主导产业和支柱产业等不无相似之处[9-12]。视全国为一区域,从区域经济发展与产业结构演变的角度看,旅游业作为战略性产业,也有一定道理。

所谓"支柱产业",是指在国民经济中具有重要战略地位,产业规模在国民经济中占有较大的份额(如5%或8%以上),并起支撑作用的产业或产业群,但不一定起引导作用;往往由先导产业发展壮大,达到较大规模(主导业)以后成为支柱产业[13]。支柱产业与先导产业、主导产业之间关系,如图4-1所示[14]。我国现阶段的支柱产业是机械电子、石油化工、

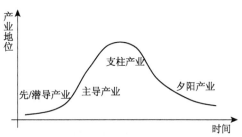

图4-1 制造业在区域经济发展过程中的地位变化

---

① 国务院常务会议.国务院关于加快发展旅游业的意见[Z].2009.
② Christopher K, Edward S. Productivity growth in "high-tech" manufacturing industries[J]. Monthly Labor Review,2002(3):16-31.
③ 艾伯特·赫希曼.经济发展战略[M].曹征海,潘照东,译.北京:经济科学出版社,1991:38-42.
④ 林孝文.战略产业"逆全球化"的政治经济学分析[J].福州大学学报(哲学社会科学版),2008,87(5):17-21.
⑤ 高梁.科教兴国、自主创新和战略产业[J].开放导报,2005(2):72-75.
⑥ 王小强.信息革命与全球化背景下的中国战略产业重组[J].战略与管理,1997(5):1-14.
⑦ 吕政.产业政策的制订与战略性产业的选择[J].北京行政学院学报,2004(4):28-30.
⑧ 梅晓文.中部崛起的战略产业选择[D]:[硕士学位论文].南昌:南昌大学,2006:35-45.
⑨ 陆大道,等.中国区域经济发展的理论与实践[M].北京:科学出版社,2003.
⑩ 向晓梅.地区战略产业特征与形成机理[J].广东社会科学,2006(5):28-32.
⑪ 林桂芳.区域战略产业选择指标体系研究[J].改革与战略,2005(S1):29-32.
⑫ 谢伏瞻.发动机与增长点:中国新世纪的战略产业大调整[M].北京:中国发展出版社,1998.
⑬ 苏东水.产业经济学[M].北京:高等教育出版社,2000.
⑭ 吴殿廷,王旭,肖敏,等.产业地位变化与区域开发的产业模式研究[J].地域开发与研究,2006,25(2):7-13.

汽车制造、建筑业和房地产等。

旅游业是由旨在满足旅游者特定需求与愿望的所有企业、组织机构和设施组成的行业的集合。因此可以说，旅游业是个大产业，目前旅游业已成为世界第一大产业，而且从横向对比来看，经济发展水平越高、社会越进步的国家和地区，旅游业越兴旺。美国是世界上最发达的国家，在其就业人员中，有50%以上的人员从事着与休闲、旅游等有关的产业。把旅游业建设成为支柱产业，符合产业结构演变原理。

2) 把旅游业作为战略性产业的必要性

旅游业是集行、游、住、吃、购、娱等服务为一体的综合性大产业，根据世界旅游组织的统计测算，旅游业每创造1元收入，就会带来4.3元的综合收入；每创造一个劳动岗位，就会为社会带来六七个就业岗位。所以，很多国家和地区都把发展旅游业作为解决劳动力就业、开辟新经济增长点的最重要途径。全国31个省市自治区，几乎都把旅游业作为支柱产业、主导产业或新经济增长点，不能说没有道理。

拉动经济增长有三驾马车：投资、出口和消费。改革开放三十多年来，前两驾马车都发挥了很好的作用。但是，目前因受国际金融危机的影响，这两驾马车都遇到了困难。2009年哥本哈根世界气候大会提出碳排放将成为制约各国经济发展的主要限制因素，而旅游业是低碳产业，是应对节能减排压力的重要产业。因此，在当前出口受阻、就业压力十分巨大、碳排放成为经济发展瓶颈的背景下，有必要把旅游业作为战略性产业，以拉动内需，扩大就业，推动国民经济持续、快速发展。

4.3.2 将旅游业建设成为战略性支柱产业的可能性

国务院文件中关于旅游业战略性支柱产业的建设目标，主要包括以下几个方面：

(1) 到2015年，旅游市场规模进一步扩大，国内旅游人数达33亿人次，年均增长10%；入境过夜游客人数达9 000万人次，年均增长8%。

(2) 出境旅游人数达8 300万人次，年均增长9%。旅游消费稳步增长，城乡居民年均出游超过两次，旅游消费相当于居民消费总量的10%。

(3) 经济社会效益更加明显，旅游业总收入年均增长12%以上，旅游业增加值占全国GDP的比重提高到4.5%，占服务业增加值的比重达到12%。每年新增旅游就业50万人。

表4-4深入考察了这些目标的可行性，给出了最近十多年来各有关项目的变化情况。

表4-4 旅游业相关指标及其变化

年份	1995	2000	2005	2006	2007	2008	2009
入境人数(万人)	4 638.65	8 344.39	12 029.23	12 494.21	13 187.33	13 002.74	12 648.00
国内旅游(百万人)	629	744	1 212	1 394	1 610	1 712	1 900
出境人数(万人)	713.90	1 047.00	3 103.00	3 452.00	4 095.00	4 584.00	4 766.00
旅游总收入与GDP的比值(%)	3.27	4.35	4.00	4.06	4.16	3.86	3.87
旅游花费占居民消费的比例(%)	4.85	6.93	7.42	7.74	8.30	8.07	—

注：为便于各年份之间不因为人民币对美元的差异而导致数据不可比，美元对人民币的换算统一为1美元=7.0元人民币。

1995—2009年,国内旅游人次增长速度是

$$\left[\left(\frac{1\ 900}{629}\right)^{\frac{1}{14}} - 1\right] \times 100 = 8.22(\%)$$

每后一年与前一年相比,旅游人数增长确实有加快的态势(因2003年发生"非典",2004年的数据比较特殊;因2008年举办奥运会,发生地震和冰雪灾害,也属于特殊年份);此外,一般情况下(国际经验),当人均GDP达到3 000美元以后,旅游业确实有一个快速发展的阶段,由此看来,国务院意见中提出的旅游人数年均增长10%是有可能的,但略微偏高。

根据全国1995—2007年数据(因2008年举办奥运会,发生地震和冰雪灾害,2009年国际金融危机,情况特殊,故不做研究),入境旅游人数年均增长为

$$\left[\left(\frac{13\ 187.33}{4\ 638.65}\right)^{\frac{1}{12}} - 1\right] \times 100 = 9.10(\%)$$

应该注意的是,旅游总收入不等于旅游业增加值。在旅游总收入中,旅游业增加值只是其中的一部分,但到底是多大的一部分?80%还是60%?

根据全国2005年投入产出表推算,第三产业的净产值率为48.98%,其中金融保险业最高,达到61.53%(表4-5)。旅游业就算比金融保险业的净产值率还高(实际上不大可能),达到75%,到2015年旅游业增加值与GDP的比值要达到4.5%还是有困难的。

表4-5 第三产业中不同行业的净产值率

	运输邮电业	批发零售贸易、住宿和餐饮业	房地产业、租赁和商务服务业	金融保险业	其他服务业	第三产业合计
净产值率(%)	44.69	49.24	54.39	61.53	46.94	48.98

从旅游业净产值与GDP的比例关系看,按旅游业净产值率75%计算,1995—2007年,旅游业增加值与GDP的比值,增加了(3.12 - 2.45) = 0.67(%),平均每年递增0.055 8%。据此推算,2015年将达到3.566 7%,很难达到4.5%。

为了更深入地考察国务院提出的战略目标的可行性,这里用年平均增长率预测法、二次指数平滑预测方法、自回归预测法、灰色GM(1,1)预测法、灰色GM(1,0)预测法五种方法进行综合预测,得到的结果见表4-6。由此可见,国务院提出的2015年旅游业发展的具体指标中,入境旅游过夜人数、国内旅游人数、旅游消费占居民消费的比例等目标,基本可行;出境旅游人数将大大超过国务院目标;旅游业增加值占GDP比例,将很难达到预定目标。

表4-6 不同模型2015年预测结果与国务院目标的对比

	年平均增长率	二次指数平滑	自回归	灰色GM(1,1)	灰色GM(1,0)	综合预测结果	国务院目标
入境旅游(万人)	26 465	18 778	18 019	25 859	19 988	21 542(总);21 542×41.49% =8 938(过夜)	9 000(过夜)

续表 4-6

	年平均增长率	二次指数平滑	自回归	灰色 GM(1,1)	灰色 GM(1,0)	综合预测结果	国务院目标
国内游客（百万人）	3 013	2 821	3 220	3 164	8 965	3 132	3 300
出境人数（万人）	13 122	7 668	8 376	17 158	18 074	12 885	8 300
旅游总收入与GDP比值(%)	4.88	4.32	4.82	4.42	4.32	4.52(总收入)；4.52×75％=3.39（增加值）	4.50（增加值）
旅游消费占居民消费比例(%)	11.88	10.35	11.05	10.62	9.91	10.67	10.00

注：综合预测即前面五种方法预测结果去掉极大极小值后的算术平均值。

4.3.3 遵循地域分异规律，尊重地方战略部署，有序推进旅游战略性支柱产业建设

全国旅游业的发展，依赖于各个地方的努力。但是，中国是一个人口众多、地域广阔、内部差异十分巨大的国度，全国要把旅游业建设作为战略性支柱产业，不能要求所有的省区也都把旅游业建设作为当地的战略性支柱产业。必须遵循地域分异规律和地域分工原理[①]，尊重地方战略部署，有序推进战略性支柱产业建设。

发展旅游业不是目的，从区域经济发展的角度看，支柱产业越多越好、越大越好；从旅游业的角度看，旅游业的地位越高、投入的强度越大、旅游的收入越多，经济形势越好。但是，一个地区的投入多少，主要取决于政府的财政投入能力（社会投入的规模也不是无限大的）；不同产业，投入—产出效果不一样，要考虑产业结构演变规律，要考察比较优势和机会成本，不能舍本求末。

(1) 对于陕西、新疆、西藏、云南、广西等旅游资源十分丰富而其他产业发展规模有限的地区而言，完全可以而且十分必要把旅游业建设成为支柱产业。一些地域范围较小、旅游市场广阔的区域，也完全可以依靠丰富独特的旅游资源发展旅游业，支撑地区经济的发展，如张家界市、黄山市等。

(2) 不是所有旅游资源丰富的地区都要依靠旅游业来支撑地区经济的发展。正处在工业化、城市化起步和快速发展的较大地区比如浙江、江苏等，其制造业、出口加工业等对地区经济发展的支撑作用更大。区域经济发展需因地制宜，以免贻误战机，错过经济社会发展的战略机遇期。

(3) 社会经济发展的空间不平衡，使得某些经济落后地区在现代制造业的发展条件有限的形势下，有可能借助其丰富独特的旅游资源，发展旅游业来支撑其社会经济的发展，如云南、贵州和西藏省省区，这些区域旅游业依赖的客源市场是广大的，甚至是很发达的。

(4) 对于旅游业已经成为支柱产业的地区，如黄山市、张家界地区等，维持旅游业的

---

① 吴殿廷. 区域经济学[M]. 北京：科学出版社, 2009：181-194.

持续、健康发展,延长其支柱产业生命周期,是政府的责任,要特别注意整合经营,提高营销效率和效益。

4.3.4 结论和讨论

基于以上分析,得出以下结论或建议。

(1) 旅游业的地位是随着社会收入水平的提高而提高的,在社会经济发展的早期阶段,旅游业的地位很低,甚至不成为产业,当然也谈不上支柱产业了。目前中国已经进入到工业化中后期,旅游业已经成长为重要的产业,把旅游业作为战略性产业来抓,有一定的合理性。

(2) 工业化和城市化是一个较大地区(如一般省区)实现现代化的根本途径,目前我国的旅游业只是在特定环境背景下或较小区域范围内才能发挥支柱性产业、战略性产业的作用。当前还要夯实工业化基础,大力发展高新技术产业和新材料、新能源等产业,以应对低碳经济的要求。

(3) 旅游业能够成为战略性支柱产业只在我国的特殊地区、特定环境下才有意义。国务院提出的2015年旅游业发展目标基本可行,2020年中国有可能成为世界旅游强国。

(4) 不是所有的地区或国家都能把旅游业建设成战略性支柱产业——旅游资源贫乏、旅游市场有限的情况下,旅游业不可能成为支柱产业。旅游业要成为支柱产业,必须有丰富独特的旅游资源,且在产业培育初期,不但要有很好的政策支持,还要有政府的主导投入——基础设施甚至景区环境建设,更要有旅游企业的高效运作。要充分发挥市场在资源配置中的主导作用,切忌政府大包大揽,避免泡沫经济。

(5) 旅游业在国民经济中的地位将会越来越高,但全国建设旅游业战略性支柱产业是在特定情况下的暂时性措施(战略性抉择、临时性措施),要夯实国民经济基础,加快城市化进程,推进工业化,提高制造业质量和竞争力,加快发展高新技术产业和新材料、新能源产业。

(6) 我国旅游业目前所面临的挑战是:旅游从业人员的整体素质不高,特别缺乏懂管理、会经营的高级人才;旅游法律法规建设严重滞后;旅游企业小、散、弱现象明显,旅游经济效益不佳;旅游管理中条块分割,政出多门,严重束缚了旅游业的持续协调发展;旅游市场不旺,提高旅游消费还需要一定的政策跟进。

把旅游业建设成为战略性支柱产业,要充分发挥中央、地方、企业和社会多方面的积极性,理顺条块关系,完善法律法规;加强基础研究,指导旅游科学发展;加强基础设施建设,加快金旅工程进度;遵循地域分异规律,不同地区实施不同的旅游发展战略;开展"华人游中国"运动,组织城里人进行"上山下乡"。

5 区域系统决策—对策方法研究

5.1 决策—对策概述

决策和对策方法就是用一定的数学工具,把多种未来可能出现的情况、可能性的大小、有可能采取的多种行动方案以及各个方案可能产生的结果等,简单、明确、形象地显示出来,从而使决策者思想条理化,把注意力放到有决定意义的事务上,更充分地发挥主动性和创造性,做出最合理的决策。

区域分析与规划中各种模型方法之间的关系,如图 5-1 所示。

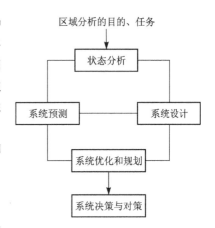

图 5-1 区域分析与规划中各类模型之间的关系

5.1.1 决策的问题与类型

根据性质不同,可以将决策问题分为四种:确定型、风险型、非确定型和竞争型。

(1) 确定型决策,就是决策的对象系统的未来状态是确定的,对系统的开发虽然可以采取不同的开发方案,但每一种开发方案的费用和效益也是确定的(可以用确定的数学模型表达出来),决策的目的就是从若干个方案中找出最佳方案。

(2) 风险型决策,也叫统计型决策或随机型决策。它具备下列五个条件:
① 决策目标明确。
② 决策方案具体,且不少于两个。
③ 系统可能出现的状态不少于两种,且难以确定。
④ 系统可能出现的状态的概率已知或可以求得。
⑤ 不同决策方案在系统不同状态下的损失和收益可以被计算出来。

(3) 非确定型决策,同风险型决策相比,缺少条件④,即存在系统可能出现的状态不少于两种,但各状态出现的概率无法得知。

(4) 竞争型决策,是指有竞争对手的决策,如军事决策、市场占领决策等。这种决策,其方案的选择,不仅要考虑决策对象本身的变化,还要考虑竞争对手的策略。

5.1.2 非确定型决策问题的分析方法

假定某一工厂准备生产一种产品,因缺乏资料,工厂对该产品市场需求量只能估计为较高、一般、较低、很低四种情况,而对每种情况出现的概率无法预测。为生产这种产品,工厂考虑了三个方案。

第一方案:改建原有的生产线。

第二方案:新建一条生产线。

第三方案:从市场上采购部分零件,本厂生产其他部分,组装后出售。

这三个方案在不同市场需求情况下的获利情况如表 5-1 所示。

表 5-1　非确定型决策问题数据(假想)

市场需求	第一方案	第二方案	第三方案
较高	600	800	400
一般	400	350	250
较低	0	−100	90
很低	−150	−300	50

对于这种非确定型决策问题,目前存在多种分析方法,下面结合此例介绍常见的几种:

1) 等概率法

既然各种自然状态出现的概率无法预测,不妨假定它们的概率相等。此例中,四种状态,按等概率计算,每种状态出现的概率为 1/4＝0.25。因此,各方案的损益值是:

第一方案:$600×0.25+400×0.25+0×0.25+(-150)×0.25=212.5$

第二方案:$800×0.25+350×0.25+(-100)×0.25+(-300)×0.25=187.5$

第三方案:$400×0.25+250×0.25+90×0.25+50×0.25=197.5$

第一方案收益值最大,应被认为是最佳方案。

2) 最大的最小收益法(小中取大)

以最小收益值为评价标准,注意的重点放在收益不低于一定限度(或损失不超过一定的限度)。计算步骤是:先找出各方案中的最小收益值;然后比较这些最小收益值,以其中的最大者确定最佳方案。

如上例,三个方案的最小收益值分别是:−150,−300,50。50 最大,所以第三方案为最佳方案。

显然,此法是一种比较保守的分析方法。

3) 最大的最大收益法(大中取大)

和小中取大相反,以各方案的最大收益为比较对象,大中取大。此例中,各方案的最大收益值分别是:600,800,400。800 最大,所以第二方案是最佳方案。显然,此法是一种十分乐观的分析方法。

4) 最小的最大后悔值法(大中取小)

当某一状态出现而决策者却未采取对应的方案,决策者就会感到后悔。最大收益值与所采取的方案的收益值之差,叫做后悔值。按照这种分析方法,先找出各个方案的最大后悔值,然后选择最大后悔值最小的方案作为最佳方案。此例中,各种状态的最大收益值计算如下:

(1) 市场需求较高时,最大收益值是第二方案(800)。

(2) 市场需求一般时,最大收益值是第一方案(400)。

(3) 市场需求较低时,最大收益值是第四方案(90)。

(4) 市场需求很低时,最大收益值是第四方案(50)。

因此,各方案在各种状态下的后悔值就如表 5-2 所示:

表 5-2 各方案的后悔值计算结果

市场需求	第一方案	第二方案	第三方案
较高	800－600＝200	800－800＝0	800－400＝400
一般	400－400＝0	400－350＝50	400－250＝150
较低	90－0＝90	90－(－100)＝190	90－90＝0
很低	50－(－150)＝200	50－(－300)＝350	50－50＝0
最大后悔值	200	350	400

三个方案中,以第一方案的最大后悔值最小,因此,第一方案为最佳方案。

5) 乐观系数法

最大的最小收益值法是从最悲观的估计出发,最大的最大收益值法是从最乐观的估计出发,两者都是走极端的估计。将二者结合起来,即根据决策人员的主观判断,选择一个系数 $\alpha(0<\alpha<1,\alpha$ 称乐观系数),当 $\alpha=0$ 时,决策人员对出现的状态持完全悲观的看法;当 $\alpha=1$ 时,决策人员对出现的状态持完全乐观的看法。

对上述例子,假定取 $\alpha=0.2$,则 $1-\alpha=0.8$ 为悲观系数。利用这两个系数可以计算出各方案的收益值,就是乐观系数×最大收益＋悲观系数×最低收益。用此法计算上例各方案的收益值就是:

第一方案:$0.2\times 600+0.8\times(-150)=0$

第二方案:$0.2\times 800+0.8\times(-300)=-80$

第三方案:$0.2\times 400+0.8\times 50=120$

120 最大。因此,可以认为第三方案为最佳方案。

从以上分析可以看出,不同的分析方法,导致不同的结果,得到不同的最佳方案。仔细研究所得结果,可以认为各方法都有自己的优点和缺点。决策人员究竟采用哪种方法,取决于他对未来状态的估计是乐观的还是悲观的,也取决于他个人是比较谨慎还是喜欢冒险。在某种情况下选用某种方法,要依靠决策者个人的判断,这必然带来很大的主观性。这种主观性是很难避免的,因为既然未来状态出现的可能性大小是不能预测的,要做出完全符合客观情况的判断是不可能的。

5.2 层次分析法的不足及其改进建议

美国运筹学家萨德于 20 世纪 70 年代提出的层次分析法,是一种定性与定量相结合的决策分析方法。对各种类型问题的决策分析具有较广泛的实用性。在一般评价中,对于一些无法测量的因素,只要引入合理的标度,就可以用这种方法来度量各因素的相对重要性,从而为决策提供依据。

层次分析法的主要贡献在于：①提供了层次思维框架，便于整理思路，做到结构严谨，思路清晰；②通过对比进行标度，增加了判断的客观性；③把定性判断与定量推断结合，增强科学性和实用性，但也存在明显的不足，本节谨对此做深入探讨①。

5.2.1 层次分析法需要改进的地方

（1）和一般的评价过程，特别是模糊综合评价相比，层次分析法客观性较高，但当因素多（超过九个）时，由于标度工作量太大，易引起标度专家的反感和判断混乱。

（2）对标度可能取负值的情况考虑不够。标度确实需要负数，因为有的措施的实施，会对某些特定目标造成危害，如实现机械化，就对解决就业不利。虽然有关于－1至1标度的讨论②，但对于这种标度下权重计算问题的讨论不足。

（3）对判断矩阵的一致性讨论得较多③④，而对判断矩阵的合理性考虑得不够，这是因为专家对标度的数量和质量探讨得不充分。

（4）没有充分利用已有定量信息。层次分析法都是研究专门的定性指标评价问题，对于既有定性指标，也有定量指标的问题（这种问题更普遍）讨论得不够。事实上，为使评价客观，评价过程中应尽量使用定量指标，实在没有定量指标才用定性判断。

5.2.2 对层次分析法的若干改进建议

1）改进判断矩阵的构造方法

为减小工作量，可以采取如下两种方法构造判断矩阵：

（1）只对下三角或上三角进行标度。一般需要标度 $M = N \times (N-1)$ 个（N 是评价因子个数），若只对下三角进行标度，只需标度 $M/2$ 个，工作量减少一半，并且可以大大提高判断矩阵的一致性，这已经为大多数人所采用。

（2）只以一个因子为准进行标度（只获取一列或一行判断值），然后用如下的递推方法推算判断矩阵中其他位置的数据。获取一列或一行判断值，只需标度 $(N-1)$ 个，这也大大减小工作量，且可以使判断矩阵具有完全的一致性。

$$p_{ii} = 1 \quad (i = 1, 2, \cdots, n); \quad p_{ij} = 1/p_{ji} \quad (i, j = 1, 2, \cdots, n) \tag{1}$$

只对下三角进行标度，在获得第一列（对其他列标度也可以，只要将其调换成第一列即可）判断值后，根据递推公式⑤有

$$p_{ij} = p_{(i, j-1)} / p_{(i-1, j-1)} \quad (i = 2, 3, \cdots, n; j = i+1, \cdots, n) \tag{2}$$

---

① 吴殿廷，李东方. 层次分析法的不足及其改进的途径[J]. 北京师范大学学报（自然科学版），2004，40(2)：264-268.
② 徐泽水. 层次分析新标度法[J]. 系统工程理论与实践，1998(10)：74-77.
③ 魏翠萍，章志敏. 一种改进判断矩阵一致性的算法[J]. 系统工程理论与实践，2000，20(8)：62-65.
④ 王应明. 判断矩阵排序方法综述[J]. 决策与决策支持系统，1995，5(3)：101-114.
⑤ 金菊良，魏一鸣，付强，等. 改进的层次分析法及其在自然灾害风险识别中的应用[J]. 自然灾害学报，2002，11(2)：20-24.

如果对上三角进行标度,在获得第一行标度(对其他列或行标度也可以,只要将其调换成第一行或列即可)后,有递推公式

$$p_{ij} = p_{(i-1, j)} / p_{(i-1, j-1)} \quad (j = 2, 3, \cdots, n; i = j+1, \cdots, n) \tag{3}$$

应该注意的是,此方法中,基础标度(标度行或列)的影响较大,一旦不合理,根据累积放大原理,将导致整个判断矩阵的更不合理。为此,提高第一行或列的标度质量成为本方法的关键。

提高第一行标度质量的途径为:先进行简单的考察,找出可能的最佳因子、最差因子或中间因子,然后就以它(极佳、极差或中间因子)为基础进行标度;或者分别以极佳、极差或中间因子为基础进行标度。后者的工作量虽然比前者大了两三倍,但比起一般的标度来说,要小得多。

以极佳、极差或中间因子为基础进行标度能提高判断矩阵质量的原因是:极端状态(极佳或极差)因子的价值取向明显,要么最好,要么最差,其他因子的价值介于这二者之间,因此其标度领域应该界于1—9或1/9—1(假如标度区间是1/9—9的话),便于比较;以中间状态因子为基础进行标度能提高判断矩阵质量的原因在于平均数(状态)原理,即人们进行评价判断时,总是自觉不自觉地以某种平均状态为基础,来考察评价对象是好于平均状态,还是劣于平均状态(接近于平均状态的标度为1,好于平均状态的标度大于1,劣于平均状态的标度小于1)。以平均状态为基准,所获得的最大标度不会是9,最小标度不应是1/9,因此标度区间应该是1/5—5。

2) 提高判断矩阵标度质量的途径

判断矩阵一致性差肯定是不合理的,但判断矩阵一致性好也并非就合理。一致性好,说明标度者逻辑思路清晰,前后统一协调。但是,合理性不仅要考虑逻辑思路是否清晰,还要注意价值取向的正确,否则只要请数学家、逻辑专家来标度好了,而不必请有关问题的专家。当然,有些因素的价值取向是仁者见仁,智者见智,因此要请多位专家而不是一两位专家来标度。所以,请专家、请多个专家来标度是改进判断矩阵的首要因素。

在请多个专家进行评价时,最好采取独立的方式,相互之间不能互相干扰,否则,容易受"大专家"意见的主导,使多专家失去意义。这也是"背靠背"、德尔菲法所提倡的。

至于多个专家评价结果的综合,可以在两个环节上进行:一是对判断矩阵中的指标进行综合;二是对最终结果进行加和及归一化处理。两者各有利弊,前者工作量不大,只进行简单的矩阵加和即可,不增加矩阵特征根计算,但很难保持判断矩阵的一致性;后者计算工作量大,要计算多个矩阵的特征根,但容易保证各矩阵的一致性。

与模糊综合评价结合解决标度工作量大的问题。层次分析法与模糊综合评价各有优缺点——模糊综合评价节省工作量,但主观性大;层次分析法工作量大,但主观性减少了。为此建议,当评价对象很多时、评价精度要求不高时,直接用模糊综合评价的方法给各个对象评分;而对于各因子的权重确定,要用层次分析法[①]。

---

① 张勇慧,林焰,纪卓尚.基于层次分析法的运输船舶多目标模糊综合评判[J].系统工程理论与实践,2002(11):129-133.

5.2.3 案例

教师的绩效考核、职务聘任就是一个典型的层次分析问题。不仅是国家层面,各级各类教学、科研单位都面临着客观、公正、全面、合理考核绩效的问题[①]。

1) 问题的提出

某系有两个教授岗位,有四个人申请这些岗位。各位申请者的情况如下。

对象 1:教学骨干,科研一般,管理参与量少,师德没有什么问题。

对象 2:教学很强,科研也不错,管理参与得不太多,师德很好。

对象 3:科研尖子,师德突出,管理参与得不少,教学工作量一般。

对象 4:主要领导,事务性工作多,教学、科研不强,师德方面一般。

现在的问题是:到底该聘哪两位?

2) 评价过程与方法

步骤 1:全面地收集、整理反映各位申请者绩效的定量信息,并把这些信息换算成可比的工作量(以本科课堂授课一学时为一个计量单位),得到每位申请者的教学工作量、科研工作量。

步骤 2:根据学校不同管理工作的性质及责任的大小和牵涉精力的多少,比照正处级、副处级、正科级、副科级职位和社会兼职等,对各位管理工作的绩效进行量化。

步骤 3:用模糊综合评价和层次分析法对各位的师德(教书育人、思想品德等)进行评价,见表 5-3 中的对应部分。之所以用两种方法评价师德,是因为师德评价复杂、重要,用一种方法怕没有把握。模糊综合评价的结果差异小——师德方面如果打 0.6 分或以下,则说明该教师不合格。这从实际情况看是合理的,说明模糊综合评价所得到的结果是有实际意义的,但标度的显示性(差异性识别)小。层次分析法正好相反——标度的显示性大,甭管实际差别有多大,只要比对方强,就可以给高分,最高可以给到 9 分,但实际含义已经大变。

表 5-3 四个申请者绩效评价明细表

因子	教学工作量	科研工作量	管理工作量	师德(1) 模糊评价	师德(2) 层次分析法	定量(教学、科研管理)
权重	0.3	0.3	0.2	0.2	0.2	0.8
对象 1	200	100	20	0.80	0.317 7	0.979 2
对象 2	180	120	30	0.90	0.758 4	1.000 0
对象 3	69	180	60	0.95	1.000 0	0.903 1
对象 4	50	20	80	0.70	0.161 1	0.385 4

步骤 4:将表 5-3 的数据进行一致化和标准化处理。因素与目标之间有三种关系[②],

---

① 蔡永红,林崇德.绩效评估研究的现状及其反思[J].北京师范大学学报(人文社会科学版),2001(4):119-126.

② 熊锐,曹锟生.多目标决策的层次分析法[J].系统工程理论与实践,1992(6):58-62.

这里的指标都是正指标,因此不用进行一致性处理。但定量指标与定性指标的量纲不同,数据变化幅度差别悬殊,需要进行归一化处理。这里用的是极值归一化。

步骤5:给出各评价因子的权重。这里用了两种方法给出评价因子权重,原因同前(重要、复杂)。

步骤6:结果综合,聘一位时应聘对象2;聘两位时应聘对象2、对象1;聘3位时应聘对象2、对象1、对象3。本节要聘两位,当然是聘对象1、对象2了。这和实际情况完全一致(得分前两位被聘上),说明上述思路和具体做法是有实用价值的。

5.2.4 结论与讨论

1) 结论

(1) 层次分析法是一种功效评价得很好的方法,但不是万能的方法。在功效评价方面其他方法也有价值,并且与层次分析法形成互补;将层次分析法与其他方法结合起来应用,可以将评价问题做得更科学、合理、可行。

(2) 定性标度是必要的,努力提高定性标度的质量也是重要的,但首先应尽可能地挖掘定量信息的价值;定性标度与定量信息的结合才是客观、公正、全面评价的努力方向。但在具体做法上尚没有成熟、有效的方法。那种将定量指标转换成定性标度以便层次分析法的应用是本末倒置,也抹杀了定量信息的差异,不宜提倡;将定性标度指标与定量指标结合是努力的方向,但很难直接应用层次分析法。

(3) 定性标度本身也需要改革,需要多个专家来标度独立的标度。

(4) 模糊评价结果较粗略,层次分析法结果较深入,但都只有相对意义。要深入把握评价对象的优劣特征,在评价对象、评价因素不是很多时,应使用层次分析法;当评价对象很多、评价结果可以粗略时,应该用模糊综合评价法。

(5) 在模糊综合评价中,尺度对应法和模糊贴近度的计算,是定量信息充分应用的表现;权系数的确定,最好采用层次分析法。

2) 讨论

将层次分析法与熵技术结合起来,是改进层次分析法的努力方向之一,可以一定程度上提高层次分析法的评价质量[1]—[3],但也还有一些问题没有解决,诸如:

(1) 请多位专家参与评价时,各专家的意见如何综合?可用一致性检验的办法剔除自相矛盾的评价。其他多位专家的意见如何综合?是对判断矩阵各要素进行综合,还是对最终结果进行综合? 前者计算工作量相对小一些,只需计算一个矩阵的最大特征根对应的特征向量,但不能保证一致性;后者计算工作量大一些,需计算多个矩阵的最大特征根对应的特征向量,不涉及一致性问题。除此之外,还有什么办法、准则?

(2) 专家评价的质量是否需要考虑,或采取不同权重处理之?

(3) 从正反两个方面分别标度,或许更能保证判断的准确性。

---

[1] 方创琳,毛汉英.区域发展规划指标体系建立方法探讨[J].地理学报,1999(5):410-419.
[2] 王靖,张金锁.综合评价中确定权重向量的几种方法比较[J].河北工业大学学报,2001(2):52-57.
[3] 黄维忠.基于熵权的层次分析法及在船舶投资决策中的应用[J].上海海运学院学报,2000,21(1):97-101.

本节提出的问题及其解决的思路,不仅适合于多层次评价,在一般的功能、价值或效益评价中也可以应用。比如,在进行长白山区特产资源和吉林省非金属矿产资源开发规划中,在确定重点开发资源或矿种时,就使用了这种方法①②,效果很好。

5.3 农作物优化布局模型研究

农作物布局是农业生产布局的重要方面,也是土地利用规划的主要内容之一。本节利用系统科学,特别是运筹学的思想方法,探讨农作物优化布局的数学表达方式③。

5.3.1 农作物布局问题分析

1) 传统的农作物生产布局决策

传统的农作物生产布局决策,常是在综合分析各布局因素及其变化的基础上,用"拍脑袋"的方法来决定各种作物种多少,各块地种什么,因而很难达到最优,甚至谈不上"优化"。随着市场经济的发展及科学技术的进步,特别是数学、计算机科学在各领域的应用,这种传统的决策方法已满足不了社会发展的需要,农作物生产布局亟须改进决策方法,提高决策水平,尽量给出定量的和优化的决策结论。

2) 作物生产布局的决策思路

作物生产布局有两种决策思路,一是假定各地块之间无差异,决策问题主要是根据市场需求和资源供给条件,确定各种作物的播种面积;另一种是考虑各地块(或各类地)的差异,决策问题主要是根据市场需求、资源供给条件及各地块对不同作物的适应性,决定各地块种什么作物。前者是典型的区位论问题,已有很多学者做过探讨;后者较为复杂,特在此做些讨论。

3) 影响农作物布局的因素

影响农作物布局的因素很多,如土地资源的自然属性,距市场的距离,市场状况,水、种子、化肥、农药、资金投入能力和栽培技术等。用数学的方法来研究这些因素对农作物生产布局的影响,有的是很难表示的,如科学技术进步;有的能够表示,但也必须做出特殊的假定。

(1) 自然属性

应该说,在一个不太大的地区范围内,各地块种某些常见的农作物,都是可以办到的,只要投入(技术、资金、人力等)足够得多。因此,描述土地自然属性对农作物布局的影响可以用各地块相同的投入所导致的单产不同来表示,也可以用相同的单产所需要的不同投入来表示④。

---

① 吴殿廷.长白山区特产资源开发的研究[J].自然资源,1992(6):42-46.
② 吴殿廷,张凤桐,孙占芬,等.吉林省非金属矿产资源开发决策中的几个问题[J].系统工程理论与实践,1997(5):134-139.
③ 吴殿廷,王传周.农作物布局优化模型的初步研究[J].北京师范大学学报(自然科学版),1998,34(4):554-558.
④ 张超,杨秉赓.计量地理学基础[M].北京:高等教育出版社,1984:182.

(2) 距市场的距离

距市场距离直接影响农作物生产利润的大小(因运费不同)和实现利润的难易程度(因易运输程度不同),可以用把运输成本计入总成本的办法来考虑该因素对作物布局的影响。运输成本是运输量、运输距离和运输价格的函数。

(3) 市场因子

市场对作物布局的影响主要表现在农产品价格和市场容量两个方面。一般说来,价格越高,市场容量越小;价格越低,市场容量越大。

(4) 投入能力

农业耕作投入包括资金、化肥、机械、劳力、水和技术等,这些投入中,除技术外,都可以定量地加以描述。它们对作物布局的影响,既表现在总量限制(总供给能力有限)上,也表现在单位面积投入的强度上,其中后者可在土地自然属性中予以考虑。因而,在投入方面,只考虑总量限制即可。

一般说来,这些投入之间,有很大的互补性,如可通过多投入劳力精耕细作来提高单产,也可以通过多投入化肥来提高单产。所以,在条件许可的情况下,应构造包括投入要素互补特征的数学模型体系。

5.3.2 农作物布局决策的简化模型

1) 决策问题

假定有 N 块地(各地块内部无差异),要种 M 种作物(每块地只种一种作物),问如何安排各地块所种作物,才能在满足各种约束条件的情况下获得最大的经济效益?这是一个典型的 0—1 规划问题[①]。

2) 假定条件和符号设定

假设:

(1) 各地块的面积为 W_i。

(2) 假定只有一个市场,各块地到市场的距离 D_i 为已知,市场对 j 作物产品的需求量最大值为 $\max Q_j$,最小值为 $\min Q_j$,均为已知。

(3) 各作物产品单位距离、单位重量的运输价格为 T_j。

(4) 各作物产品的市场价格 C_j 假定不变。

(5) i 块地种 j 种作物(一种作物对应一种产品)的单产为 P_{ij} 假定不变(只是要求的投入不同)。

(6) 为保证 i 块地种 j 作物达到单产 P_{ij},单位面积需投入的劳力为 L_{ij},水量为 S_{ij},化肥量为 H_{ij},机械为 G_{ij}。

(7) 因水源地、劳动力市场、化肥市场及机械条件的不同,各地块的劳动力价格、水价格、化肥价格和机械投入价格不同,分别假定为 L_i,S_i,H_i,G_i。

(8) 假定 i 块地种 j 作物,则 $Y_{ij}=1$,否则 $Y_{ij}=0$,Y_{ij} 为待求的决策变量。

---

① 李德,钱颂迪.运筹学[M].北京:清华大学出版社,1982:124.

3）约束条件

（1）满足市场要求，同时不造成产品积压

$$\min Q_i \leqslant \sum_{i=1}^{n} W_i P_{ij} Y_{ij} \leqslant \max Q_i \quad (j=1,2,\cdots,m) \tag{4}$$

（2）资源约束

假设所供给的资源在各地块之间是可以互相流动的，只是供给价格不同，则有如下资源约束条件：

① 水资源使用不超过总供给能力 S，即

$$\sum_{i=1}^{n} \sum_{j=1}^{m} W_i \times S_{ij} \times Y_{ij} \leqslant S \tag{5}$$

② 劳动力占用不超过总供给能力 L，即

$$\sum_{i=1}^{n} \sum_{j=1}^{m} W_i \times L_{ij} \times Y_{ij} \leqslant L \tag{6}$$

③ 化肥使用不超过总供给能力 H，即

$$\sum_{i=1}^{n} \sum_{j=1}^{m} W_i \times H_{ij} \times Y_{ij} \leqslant H \tag{7}$$

④ 机械使用不超过总供给能力 G，即

$$\sum_{i=1}^{n} \sum_{j=1}^{m} W_i \times G_{ij} \times Y_{ij} \leqslant G \tag{8}$$

⑤ 资金使用不超过总供给能力 Z，即

$$\sum_{j=1}^{M} \sum_{i=1}^{N} W_i Y_{ij} (S_{ij} S_i + L_{ij} L_i + H_{ij} H_i + G_{ij} G_i) \leqslant Z \tag{9}$$

假定所供给的资源在各地块之间不能够互相流动，供给价格也不一样，则除上述约束条件外，还需增加如下资源约束：

① 各地块水资源使用不超过供给能力 S_i，即

$$\sum_{j=1}^{M} W_i \times S_{ij} \times Y_{ij} \leqslant S_i \tag{10}$$

② 各地块劳动力占用不超过供给能力 L_i，即

$$\sum_{j=1}^{M} W_i \times L_{ij} \times Y_{ij} \leqslant L_i \tag{11}$$

③ 各地块化肥使用不超过供给能力 H_i，即

$$\sum_{j=1}^{M} W_i \times H_{ij} \times Y_{ij} \leqslant H_i \tag{12}$$

④ 各地块机械使用不超过供给能力 G_i，即

$$\sum_{j=1}^{M} W_i \times G_{ij} \times Y_{ij} \leqslant G_i \qquad (13)$$

⑤ 各地块资金使用不超过供给能力 Z_i，即

$$\sum_{j=1}^{M} W_i \times Y_{ij}(S_i S_{ij} + L_i L_{ij} + H_i H_{ij} + G_i G_{ij}) \leqslant Z_i \quad (i = 1, 2, \cdots, N) \qquad (14)$$

(3) 变量的自然要求

① 非负要求，即

$$Y_{ij} \geqslant 0 \quad (i = 1, 2, \cdots, n; j = 1, 2, \cdots, m) \qquad (15)$$

② 一块地最多只能种一种作物，即

$$\sum_{j=1}^{M} Y_{ij} \leqslant 1 \quad (i = 1, 2, \cdots, N) \text{（若} \sum_{j=1}^{M} Y_{ij} = 0 \text{意味该地块闲置）} \qquad (16)$$

4) 目标函数

经济效益有各种不同的理解，如总产量最大，总产值最大，净产值最大等[①②]。

(1) 总产量最大。当总生产能力有限（市场的基本需求难以满足，正如中国 20 世纪六七十年代）时，产量往往成为决策考虑的最主要方面。此时的目标函数是

$$\sum_{j=1}^{M} \sum_{i=1}^{N} W_i Y_{ij} P_{ij} \Rightarrow \max \qquad (17)$$

(2) 总产值最大。20 世纪 90 年代以前，我国的经济建设只注意规模，不注重效益，产值往往成为经营决策的最主要方面。此时农作物布局决策的目标函数是

$$\sum_{j=1}^{M} \sum_{i=1}^{N} W_i Y_{ij} P_{ij} C_j \Rightarrow \max \qquad (18)$$

(3) 总费用最小。为不冒风险，有时也把总费用最小作为决策的最主要因素加以考虑。此时农作物布局决策的目标函数是

$$\sum_{j=1}^{M} \sum_{i=1}^{N} W_i Y_{ij} [(S_i S_{ij} + L_i L_{ij} + H_i H_{ij} + G_i G_{ij}) + D_i P_{ij} T_j] \Rightarrow \min \qquad (19)$$

(4) 净产值最大。在市场经济条件下，最有意义的是净产值，即总产值中扣去总成本后的部分。农作物布局决策净产值最大的目标函数是

$$\sum_{j=1}^{M} \sum_{i=1}^{N} W_i Y_{ij} \{C_j P_{ij} - [(S_i S_{ij} + L_i L_{ij} + H_i H_{ij} + G_i G_{ij}) + D_i P_{ij} T_j]\} \Rightarrow \max \qquad (20)$$

---

① 吴殿廷,张凤桐,孙占芬,等. 吉林省非金属矿产资源开发决策中的几个问题[J]. 系统工程理论与实践,1997(5):134-139.

② 邓宏海. 农业生产结构调整的系统理论与方法[J]. 中国社会科学,1984(1):93-114.

5) 几点说明

(1) 为保证上述模型有解,资源(水、劳动力、化肥、机械及资金)供给必达一定水平①。

(2) 若要考虑投入要素的互补问题,应首先建立投入要素变化与单产之间的关系方程

$$P_{ij} = U\{L_{ij}, S_{ij}, H_{ij}, G_{ij}\} \tag{21}$$

将单产看成是各项投入的函数,投入变量成为决策变量。此时,因 P_{ij} 和 L_{ij},S_{ij},H_{ij},G_{ij} 已不是常量,故作物布局问题转化为混合规划问题,其求解过程异常复杂。

(3) 若考虑多个(假定为 f 个)市场情况,市场方面的约束条件将变成

$$\min Q_{kj} \leqslant \sum_{i=1}^{N} W_i A_{ik} Y_{ij} P_{ij} \leqslant \max Q_{kj} \quad (k=1, 2, \cdots, f; j=1, 2, \cdots, m) \tag{22}$$

其中,A_{ik} 是 i 地块的产品运往 k 市场的比例系数,显然 $0 \leqslant A_{ik} \leqslant 1$,$A_{ik}$ 是待求的决策变量。

这种情况下总产量最大和总产值最大的目标函数均不变。总费用最小的目标函数变为

$$\sum_{j=1}^{M}\sum_{i=1}^{N}\{W_i Y_{ij}[(S_i S_{ij}+L_i L_{ij}+H_i H_{ij}+G_i G_{ij})]+\sum_{k=1}^{f} D_{ik} A_{ik} P_{ij} T_j\} \Rightarrow \min \tag{23}$$

净产值最大的目标函数变为

$$\sum_{j=1}^{M}\sum_{i=1}^{N} W_i Y_{ij}[C_j P_{ij}-(S_i S_{ij}+L_i L_{ij}+H_i H_{ij}+G_i G_{ij})]-\sum_{k=1}^{f} D_{ik} A_{ik} P_{ij} T_j \Rightarrow \max \tag{24}$$

(4) 若同时考虑市场价格与市场容量的相互制约关系,应首先建立价格与容量之间的关系方程,即

$$C_{kj} = H\{Q_{kj}\} \tag{25}$$

其中,C_{kj} 和 Q_{kj} 分别是 k 市场 j 产品的价格及供应量,且 Q_{kj} 满足

$$Q_{kj} = \sum_{i=1}^{N} W_i A_{ik} Y_{ij} P_{ij} \quad (i=1, 2, \cdots, n) \tag{26}$$

此时可假定市场容量无上下限,即价格极低时,市场容量非常大;价格极高时,市场容量相当小。在约束方程中去掉市场约束;目标函数中,总产值项变为:

$$\sum_{k=1}^{f}\sum_{j=1}^{M} C_{kj} Q_{kj} \tag{27}$$

此时布局决策已转化为混合规划问题,其求解过程也将变得非常复杂。

---

① 陈锡康.生产力布局的若干经济数学模型[J].地理学报,1981,36(1):1-12.

(5) 上述模型中,没有考虑作物的间套复种问题。

5.3.3 考虑间套复种情况的数学描述

1) 假定条件及符号设定

在上述有关假定基础上,补充如下设定:

(1) 假设 M 种作物中,任两种均可进行间(套、复)种(当然,所需投入不同),且只有一种间(套、复)种方式,不考虑两种或两种以上作物的间(套、复)种问题。

(2) 当第 i 块地是第 u 种作物与第 v 种作物间种,则记 $Y_{iuv}=1$,否则 $Y_{iuv}=0$。Y_{iuv} 是决策变量。

(3) 第 i 块地采取第 u 种作物与第 v 种作物间种,标准单产为 $P_{iu}+P_{iv}$(产 u 作物 P_{iu}、v 作物 P_{iv})。

(4) 为保证第 i 块地采取第 u 种作物与第 v 种作物间种达到标准单产 $P_{iu}+P_{iv}$,单位面积需投入的劳动力为 L_{iuv},水量为 S_{iuv},化肥量为 H_{iuv},机械为 G_{iuv}。

(5) 只种一种作物实质可看成 $u=v$ 的特例,此时单产为 $P_{iu}+P_{iv}=2P_{iu}=2P_{iv}(P_{iu}=P_{iv})$。

2) 约束条件

(1) 资源方面的约束方程与前类似。

(2) 市场方面的约束(假定只一个市场)为

$$\min Q_j \leqslant \sum_{i=1}^{N} W_i P_{ij} \sum_{u=1}^{M}(Y_{iuj}+Y_{ijj}) \leqslant \max Q_j \quad (j=1,2,\cdots,m) \tag{28}$$

对于多个市场,可仿上述列出约束方程

$$\min Q_{kj} \leqslant \sum_{i=1}^{N} W_i A_{ikj} P_{ij} \sum_{u=1}^{M}(Y_{iju}+Y_{ijj}) \leqslant \max Q_{kj}$$
$$(j=1,2,\cdots,m; k=1,2,\cdots,f) \tag{29}$$

其中,A_{ikj} 是 i 块地 j 产品运往市场 k 的比例系数($0 \leqslant A_{ikj} \leqslant 1$)。

(3) 自然要求

① 非负要求,即

$$Y_{iuv} \geqslant 0 \quad (i=1,2,\cdots,n; u,v=1,2,\cdots,m) \tag{30}$$

② 一块地只有一种利用方式,即

$$\sum_{u=1}^{M}\sum_{v=u}^{M} Y_{iuv} \leqslant =1 \ (\sum_{u=1}^{M}\sum_{v=u}^{M}=0 \text{ 为闲置}) \tag{31}$$

3) 目标函数

(1) 总产量最大目标函数是

$$Z_1 = \sum_{i=1}^{N} W_i \sum_{u=1}^{M}\sum_{v=u}^{M} Y_{iuv}(P_{iu}+P_{iv}) \Rightarrow \max \tag{32}$$

(2) 总产值最大目标函数是

$$Z_2 = \sum_{i=1}^{N} W_i \sum_{u=1}^{M} \sum_{v=u}^{M} Y_{iuv} \sum_{k=1}^{f} (A_{iku} P_{iu} C_{ku} + A_{ikv} P_{iv} C_{kv}) \Rightarrow \max \quad (33)$$

(3) 总费用最小目标函数是

$$Z_3 = \sum_{i=1}^{N} W_i \big[\sum_{u=1}^{M} \sum_{v=u}^{M} Y_{iuv} (S_i S_{iuv} + L_i L_{iuv} + H_i H_{iuv} + G_i G_{iuv}) + \\ \sum_{k=1}^{f} D_{ik} \sum_{u=1}^{m} \sum_{v=u}^{m} Y_{iuv} (T_u P_{iu} A_{iuv} + T_v P_{iv} A_{ikv}) \big] \Rightarrow \min \quad (34)$$

其中，A_{iku}，A_{ikv} 分别是 i 块地产品 u、产品 v 运往市场 k 的比例系数（$0 \leqslant A_{iku}$，$A_{ikv} \leqslant 1$）。

(4) 净产值最大目标函数是

$$Z_4 = Z_2 - Z_3 \Rightarrow \max \quad (35)$$

5.4 产业布局与区域发展的耦合关系模型

区域发展问题的关键是一个地区究竟发展什么产业才能赚钱、赚更多的钱；产业布局问题的实质是某一产业究竟布局在什么地方才能使这个产业赚钱、赚更多的钱。这是两个完全不同的问题，但如果同时考虑一国或一相对独立的大区内的多个产业的布局、多个地区的发展问题，则二者融为一体，构成耦合关系。以系统科学理论为基础，运用运筹学和投入产出方法等，建立了产业布局与区域发展的简单耦合模型。传统经济地理学关于产业布局的研究易忽视偏远落后地区，一般区域经济学关于区域发展的研究则不可避免地导致重复建设，只有将产业布局与区域发展结合起来，才能做到统筹兼顾，科学合理[1]。

5.4.1 引言

为应对国际金融危机，我国先后出台了汽车、钢铁、造船、石化、轻工、纺织、有色金属、装备制造、电子信息、现代物流 10 大重点产业调整和振兴规划，提出了《关于加快旅游业发展的若干意见》；与此同时，还先后组织编制和批复了珠三角、长三角和环渤海地区等十余个地区的发展规划。可以看出，产业发展和布局，与一般的区域发展是不同的，但又是密切相关的。将二者结合起来研究，不仅有深刻的理论意义，还具有明显的现实意义。

产业宏观布局问题，即一个产业、企业，应该在什么地方发展。强调宏观思维，是经济地理学的主要研究内容，已经获得了很多成果，在定量方面也有很多成功案例，如工业

---

[1] 吴殿廷，陈启英，楼武林，等. 区域发展与产业布局的耦合方法研究[J]. 地域研究与开发，2010，29(4)：1-5.

布局模型①、农业布局模型②,等等。

区域发展研究,即一个地区应该发展什么产业?是中观视角,是区域经济学的主要研究内容,虽然完全的定量模型不多,但理论、原则等,讨论得较多,定量方法也有一些进展,如比较优势模型③、主导产业模型④、基本—非基本原理等⑤。

经济地理学在研究产业布局问题时,注重宏观统筹,高瞻远瞩,不易出现大的失误,但对某些具体区域,尤其是偏远落后地区,容易忽视。因为从宏观效益上看,大部分产业都是布局在区位和基础设施好的地区,效益较高。这样,久而久之,马太效应⑥不可避免,产业集聚是客观存在的规律⑦。

区域经济学研究区域发展问题,大多就区域论区域,容易导致重复建设和恶性竞争⑧。如果能将产业布局和区域发展结合起来,上下结合,通过客观的数理推导,确定一个国家或较为独立的大区的产业布局,并保证各个地方都得到相应的发展,其理论意义和实践价值不言而喻。遗憾的是,这方面研究较小,更没有系统的成果。

本节运用运筹学和管理科学中的系统分析方法,利用投入产出效益指标等,尝试建立产业布局与区域发展的耦合模型。

5.4.2 假设条件和符号设定

1) 理论假设

区域发展问题的实质是一个地区可以发展的产业很多,但究竟发展什么产业才能赚钱、赚更多的钱?产业宏观布局问题的实质是:某一产业布局在哪个区域,才能使这个产业赚钱、赚更多的钱。这是两个完全不同的问题。但是,如果同时考虑一国或一相对独立的大区域内的多个产业的布局、多个地区的发展问题,则区域发展问题和产业布局问题,就构成了对偶问题⑨。

产业可以大体被划分为基本产业与非基本产业。只为本地区服务、产品只能在本地区消费的产业,如交通运输业、邮电通讯业、供水、供电、供热等,被称为非基本产业,其他的被称为基本产业。产业布局主要研究的是基本产业的布局问题。

产业布局模型为产业经济学与布局经济学交叉学科的重要概念。本节讨论产业最

---

① 陈锡康.生产力布局的若干经济数学模型[J].地理学报,1981,35(1):1-12.
② 吴殿廷,王传周.农作物布局优化模型的初步研究[J].北京师范大学学报(自然科学版),1998,34(4):554-559.
③ 李向平,王仕刚.辽宁区域经济比较优势分析[J].社会科学辑刊,1999,21(5):54-60.
④ 胡树华.主导产业选择模型及应用[J].系统工程理论与实践,1992,13(2):72-75.
⑤ 周一星.城市地理学[M].北京:商务印书馆,1995:171.
⑥ 杨开忠.论我国地区发展战略的抉择——兼论地区增长极的选择[J].开发研究,1987,3(6):26-31.
⑦ 朱明春.我国区域经济增长中的"马太效应"[J].未来与发展,1990,11(5):38-41.
⑧ 吴殿廷,梁进社,田杰,等.区域经济可持续发展时空优化模型的初步研究[J].北京师范大学学报(自然科学版),2001,37(4):563-568.
⑨ 梁进社.行业空间配置的线性对偶模式[J].地理学报,1994,49(2):128-138.

优空间布局模型[①]。

2) 条件假设

设研究的是一个大的地区,这个地区是一个开放的系统,可以与外界进行自由的物质能量的交换。在这个大的地区内部,存在着一些小的地区,这些小地区因为行政因素而相互独立,产业类型以加工产业为主。加工地所需的原料地已知,加工后的产品销往大地区外的消费地、原料产地和消费地均有多个。为方便讨论,设定每个产业只有一个生产部门,该部门只生产一种产品。每个产业的生产规模简单看作产品数量的大小。原材料在生产地与加工地之间的运费,以及产品在加工地与消费地之间的运费看成简单的数量的累积,不考虑规模运输的成本降低情况。

3) 参数符号设定

(1) 总的参数设定

对于一个确定的地区来说,设该地区可发展的产业有 a 个,$a = \{1, 2, \cdots, m\}$。

对于一个确定的生产部门 a 来说,为该产业提供原料的产地有 i 个,$i = \{1, 2, \cdots, u\}$;可布局该产业部门的地区有 j 个,$j = \{1, 2, \cdots, v\}$;该产业部门生产的产品的消费地有 k 个,$k = \{1, 2, \cdots, w\}$;该产业发展过程中所需要的原料有 b 种,$b = \{1, 2, \cdots, n\}$。

(2) 原材料产地的参数

i 原料产地供给 a 产业第 b 种原料的最大可能量为 a_i^b,单位原材料的价格为 c_i^b。

(3) 产业部门布局地区(加工地)的参数

第 j 个生产地区进行第 a 个产业部门生产,单位产品所需第 b 种原料数量为 e_j^{ab},相应的单位产品加工成本为 c_j^a,产品的实际生产数量为 x_j^a(决策变量),产业部门的现有规模为 H_j^a。

(4) 产品消费地的参数

第 a 种产品在消费地 k 的价格为 p_k^a,第 k 个消费地的最大需求量为 Q_k^a。

(5) 运费相关的参数

第 b 种原材料从第 i 个原料产地到第 j 个加工地的单位运费为 t_{ij}^b,其数量为 y_{ij}^b(决策变量),产品从第 j 个加工地到第 k 个消费地的单位运费为 t_{jk}^a,其数量为 z_{jk}^a(决策变量)。

(6) 地区发展差异相关参数

j 地区在目标期 t 的经济水平为 $U(j, t)$,经济发展速度为 $V(j, t)$。

5.4.3 区域发展和产业布局的数学描述

1) 区域发展的数学描述

区域发展的核心问题是如何利用好本地区和相关地区的资源,确定地区内部各个产业合理的生产量,也就是生产规模,使得本地区各个产业的综合效益最大化。

区域发展决策,可以用线性规划表来描述(表 5-4)。其中,I 为产业;M 为各产业所需要的原材料。

[①] 赵庆祯,王长钰,仇永平. 农村产业结构布局优化的数学模型及其稳定性分析[J]. 经济数学,1999,16(3):1-10.

表 5-4 区域发展线性规划表

原料	a^1	a^2	...	a^m	资源最大供应量
M_1	e^{11}	e^{21}	...	e^{m1}	$\sum_i^u a_i^1$
M_2	e^{12}	e^{22}	...	e^{m2}	$\sum_i^u a_i^2$
⋮	⋮	⋮	⋮	⋮	⋮
M_n	e^{1n}	e^{2n}	...	e^{mn}	$\sum_i^u a_i^n$
利润	r^1	r^2	...	r^m	—

对于一个确定的地区 $j(j=1, 2, \cdots, v)$，第 a 个产业单位产品的利润为

$$r^a = \frac{\sum_k^w p_k^a z_k^a - c^a x^a - \sum_b^n \sum_i^u (t_i^b + c_i^b) y_i^b - \sum_k^w t_k^a z_k^a}{x^a} \quad (a = 1, 2, \cdots, m) \quad (36)$$

根据表 5-4，区域发展的目标为

$$\max Z = \sum_a^m r^a x^a = \sum_a^m \left(\sum_k^w p_k^a z_k^a - c^a x^a - \sum_b^n \sum_i^u (t_i^b + c_i^b) y_i^b - \sum_k^w t_k^a z_k^a \right) \quad (37)$$

约束条件为

第 b 种原料运输量不能超过原料产地的可能供应量，即

$$\sum_i^u y_i^b \leqslant \sum_i^u a_i^b \quad (b = 1, 2, \cdots, n) \quad (38)$$

该地区所有产业对第 b 种原料的消耗量不能超过其实际运输量，即

$$\sum_a^m e^{ab} x^a \leqslant \sum_i^u y_i^b \quad (b = 1, 2, \cdots, n) \quad (39)$$

产品的调出量不能超过本地区的实际生产量，即

$$\sum_k^w z_k^a \leqslant x^a \quad (a = 1, 2, \cdots, m) \quad (40)$$

参数非负，即

$$x^a \geqslant 0, \ y_i^b \geqslant 0, \ z_k^a \geqslant 0 \quad (41)$$

根据单纯型法[1]可以计算出该地区各个产业的最优化规模大小，与该地区的现有产业规模进行对比分析，该区域的决策机构可以知道本地区的产业发展方向，通过规划引导本地区各个产业通过扩大或者减小生产规模来逼近最优化的生产规模，促进本地区经济的最优发展[2]。

---

[1] 邓成梁. 运筹学的原理和方法[M]. 2版. 武汉：华中科技大学出版社，2001.
[2] Samuelson P A. Spatial price equilibrium and linear programming [J]. American Economic Review, 1952(42):283-303.

2) 产业布局的数学描述

产业布局的核心问题是从满足需求的角度出发,确定各个生产地的产量及建设规模,确定原材料和产品的合理运输方案,使得产品的成本、原材料和成品运费的总的成本最小。

对于一个确定的产业 $a(a=1, 2, \cdots, m)$ 来说,其目标函数为

$$\min W = \sum_{j}^{v} c_j x_j + \sum_{b}^{n} \sum_{i}^{u} \sum_{j}^{v} (t_{ij}^b + c_i^b) y_{ij}^b + \sum_{j}^{v} \sum_{k}^{w} t_{jk} z_{jk} \qquad (42)$$

其中,W 为总成本。其约束条件是:

(1) 原料 b 总的产量应该不小于该原料的运输量,即

$$\sum_{i}^{u} a_i^b \geqslant \sum_{i}^{u} \sum_{j}^{v} y_{ij}^b \quad (b=1, 2, \cdots, n) \qquad (43)$$

(2) 原料 b 的运输量应该不小于该行业消耗的 b 原料,即

$$\sum_{i}^{u} \sum_{j}^{v} y_{ij}^b \geqslant \sum_{j}^{v} e^b x_j \quad (b=1, 2, \cdots, n) \qquad (44)$$

(3) 每个产品生产地的生产量应该不小于其调出量,即

$$x_j \geqslant \sum_{k}^{w} z_k \quad (j=1, 2, \cdots, m) \qquad (45)$$

(4) 每个消费地对该产业的产品需求必须得到满足,即

$$\sum_{j}^{v} z_{jk} \geqslant Q_k \quad (k=1, 2, \cdots, w) \qquad (46)$$

通过计算一个产业部门在各个地区的布局规模大小,能够使布局地区的总的生产成本、原料运输总成本和产品运输总成本达到最小,可很好地为决策部门提供某具体产业的布局问题[①]。

5.4.4 耦合分析

在计划经济时代,产业布局由国家或省市级政府统一规划,在一定的程度上考虑了每个地区不同的自然资源、交通条件、人才储备等情况,同时也为了国家战略需要,强制在并不适合发展某种产业的地区布局。各种产业部门的资金都是由政府统一划拨,产生的效益也上缴国家分配,因此当时强调"条条",注重部门利益、国家总体战略优先、产业布局优先,在一定程度上损害了某些地区的利益。

每个地区的发展除受国家政策的影响外,更多的是受该地区自身因素的限制,包括资金、劳动力、科技、市场等。对于一个具体区域来说,如何在已有产业的基础上合理地将本地区的资源分配到那些能够给该地区带来最大效益的产业部门,这是区域发展的最

---

① Dorfman R, Samuelson P A, Slow R M. Linear Programming and Economic Analysis[M]. New York: McGraw-Hill,1958:162-179.

根本的问题。在市场经济条件下，各地政府都在试图重点发展能够迅速给当地带来经济效益的产业部门，注重"块块"，强调地区利益，规划决策时追求的是当地的经济极大化。但有时候相邻区域产业布局的影响因素相似，因而必然导致产业结构同质化现象严重，造成恶性竞争。

在协调区域发展和产业布局的过程中，为了使各区域在有限的投入下获得较大效益，得到优化发展的同时，也使得产业在这些区域之间呈现出合理分布的局面，能够充分发挥各个地区的比较优势，就必须综合权衡，多方测算，因地因时因业制宜，即要对区域发展与产业布局进行耦合分析。

1) 耦合分析

下面从两个角度来分析区域发展与产业布局（宏观）之间的联系。

(1) 产出投入比分析

区域发展在选择合适产业的时候会分析这个产业在当地的产出投入比，而产业布局的合理化就是要求将该产业部门合理地分布在不同的区域，从经济效益来说，就是必须考虑比较效益，即布局那些产出、投入大的产业。

决策变量为

$$L_j^a = \begin{cases} 1 & (j \text{ 地区布局 } a \text{ 产业}) \\ 0 & (j \text{ 地区不布局 } a \text{ 产业}) \end{cases} \qquad (47)$$

设 T_j^a 为 j 地区布局 a 产业的产出投入比，则

$$T_j^a = \frac{\sum_k^w p_k z_k}{cH + \sum_b^n \sum_i^u (t_i^b + c_i^b) y_i^b + \sum_k^w t_k z_k} \quad (a = 1, 2, \cdots, m; j = 1, 2, \cdots, v) \qquad (48)$$

其中

$$H = \sum_i^u y^b / e^b = \sum_k^w z_k \quad (b = 1, 2, \cdots, n) \qquad (49)$$

当 $T_j^a > 1$，表明 j 地区可以布局 a 产业；否则 $T_j^a \leqslant 1$，表明 j 地区不适合布局 a 产业。$T_j^a > 1$ 的地区，应该增大 j 地区 a 产业部门的规模；而 $T_j^a \leqslant 1$ 的地区，如果该地区该生产部门原先存在着一定的生产规模，可以考虑减小生产规模乃至撤销该产业部门在这个地区的布局。

最终的目标就是要追求能使 T_j^a 最大化的地区 j 来布局 a 产业部门。

(2) 运筹学方法分析

式(48)研究的是第 $j(j = 1, 2, \cdots, v)$ 个地区实现自身最大经济效益的每个产业的最佳生产规模；式(42)研究的是第 $a(a = 1, 2, \cdots, m)$ 个产业达到产业布局总成本最小的每个地区该产业的最佳生产规模。

若仅仅从单个地区发展或单个产业的布局角度来讲，式(48)和式(42)无疑都是完美的。但是从整个大区考虑，可以看出式(48)的缺陷在于未考虑其他地区相应产业的布局

状况,仅仅从本地区实现最大的发展这点出发,对产品的供求关系考虑也不足;而式(42)的问题在于对某一产业进行单独分析,为这个产业布局设置了一些特殊的条件,忽视了其他产业对相关资源的需求,有可能造成一种产业布局合理的同时其他产业布局的相对不合理。

为了使各个地区都能得到合适的发展水平以及每个产业也能得到较为合理的布局方案,必须将区域发展和产业布局这二者结合起来,为此应该对多个地区、多个产业进行耦合分析,将式(48)和式(42)联系起来考虑。

耦合分析的目标在于确定每个地区每个产业合适的生产规模,在不超过资源供给能力和满足各个消费地消费水平的条件下,实现区域发展和产业布局两方面的双赢局面(表5-5),其中,R 为地区;I 为产业。

表5-5 地区发展与产业布局耦合分析表

地区	a^1	a^2	⋯	a^m	原料消耗	地区发展总收益
R_1	x_1^1	x_1^2	⋯	x_1^m	B_1^T	
R_2	x_2^1	x_2^2	⋯	x_2^m	B_2^T	$\sum_a^m r^a x^a$
⋮	⋮	⋮	⋮	⋮	⋮	
R_v	x_v^1	x_v^2	⋯	x_v^m	B_v^T	
对该产业产品的总消费水平	$\sum_k^w Q_k^1$	$\sum_k^w Q_k^2$	⋯	$\sum_k^w Q_k^m$	—	—

其中,B_j^T 是第 j 个地区单位产品原料消耗的矩阵,即

$$B_j^T = \begin{pmatrix} e^{11} & e^{21} & \cdots & e^{m1} \\ e^{12} & e^{22} & \cdots & e^{m2} \\ \vdots & \vdots & & \vdots \\ e^{1n} & e^{2n} & \cdots & e^{mn} \end{pmatrix}^T \quad (j = 1, 2, \cdots, v) \tag{50}$$

将式(37)和式(42)分别扩展到多个地区和多个产业,可得如下总目标函数:

$$\max Z = \sum_a^m \sum_j^v r_j^a x_j^a = \sum_a^m \sum_j^v \left[\sum_k^w p_{jk}^a z_{jk}^a - c_j^a x_j^a - \sum_b^n \sum_i^u (t_{ij}^b + c_i^b) y_{ij}^b - \sum_k^w t_{jk}^a z_{jk}^a \right] \tag{51}$$

$$\min W = \sum_a^m \left[\sum_j^v c_j^a x_j^a + \sum_b^n \sum_i^u \sum_j^v (t_{ij}^b + c_i^b) y_{ij}^b + \sum_j^v \sum_k^w t_{jk}^a z_{jk}^a \right] \tag{52}$$

很明显可以看出

$$\max Z = \sum_a^m \sum_j^v \sum_k^w p_{jk}^a z_{jk}^a - \operatorname{Min} W \tag{53}$$

这说明在多个地区多个产业中,生产成本和运输成本达到最小时,整个大地区就能够得到最大程度的发展。

这个模型的约束条件是:

① 各个地区各个产业对第 b 种原料的消耗不能超过原料产地的最大生产量,即

$$\sum_a^m \sum_j^v e^{ab} x_j^a \leqslant \sum_i^u a_i^b \quad (b = 1, 2, \cdots, n) \tag{54}$$

② 各个地区第 a 个产业的产品产量应满足消费地的需求,即

$$\sum_j^v x_j^a = \sum_k^w Q_k^a \quad (a = 1, 2, \cdots, m) \tag{55}$$

③ 地区发展水平之间的差别不超过一定的限度,即

$$\max\{U(j, t)\} - (或 /)\min\{U(j, t)\} \leqslant \delta \quad (j = 1, 2, \cdots, v) \tag{56}$$

④ 地区发展速度(相对发展速度)之间的差别不超过一定的限度,即

$$\max\{V(j, t)\} - (或 /)\min\{V(j, t)\} \leqslant \varepsilon \quad (j = 1, 2, \cdots, v) \tag{57}$$

根据以上条件,使用单纯形法,借助计算机的计算模拟,可以最终确定多个产业在多个地区布局时的最优布局规模,即

$$X^T = \begin{pmatrix} x_1^1 & x_1^2 & \cdots & x_1^m \\ x_2^1 & x_2^2 & \cdots & x_2^m \\ \vdots & \vdots & & \vdots \\ x_v^1 & x_v^2 & \cdots & x_v^m \end{pmatrix}^T \tag{58}$$

在确定了最优布局规模后,可以和每个地区现有的各个产业的布局情况 H_j^a 进行对比分析,继续扩大现有某产业的生产规模或者减小某产业的生产规模乃至停产。

2) 对两种耦合分析方法的评价

投入产出的分析直观明了,通过对某个地区某种产业现有生产规模下的投入产出比值的计算,确定这个地区这种产业布局的可能性,并采取相应的措施,主要是通过改变生产规模来逐步优化这个地区这种产业的布局。

运筹学模型侧重于根据某个地区布局某种产业的生产成本,以及原料产地到该地区与该地区到产品消费地的运输价格,运用线性规划的方法,确定这个地区这种产业的最佳布局规模,这是一种无视现有布局状况的方法。虽然可以根据最优化的布局规模矩阵来调整现有的布局情况,但很明显,这种方法比投入产出法要全面、复杂一些。经数值模拟,该方法确实有效[①]。

5.4.5 结论和讨论

经济地理学研究产业布局问题,主要追求行业效益极大化,容易造成地区发展的不平衡,即马太效应。区域经济学研究区域发展问题,主要追求区域自身利益的极大化,不可避免地会出现重复建设和恶性竞争现象。

---

① 陈启英.区域发展与产业布局的耦合分析[D]:[硕士学位论文].北京:北京师范大学,2007.

区域发展和产业布局在一定地域范围内构成对偶问题,利用耦合分析方法可以在一定程度上兼顾地区利益与行业效益,促进区域发展与产业布局的协调。

本节依据系统科学的思维方法,利用投入产出比、线性规划等不同模型,对区域发展与产业布局的耦合关系进行了初步分析,虽然数值模拟说明该方法有效,但在该模型的具体应用方面,还需要做深入探讨。

5.5 区域可持续发展的时空耦合模型

区域可持续发展过程是区域发展水平在时间维上的波动性和空间维上的差异性相互耦合的运动过程[1]。所以,研究可持续发展问题,要从时间和空间两个方面着手,即在时间上应遵守理性分配的原则,不能在"赤字"的状况下运行;在空间上应遵守互惠互利的原则,不能以邻为壑[2]。

关于时间方面,已有很多学者做过讨论[3]—[5],这里仅从经济发展的空间优化和时空耦合的角度,以投资及其回报为基础,探讨公共资源、稀缺资源的分配模型[6]。

5.5.1 区域发展决策分析

区域发展的过程是异常复杂的,为便于用数学模型描述,将其简单地看成投入产出的过程。没有投入就没有产出,任何区域的发展,都依赖于资金、技术、劳动等的投入。为了简化问题,把投入归结为资金的投入(即投资),因为其他投入也都可以直接、间接地通过资金投入的增加反映出来。同样原因,也把区域发展简化为产出的增加。

引导区域实现可持续发展的关键是决策,即资源的配置,这里,主要是资金的投放。如果资金使用得当,即在不考虑产业结构变化的情况下,对同一地区来说,地区获得的资金投入越多,发展越快,即地区的发展速度是资金投入的函数,地区某一时刻的发展水平取决于基期水平和基期与目标期之间的投入。对不同地区来说,可以用投资回报率来描述各地区的差别。

区域发展决策就是在总投资额一定的情况下,在保证地区间的发展水平、发展速度差异不至于太大的基础上,使区域可持续发展能力不降低,总投资回报额尽可能地大。

---

[1] 吕鸣伦,刘卫国.区域可持续发展的理论探讨[J].地理研究,1998,2:131-135.

[2] 牛文元.持续发展导论[M].北京:科学出版社,1997.

[3] 杨开忠.一般持续发展论(上)[J].中国人口·资源与环境,1994,4(1):11-15.

[4] Norton R. An Overview of a Sustainable City Strategy [R]. Montreal, Quebec: Report Prepared for the Global Energy-Assessment Planning for Cities and Municipalities, 1991.

[5] Carpenter R A. Limitation in measuring ecosystem sustainability [M] // Tryzna T C. A Sustainable World: Defining and Measuring Sustainable Development. London: Earthscan Publications, 1995; Goldin I, Winters L A. The Economics of Sustainable Development [M]. Cambridge: University of Cambridge Press, 1995.

[6] 吴殿廷,梁进社,田杰,等.区域经济可持续发展时空优化模型的初步研究[J].北京师范大学学报(自然科学版),2001,37(4):563-568.

5.5.2 空间优化模型

1) 基本思路

单纯地讲区域内某一特定地区的可持续发展是不全面的[①]，区域发展的空间优化过程，实质是协调效率和公平的过程，这可以转化为以地区间发展水平或发展速度差异不超过某一特定限度为约束条件，以经济效益为最优目标的规划问题。假定区域内各地区构成独立客体，即一个地区的投资对其他地区的发展没有影响（不考虑跨地区的投资项目）。为计算地区差异方便，也假定各地区人口相等，并将以同样的过程发展下去。在这样的假定下，区域发展水平的差异，也就是产出规模的差异，由此可以构建出若干模型（体系）（图5-2）。

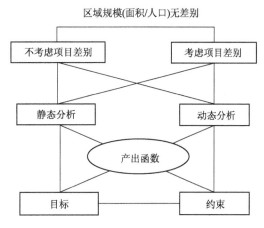

图5-2 区域可持续发展的空间优化模型体系

2) 不考虑项目差别的空间优化模型

(1) 区域发展优化的静态分析模型

这里的静态分析，就是只考虑一次性投入和产出，既不做多次投入决策，也不考虑产出的延迟。将投入分成两部分，即公共投入和地方投入。

设有地区 n 个，依次记为 $1, 2, \cdots, i, i+1, \cdots, n$。

假定1：各地区的静态投资回报率不变，分别记为 $H(1), H(2), \cdots, H(i), H(i+1), \cdots, H(n)$。

标记1：各地区目前的经济水平为 $y(1, 0), y(2, 0), \cdots, y(i, 0), y(i+1, 0), \cdots, y(n, 0)$。

标记2：各地区目标期的经济水平记为 $y(1, t), y(2, t), \cdots, y(i, t), y(i+1, t), \cdots, y(n, t)$。

那么，$y(i, t)$ 是初始水平和投资及其回报率的函数，即 $y(i, t) = y(i, t-1) + T(i) \times H(i)$。

标记3：$y(i, t)$ 中最大、最小者分别记为 $\max\{y(i, t)\}$，$\min\{y(i, t)\}$；$y(i, t)$ 的最大、最小增速分别为 $\max\{v(i, t)\}$，$\min\{v(i, t)\}$，公式为

$$\max\{v(i, t)\} = \max\{[y(i, t) - y(i, 0)]/y(i, 0)\} \tag{59}$$

$$\min\{v(i, t)\} = \min\{[y(i, t) - y(i, 0)]/y(i, 0)\} \tag{60}$$

标记4：各地区的投资额，记为 $T(1), T(2), \cdots, T(i+1), \cdots, T(n)$，并且 $T(i) = PT(i) + AT(i)$，其中，$PT(i)$ 是全区域公共投入，为决策变量；$AT(i)$ 是地方投入，为已知。

---

① 吴殿廷. 区域可持续发展研究中的几个问题[J]. 干旱区地理, 1999(2): 83-87.

标记 5：各地区可获得的最大公共投资额(已知)记为 $TX(1)$，$TX(2)$，…，$TX(i)$，$TX(i+1)$，…，$TX(n)$。

① 静态模型 1

目标函数总投资回报额最大，即

$$\sum_{i=1}^{n}[PT(i)+AT(i)]\times H(i) \to \max \tag{61}$$

约束条件包括四点。

条件 1：总公共投资额不超过一定规模，即

$$\sum_{i=1}^{n}PT(i) \leqslant TT \tag{62}$$

条件 2：地区发展水平之间的差别不超过一定的限度，即

$$\max\{y(i,t)\} - (\text{或}/)\min\{y(i,t)\} \leqslant \delta \tag{63}$$

也可用各地区发展水平的变差系数或基尼系数作为限定条件，下同。

条件 3：地区发展速度(相对发展速度)之间的差别不超过一定的限度，即

$$\max\{V(i,t)\} - (\text{或}/)\min\{V(i,t)\} \leqslant \varepsilon \tag{64}$$

条件 4：各地区公共投资不超过可获得的最大可能公共投资额，即

$$PT(i) \leqslant TX(i) \quad (i=1,2,\cdots,n) \tag{65}$$

以上分析是以贷(筹)款(投资)额与贷款利率之间关系不变为前提的。事实上，贷款利率不变只是在一定限度内成立，而当贷款额超过这个限度后，为减少风险，也为控制贷款规模，贷款利率总要调整，此时，就要把贷款利率纳入模型内。

这里考虑的是一次投资、一次收回的情况。如果各地区的贷款利率相同的话，这个模型对于逐渐收回情况也是适用的。当然，如果利率不同则要做适当调整。此时，有下面的模型。

② 静态模型 2

目标函数将变为

$$\sum_{i=1}^{n}\{[PT(i)\times(1-u)]+AT(i)\times[1-u(i)]\}\times H(i) \to \max \tag{66}$$

其中：u 是社会贴现率；$u(i)$ 是 i 地区贷款利率。其他条件不变。

由上述模型可以推得：帕累托最优不是理想的最优，因为地区间利益是可以互相弥补或替代的，当一个地区因为发展而获得的利益远远大于另一个地区因此而造成的损失的话，这种发展是有意义的，因为追求的是整体利益的极大化，如为保障北京的发展而限制密云县的工业化进程；同样道理，如果某一时段的发展远远大于另一时段因此而造成的损失的话，这样的发展也是有价值的，因为追求的是动态的利益极大化。

(2) 区域发展优化的动态分析模型

这里的动态分析就是研究多次的投资。

标记 6：各区域不同阶段的公共投资额分别是

$PT(1,j), PT(2,j), \cdots, PT(I,j), \cdots, PT(n,j)$，为决策变量。

$AT(1,j), AT(2,j), \cdots, AT(I,j), \cdots, AT(n,j)$，为各地区不同时段自筹资金（投资），假定已知。

如果各区域的投资回报在回报期内是均匀分布的，此时可分两种情况构造模型。

① 产出只考虑总产出

产出只考虑总产出把投资回报只做一次性计算，即不考虑各区域贷款利率和存款利率的差别。为使计算简单，假定投资回收期 L 为常数，回收期内各时段均分投资收益。若用 $H(i,j)$ 表示 i 地区 j 时段的投资总回报率，其对应的各时期的回收率是 $H(i,j,k) = H(i,j)/L$。

各区域、各时段发展水平 $y(i,j)$ 为

$$y(i,j) = y(i,j-1) + \sum_{k \leq j}[PT(i,j-k+1) + AT(i,j-k+1)] \times H(i,k,j) \tag{67}$$

此时有动态模型 1：目标函数和约束条件与静态模型 1 相同，只是经济发展水平变成了式(67)。

② 产出考虑时间延迟

产出考虑时间延迟把投资回报看成逐渐获得的，这就要考虑投资回报期和纯收益的利率。此时有动态模型 2：约束条件表达方式不变。目标函数如下：

$$\sum_{i=1}^{n}\sum_{j=1}^{m} y(i,j) \times [1+v(i)]^{(m-j+1)} \to \max \quad (j=1,2,\cdots,m) \tag{68}$$

其中，$v(i)$ 为 i 地区存款利率，假定是常数。

如果投资回报在回报期内不是均匀分布的，那就需要根据具体情况调整模型。

以上也是以各地区贷款利率、存款利率不变为前提的，若要考虑它们的变化，也要把贷款利率、存款利率纳入模型之中。因要进行复利计算，模型将变得很复杂。

对上述模型进行分析，特别是通过计算机模拟可以知道：在区域发展的早期阶段，发展是决策的主要目标，因此，必须有效地集中资金，并将其主要投到基础较好、条件优越的地方。这样，在区域发展中，各地方的投入不仅很有限，而且在总投入中所占比例也很小，相反，公共投入虽然总量不大，但其所占比例却可以很大。当区域发展到一定水平后可持续发展，即区域内各地之间的协调发展成为决策的主要目标，此时的公共投入主要用来发展落后地区，以缩小区域差异。这就是倒"U"字形规律的根本原因。当一个地区自筹资金 $AT(i)$ 很大时，公共投资 $PT(i)$ 可以适当减少，因为这个地区已经进入自我积累、自我发展阶段，或者是因为区位、政策等因素好，不需要给予特别的扶持。

5.5.3 考虑多种项目的静态模型

如果考虑的是多种项目在不同地区进行建设，不同项目在不同地区的适应性不同。

此时,可以参照农作物优化布局模型①,也可以用适应性系数修正上述模型。

静态模型3:设适应性系数为$w(i,j)$,显然有$0 \leqslant w(i,j) \leqslant 1$,$w(i,j)=1$表示$j$项目在$i$地区可以获得的最理想回报,$w(i,j)=0$表示$j$项目在$i$地区回报率为0(最不适应)。此时其他公式不变,产出函数变为

$$y(i,t) = y(i,t-1) + T(i) \times H(i,t-1) \times w(i,j) \tag{69}$$

5.5.4 区域经济发展的时空耦合分析

仍用适应系数来描述不同项目在不同地区的适应性,如果各地区对于某种项目的适应性不随时间而变化,适应性系数仍然用$w(i,j)$表示,此时,产出函数、目标函数和约束条件可以直接参照上述进行修正;若各地区对于某种项目的适应性随时间而变化,此时适应性系数可用$w(i,j,t)$表示,$w(i,j,t)$仍然介于0—1,含义不变。当然,如果时间跨度很大,要确定最适应和最不适应是不容易的。

5.5.5 稀缺资源在两个区域之间的利益分配模型

以上主要是从公众资源分配的角度探讨区域发展的时空优化问题,下面从稀缺资源的利用方面讨论区域可持续发展的时空优化问题。

"密云现象"②在流域经济和环境保护等领域是较为普遍的,为保证北京市区的大气环境和生态环境,北京市上风、上水的有关地区(河北、山西、内蒙古等)不得发展污染严重的工业,不得过量开垦和放牧;为保证长江、珠江、黄河等河流三角洲人口密集区的发展,中上游地区必须尽量少发展污染工业,尽量少伐林开荒和放牧。从整体优化的角度说,这是合理的,但从区域可持续发展的角度看,却不那么简单。这里给出更一般的假想案例来说明。

背景条件:相邻的两个地区A和B,其中A区域水平较低,B地区水平较高;A地区拥有稀缺资源,B地区没有这种资源。A地区利用这种资源的效率是U(单位资源消耗所获得的收益),B地区利用这种资源的效率是$V(V>U)$($V \leqslant U$没有讨论的必要)。

问题:如何使用(消费)这种稀缺资源? 如何分配开发该资源所获得的利益?

如果按产地来说,A地区拥有优先消费权。但如果由A地区来使用,整个社会就损失了$(V-U)$的效益。这显然是不符合系统科学原理的。

从整体优化的角度看,这种资源的利用应让给B地区,但要考虑到区间经济发展水平的差距问题,这和前面的讨论是一致的。一般说来,在资源开发的早期阶段,即两区域之间经济发展水平差距不很大时,如果开发利益全部由B地区享有,有失公平,A地区肯定不同意,甚至会有意识地损坏这种资源。因此,这种开发是难以行得通的。所以,不仅在区间差异达到一定程度时需要权衡开发利益的分配,在开发的整个过程,包括一开始,

---

① 吴殿廷,王传周. 农作物优化布局模型的初步研究[J]. 北京师范大学学报(自然科学版),1998,34(4):554-559.
② 窦文章,杨开忠,李国平. "密云现象"的经济学分析及其政策含义[J]. 经济地理,2000,20(6):39-43.

就需如此,否则的话,开发就无从谈起。

结论是:在保障 A 生存的前提下,稀缺资源应主要由 B 区消费;资源开发所获得的收益由 A 地区和 B 地区分享。关键是如何分配所获之利?

方案 1:A 和 B 平分所获之利,即 $A=B=V/2$

这是一个绝对平均主义的方案。对于此方案,B 区域肯定有意见,因为它条件好,效益高,却没有多获益;当 $V/2>U$ 时,A 区域肯定没有意见,但当 $V/2<U$ 时,它还没有自己开发获利多,肯定有想法。而 $V/2<U$ 并不少见。

方案 2:A 与 B 平分 $(V-U)$,其余部分 (U) 归 B。

这是相对平均主义,二者瓜分的是社会超额利益(分工所带来的社会收益)。一般说来,B 对于此方案是能够接受的,当 $(V-U)/2>U$ 时,A 获利比自己开发还多,因而也是愿意接受的。但 $(V-U)/2>U$,即 $V>3U$ 是不多见的。所以说,实施此方案,困难在 A 区域。

方案 3:双方采取其他比例瓜分 V。

不管哪种方案,只要 A 获利不少于 U,A 都会欢迎 B 来利用这种资源。B 开发的意向取决于它获益的大小;而 B 获益的大小,取决于 V 中扣除被 A 瓜分的部分。所以,$(V-U)$ 越大,二者达成合作的可能性越大,分工的意义也越大。

5.5.6 结语与讨论

(1) 可持续发展是区域研究的永恒主题。用数学模型描述区域可持续发展特征,揭示区域可持续发展规律,为决策者提供具有预测性的依据和可操作性的建议,是区域科学工作者义不容辞的责任和十分紧迫的任务。

(2) 区域可持续发展的过程是异常复杂的,用数学模型从时空两个方面同时予以表达,难度很大。以上讨论,都是在严格假定和大幅度简化的基础上提出的,所以,只是初步研究成果。本书中所提出的模型,基本上还是概念性模型,为进一步研究提供了可借鉴的思路和表达方法。

(3) 几个具体模型,要运用到实践中,还涉及参数的获取问题,这也是很复杂的工作。而要保证模型有解,各有关区域本身是需要一定条件的。

5.6 模糊线性规划的实践探索

本节从决策支持的角度探讨了吉林省非金属矿产资源开发决策中的几个问题,其中包括系统现存问题的诊断,重点开发矿种、重点开发地区的确定,主要矿种开发方案(开采、加工关系的处理)的模拟和选择等。笔者认为吉林省非金属矿产资源开发应采取开采—加工混合型即协调型开发方案,充分利用现有资源,注意开展深精加工和综合利用,大力引进资金、技术和人才,不断提高经济效益[①]。

决策是人们为了达到某种目的而进行的有意识、有选择的行动。本节以计算机为主

---

① 吴殿廷.吉林省非金属矿产资源开发决策中的几个问题[J].系统工程理论与实践,1997(5):134-139.

要手段,按照决策支持系统的原理和方法探讨了吉林省非金属矿产资源开发决策中的有关问题,其中包括矿产资源开采、加工中现存问题的诊断,重点开发矿种、重点开发地区的选择和主要矿产的开采、加工方案的确定等。基本思路如图 5-3 所示。

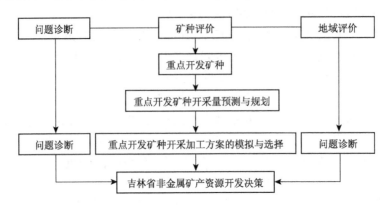

图 5-3 吉林省非金属矿产资源开发决策过程示意图

5.6.1 重点开发矿种和重点开发地区的确定

要确定重点开发矿种,必须对各矿种进行综合评价;要确定重点开发地区,必须对各地区进行对比分析。为此,引进了模糊综合评价模型。确定重点开发矿种的具体做法是,先请有关专家协商给出评价域(资源储量、开采条件、产业基础、经济效益和未来前景等),对确定重点开发矿种的相对影响赋予权重;然后对 20 个主要矿种进行评价打分;计算各矿种的加权平均得分,此得分乃是确定重点开发矿种的依据。经过赋值→计算综合得分→综合得分值合理性检验(通过专家咨询)等多次反复修正,得到的吉林省非金属矿产资源开发的重点矿种依次是硅灰石、硅藻土、膨润土、浮石、火山渣;次重点开发的矿种是水泥灰岩、滑石、隐晶质石墨、电石灰岩和花岗岩。

重点开发地区以县市为研究对象,具体做法是:请专家就不同矿种给各县市评价打分,得到各县市的不同矿种的模糊评价矩阵;然后计算各县市的加权得分(以前述各矿种综合评价得分值为权重),此值乃确定重点开发地区的依据。经过多次赋值→计算加权得分→加权得分合理性检验(方法同上)等多次反复,得到的吉林省非金属矿产资源开发的重点县市是白山市、磐石市、和龙市、永吉县、九台市、珲春市和通化市;次重点是安图市、通化县、辉南县、集安市、汪清县、柳河县和长春市。

5.6.2 资源开采量的模糊线性规划

在帮助吉林省建材局进行非金属矿产资源开发规划时,为解决 1995 年、2000 年主要矿种的开发量问题,我们在综合预测的基础上做了主要矿种的开采量线性规划研究,重点考虑了硅藻土(X_1)、膨润土(X_2)、石墨(X_3)、硅灰石(X_4)、高岭土(X_5)、石膏(X_6)、滑石(X_7)、花岗石(X_8)、沸石(X_9)、浮石(X_{10})、水泥灰岩(X_{11})和火山渣(X_{12})共 12 个主要矿种的开采量。目标函数是净产值最大和国际市场价值(用国际市场价格衡量的价值)

最大。主要考虑的约束条件有：开采资金(固定资产+流动资金)、开采能力(劳动力数量和劳动生产率)、市场容量和总产值。

以净产值最大和国际市场价值最大作为目标函数,基本想法是：资源开发要讲经济效益,不能盲目开发,不能劳民伤财,不能浪费资源,而经济效益的根本体现就是净产值；我国正在扩大外向型经济,积极参与国际经济分工和合作,吉林省的这12种矿产资源国际意义较大,未来市场将有很大一部分在国外,要开采这些资源,就必须考虑国际市场价格。两个目标函数之间的关系是：净产值最大为第一目标,国际市场价格最大为第二目标,第二目标是在第一目标最大值下浮10%的情况下求得的。

四大约束条件中的前两个有上限,这是毋庸置疑的。市场容量方面,既考虑了上限,也考虑了下限。用上限约束是为了不冒太大的风险,用下限约束是为了不浪费资源(市场容量也是一种资源)。以总产值达一定水平作为约束条件之一的原因是：非金属矿产资源开发是吉林省的优势产业,列入线性规划中的这12种矿产是优中之优。为确保吉林省实现十二大目标,这些资源的开发必须达到一定的数量,以创造产值和为接续产业(有关的加工、综合利用行业)提供足够的原材料。

模型的具体内容如下：

1) 目标函数

(1) 净产值最大

$$Z_1 = 25.43X_1 + 15.00X_2 + 11.3057X_3 + 50.00X_4 + 10.00X_5 + 9.2346X_6 + 20.00X_7 + 55.56X_8 + 5.726X_9 + 16.50X_{10} + 1.5428X_{11} + 4.8896X_{12} \to \max \quad (70)$$

(2) 国际市场价格计算的产值最大

$$Z_2 = 784.4X_1 + 319.65X_2 + 217.5X_3 + 480.54X_4 + 591.6X_5 + 120.93X_6 + 290.0X_7 + 620.0X_8 + 280.90X_9 + 692.7X_{10} + 35.214X_{11} + 51.948X_{12} \to \max \quad (71)$$

2) 约束条件

(1) 市场约束

市场约束条件如表5-6所示。

表5-6 吉林省主要矿种的市场约束

矿种	1995年	2000年
硅藻土(X_1)	$13.924 \leqslant X_1 \leqslant 14.295$	$18.270 \leqslant X_1 \leqslant 19.110$
膨润土(X_2)	$23.948 \leqslant X_2 \leqslant 24.630$	$34.814 \leqslant X_2 \leqslant 36.710$
石墨(X_3)	$3.540 \leqslant X_3 \leqslant 3.640$	$4.700 \leqslant X_3 \leqslant 4.970$
硅灰石(X_4)	$11.258 \leqslant X_4 \leqslant 11.550$	$16.800 \leqslant X_4 \leqslant 17.600$
高岭土(X_5)	$0.500 \leqslant X_5 \leqslant 0.830$	$0.913 \leqslant X_5 \leqslant 0.996$
石膏(X_6)	$6.600 \leqslant X_6 \leqslant 7.800$	$7.800 \leqslant X_6 \leqslant 9.000$
滑石(X_7)	$2.519 \leqslant X_7 \leqslant 2.997$	$2.997 \leqslant X_7 \leqslant 3.435$

续表 5-6

矿种	1995 年	2000 年
花岗石(X_8)	$1.350 \leqslant X_8 \leqslant 1.460$	$1.970 \leqslant X_8 \leqslant 2.160$
沸石(X_9)	$37.308 \leqslant X_9 \leqslant 39.510$	$63.550 \leqslant X_9 \leqslant 70.440$
浮石(X_{10})	$8.640 \leqslant X_{10} \leqslant 9.445$	$14.840 \leqslant X_{10} \leqslant 17.050$
水泥灰岩(X_{11})	$772.100 \leqslant X_{11} \leqslant 780.500$	$949.300 \leqslant X_{11} \leqslant 960.500$
火山渣(X_{12})	$15.600 \leqslant X_{12} \leqslant 17.530$	$19.100 \leqslant X_{12} \leqslant 23.430$

(2) 总产值约束

$62.93X_1 + 65.00X_2 + 40.00X_3 + 120.00X_4 + 27.20X_5 + 40.00X_6 + 75.38X_7 + 148.15X_8 + 11.526X_9 + 54.00X_{10} + 7.0428X_{11} + 10.3896X_{12} \geqslant 11600[15000.00]$(方括号中的数字是 2000 年数值,下同) (72)

(3) 开采能力(劳动力)约束

$0.0074X_1 + 0.0082X_2 + 0.0207X_3 + 0.0305X_4 + 0.0210X_5 + 0.0112X_6 + 0.0151X_7 + 0.0073X_8 + 0.0040X_9 + 0.0077X_{10} + 0.0009X_{11} + 0.0016X_{12} \leqslant 1.8499$
(2.09542)(圆括号中的数据为高方案值,下同)[2.4500,(2.5665)] (73)

(4) 资金约束

$45.0068X_1 + 51.08X_2 + 38.9423X_3 + 30.00X_4 + 30.00X_5 + 38.46X_6 + 60.00X_7 + 45.00X_8 + 3.16X_9 + 37.50X_{10} + 5.25X_{11} + 4.50X_{12} \leqslant 7803.27(10404.37)$
$[1000,(1100)]$ (74)

根据表 5-7 的计算,并结合计算机模拟的中间成果可以得出吉林省主要矿产资源开采结论如下:

① 当资金、劳动力均很充足时,应充分占据市场,即开采指标应为市场上限。

② 当资金充足、开发能力略显不足时,应适当少生产石墨、石膏、高岭土等。

③ 当劳动力充足、资金不足时,可适当少生产石墨、石膏等。

④ 当资金、劳动力都不足时,应优先生产硅藻土、火山渣、花岗石、水泥灰岩和膨润土等。

⑤ 以净产值最大为目标函数和以最大净产值下浮 10% 后国际价值最大为目标函数的计算结果略有区别,因此,若全省非金属矿产开发能较顺利和较大规模地参与国际市场,则以后一个计算结果 B 为准;否则应以前一个计算结果 A 为准。估计 1995 年时吉林省非金属矿产开发不会大规模地参与国际市场,故建议以结果 A 为准;2000 年时可考虑以结果 B 为准。

表 5-7 主要矿种开采量的线性规划结果

矿产	符号	单位	1995 年		2000 年	
			A	B	A	B
1. 硅藻土	X_1	万 t	14.295	14.295	19.110	19.110
2. 膨润土	X_2	万 t	24.630	24.630	36.710	36.710
3. 石墨	X_3	万 t	3.540	3.540	4.700	4.700
4. 硅灰石	X_4	万 t	11.550	11.490	17.600	17.570

续表 5-7

矿产	符号	单位	1995年 A	1995年 B	2000年 A	2000年 B
5. 高岭土	X_5	万 t	0.500	0.830	0.913	0.996
6. 石膏	X_6	万 t	7.055	6.600	7.870	7.800
7. 滑石	X_7	万 t	2.997	2.997	3.435	3.435
8. 花岗石	X_8	万 m³	1.460	1.460	2.160	2.160
9. 沸石	X_9	万 t	39.510	39.510	70.440	70.440
10. 浮石	X_{10}	万 t	9.445	9.445	17.050	17.050
11. 水泥灰岩	X_{11}	万 t	780.500	780.500	960.500	960.500
12. 火山渣	X_{12}	万 t	17.530	17.530	23.430	23.430
最佳时	总产值	万元	11 420	11 404	15 565	15 560
	净产值	万元	3 233.7	3 229.7	4 521.4	4 520.0
	国际价值	万元	74 367	74 478	106 670	106 696
	需开采能力	万人	1.84	1.84	2.57	2.57
	需开采资金	万元	7 577	7 564	10 090	10 089

注：A—净产值最大为目标函数；B—在最大净产值向下浮动 10% 后，国际价值最大为目标函数。

5.6.3 开发方案的模拟和选择

模糊线性规划解决的是不同矿产的开采量问题，对于开采出来的资源如何处理，即直接出售多少原矿，初加工、深加工和出口多少，并没有给出回答。为此，在模糊线性规划的基础上，对八个重点矿种（硅藻土、硅灰石、膨润土、沸石、浮石、火山渣、花岗石和水泥灰岩）进行了系统动态仿真，并借此为验证和修改开发目标提供依据。

仿真内容包括八个矿种在 1994—2000 年各年的开采量、初加工量、深加工量、出口量及其对应的总产值和净产值。仿真的基本思路是：先根据资源开发特点构造仿真方案，然后根据各方案的具体情况确定仿真参数，再上机运算，最后根据仿真结果选择最优方案作为决策的结论。

依据上千次模拟运算结果，选出四种典型的开发方案加以说明。四种典型开发方案及其含义如下：

(1) 趋势型开发方案。保持吉林省在世界市场上的份额不变，即以世界矿产资源开发预测为标准，吉林省的开采量与此保持同步，初加工量、深加工量和出口量按目前趋势发展下去。

(2) 重开采型开发方案。最充分地利用市场潜力（即开采量达市场上限），将人力、物力、财力集中于矿产资源的开采上，适当发展加工业。

(3) 重加工型开发方案。尽可能地集中人力、财力和物力，在不浪费市场资源（即开采量达市场下限）的情况下，大力开展初加工和深精加工。

(4) 开采—加工并重型，即协调型开发方案。在充分利用市场潜力而又不冒太大风险（即开采量达市场预测中值）的基础上，注意开展初加工和深精加工，以求得较大的经济效益。

四种开发方案的仿真结果见表5-8。

表5-8　四种典型方案的总产值、净产值　　　　　　　　　　（千万元）

年份	趋势型		重开采型		重加工型		协调型	
	总产值	净产值	总产值	净产值	总产值	净产值	总产值	净产值
1994	163.93	32.858	155.91	31.445	154.61	30.655	158.93	31.719
1995	170.36	34.284	163.84	33.222	162.60	32.246	167.22	33.413
1996	177.31	35.833	172.67	35.215	171.47	34.018	176.36	35.282
1997	184.79	37.507	182.48	37.443	181.30	35.984	186.41	37.339
1998	192.82	39.306	193.34	39.924	192.17	38.158	197.44	39.595
1999	201.38	41.224	205.33	42.673	204.17	40.555	209.52	42.067
2000	210.48	43.256	218.51	45.704	217.41	43.194	222.73	44.769

分析仿真结果可以得出结论：

(1) 净产值以重开采型效果最好,反映了吉林省在加工技术水平方面还存在差距。但因此方案以市场上限为基础,因而有一定的风险;此外,该方案对于保护资源、保持后劲也不大有利,因而不应首推此方案。重加工型方案可以弥补这方面的问题,经济效益也还可以,但加工品市场竞争激烈,吉林省是一个内陆的省份,市场信息不灵,技术水平不高,弄不好经济效益也难以实现。趋势型方案兼有上述两方案的不足,因而更不可取。考虑到吉林省的社会经济基础和资源特点,笔者认为,吉林省非金属矿产资源开发应采取开采加工混合型,即协调型开发方案。

(2) 按照协调型开发方案要求,吉林省在1995年和2000年这八种矿产的开采量、初加工量和深加工量等见表5-9。协调型开发方案的经济效益是：2000年总产值是1990年的2.056倍,2000年净产值是1990年2.072倍,二者基本同步,且都能保证2000年在1990年的基础上翻一番,1990—2000年年递增率总产值为7.37%,净产值为7.45%。

表5-9　协调型开发方案的具体指标（开发指标）　　　　　　（千万元）

矿种	1995年				2000年			
	开采量	初加工	深加工	国内销售	开采量	初加工	深加工	国内销售
1. 硅藻土	13.941	6.559	1.059 5	7.432 0	19.204	10.400	1.750 3	8.624 0
2. 硅灰石	11.400	4.560	0.551 0	6.840 0	18.129	9.056	1.208 6	9.065 0
3. 膨润土	24.898	11.204	1.078 9	13.694 0	37.266	20.496	2.111 7	16.770 0
4. 沸石	38.430	6.405	0.358 7	32.025 0	69.860	16.300	0.954 7	53.557 0
5. 浮石	8.982	6.228	0.104 8	2.754 5	15.730	12.375	0.288 4	3.356 0
6. 火山渣	17.044	12.953	0.000 0	4.090 4	24.718	20.269	0.000 0	4.449 2
7. 花岗石	1.474	1.228	0.294 8	0.245 6	2.232	1.935	0.669 7	0.297 6
8. 水泥灰岩	808.900	781.900	59.290 0	26.960 0	973.700	957.500	71.370 0	16.230 0

注：国内销售包括省内初加工、深加工用料量和直接卖给国内其他省份的原料部分。

(3) 由仿真结果可以知道,吉林省非金属矿产资源开发应采取稳步协调、注重效益、开采与加工并重的方针,而不应单纯强调开采(更不应盲目开采),也不应过分强调加工,这是由该省的地理位置、社会经济基础等决定的。

(4) 为确保协调型开发方案的实施,吉林省必须在资金筹措、人才引进方面有所突破,同时加强管理协调,使全省非金属矿产开发有序、有度、有效,促进全省经济持续发展。

5.7 高校招生名额分配模型研究

针对高考招生名额地区分配不公的现象,以国内两个最著名的学府为例,探讨了高校合理分配名额的模拟模型。以各地区考生总数、全国考生总数和高校招生总计划名额为基础,选取"基础教育水平系数"(A)、"政策扶持系数"(B)和"政策倾斜系数"(γ),构建了高校名额配置的基本模型,为国办重点高等院校分配地方招生名额提供技术参考。

5.7.1 引言

随着时代的进步和"以人为本"教育理念的深入人心,中国的高等教育体制在高等教育公平原则上存在的一些问题,成为学术界关注的对象。各省市区招生名额、录取分数不一,来自不同地区的考生不能以相同的考试成绩进入相同层次高校就读的现象越来越不能适应当代教育事业的发展,成为亟待解决的问题。

当前的研究一方面旨在揭示高考制度不公平的现象及其原因。我国现行高考制度折射出的教育不公平现象日趋明显[1]~[4],高等教育入学机制造成了一个严重的问题——把某些群体的学生排除在公平竞争之外[5],实际上我国高学历、大城市、高收入和从事优势职业者的子女拥有更多优质高等教育的机会[6],多数重点大学都出现了农村生源、贫困生源减少的情况。这一情况与美国在20世纪80年代发起教育改革运动的背景很相似,当时美国的不利境况下的适龄人口的高等院校入学率,远远低于白人学生和高收入家庭的学生。现今的美国高等教育机会分布与过去相比已经发生了很大的变化:性别间不公平现象大幅度减小,种族间不公平在某种程度上得到缓和,但社会阶层间的不公平却仍然广泛存在[7]。另一方面,多数研究旨在探索如何通过改进高考招生制度将高等教育入学机会在不同社会阶层之间公平分配。从历史进程的角度来看,我国高考的制度结构是

---

[1] 李远贵. 论高等教育公平——对我国高等教育公平问题的认识和思考[J]. 高等教育研究,2004,20(12):7-10.

[2] 黄长云. 对教育公平视野下的高考制度的思考[J]. 改革与开放,2011(8):152.

[3] 程斌. 对高考招生制度不公平问题的认识与思考[J]. 黑龙江教育,2006(12):9-10.

[4] 张桂云. 从各省高考招生比例看中国的教育不公平[J]. 教育与经济,2004(1):63.

[5] Wang, Li. Social exclusion and inequality in higher education in China: a capability perspective [J]. International Journal of Educational Development, 2011,31(3):277-286.

[6] 陈晓宇. 谁更有机会进入好大学——我国不同质量高等教育机会分配的实证研究[J]. 高等教育研究,2012,33(2):20-29.

[7] 钟景迅. 院校分层与学生隔离——美国高等教育不公平现象剖析[J]. 高等教育研究,2010,31(3):94-101.

传统文化、政治、经济、知识等因素相互博弈、相互作用的结果[①],未来高考制度改革遵循机会均等原则、专业化原则和诚信原则,趋向于更加科学公平化、高效率化和人性化[②]。高考招生在考虑学生配置的时候,需要在为学生提供尽可能多的教育资源的同时,权衡高校的有效承载力[③]。对高考招生名额的具体分配思路的探索亦已开始,如万圆基于高等教育资源区域配置的视角对"高考移民"问题做了深入研究,并提出"按照考生数平均分配录取指标"的解决对策[④]。

总体来看,多数研究集中在围绕高考公平的体制机制层面的探索,而作为当务之急的高考名额分配的问题多停留在定性分析层面上,还未涉及高校名额配置的具体实施方案的研究。笔者认为,可以参考罗梅尔的高等教育机会平等的社会选择模式结构[⑤],即机会目标实现的效用是由个人付出的努力程度、机会平等政策以及个人环境共同决定的,而高等教育机会平等政策是一种干预,在补偿个人环境不利的基础上,机会平等政策使得结果只与努力程度有关。因此,高校招生名额也是一种高等教育资源,而且这种资源更受国民关注,与考生切身利益联系最紧密。在谋求教育公平、研究教育资源合理配置的过程中,置"招生名额公平配置"问题于不顾是学术界的一个重大疏忽。如何从地理学区域差异性及其相互作用的思维出发,在充分考虑相关因素的基础上,通过建立恰当的数学模型,为解决教育资源空间配置的合理性问题提供技术支持,从而为高考制度改革带来有益的借鉴,成为本节要研究的主要目的。

5.7.2 高等教育资源的分配思路

1) 高等教育资源的性质

高等教育作为一项公共事业,政府对其承担责任并提供经济支持,因而它具有社会福利性质,亦即公益性,纳税人及其后代有权利享受均等的高等教育机会。

高等教育不同于一般公共事业在于:并非人人都有能力接受高等教育,特别是重点大学教育;反过来说,对于一个人的成长和成才,接受高等教育不是唯一的途径,对有的人而言甚至也不是最重要的捷径。因此,大学招生,既要考虑公平性,还要考虑学生的素质和特长。特别是,目前我国的重点大学,担负着科技创新、高级人才培养的民族使命,更不能简单地追求公平,只能在保障学生质量的基础上兼顾公平。笔者把大学的这种功能性质称作功利性。

高等教育资源的产业性不能忽略。在知识经济时代,劳动者的智力、素质已成为生产力中最重要、最核心的生产要素,对生产力的推动作用远超过其他要素。其产业属性可以在多重方面体现出来。从社会学角度来看,受教育程度高低与个人收入、社会地位等密切相关;从经济学角度看,人才带来的社会和经济效益显著,但人才培养供不应求。

---

① 柳博. 我国高考制度变迁及改革路径分析[J]. 教育研究,2010(6):53.
② 郭胜. 我国高考制度改革发展趋势研究[J]. 经济研究导刊,2011(5):198-199.
③ Sallee J M. On the optimal allocation of students and resources in a system of higher education [J]. Be Journal of Economic Analysis & Policy, 2008,8(1):1935-1942.
④ 万圆. 再议"高考移民"——基于高等教育资源区域配置的视角[J]. 湖北招生考试,2010(24):9-13.
⑤ 陈晓飞. 高等教育机会平等要素和结构的演进[J]. 高等教育研究,2011,32(6):11-18.

历来的国家宏观政策态度明确,"切实把教育作为先导性、全局性、基础性的知识产业和关键的基础设施,摆在优先发展的重要战略地位。"由此可见,教育尤其是高等教育的产业属性问题已经得到确立①。

高等教育具有公益性、功利性和产业性。其中公益性要求力图公平,功利性和产业性要求讲效率,实践中高等教育要将三者兼顾。需要指出的是:出于效率考虑而选拔某群体享受高等教育机会的做法并不违背公平的原则(选拔过程的公平是前提,但它是另外一个问题),因为教育的过程本身就是有区别地对待每个对象,即"因材施教";教育的结果则是生产出不均等的(即应是有个性的)人②。公平与效率并不是对立的矛盾概念,而是同一个问题不同的研究范畴:公平是基于伦理学上的概念,效率是源于经济学上的概念。教育资源配置合理性的度量是一个综合性的问题,同时从伦理学和经济学两个角度来考量,相当于兼顾以人为本和科学理性两方面的要求。

2) 教育公平原则的剖析

2009年世界高等教育大会上指出高等教育的一项重要的社会责任——构筑和平、捍卫人权及民主价值观③,而落实这项责任的一个基本前提便是高等教育自身的民主化,践行高等教育的公平原则。

公平问题的实质是一个权力、机会等资源和利益的分配与再分配问题④,在落实公平原则的过程中,分配标准是关键。教育公平是社会公平在教育领域的延伸和体现,是每个人接受基本教育的基本平等与不同兴趣类型和能力水平的人接受不同层面教育的相对平等的结合⑤。教育公平原则的建构同时受教育系统内部和外部两方面因素影响:内部自身的需求主要是由人的发展需求决定的,主要适用人性对待原则、平等对待原则与差别对待原则;外部公平原则的建构,主要受社会的政治经济与文化因素的影响,主要适用完全平等、比例平等与例外平等原则⑥。从内容上看,教育公平包括三个维度:入学机会公平(教育起点公平)、教育过程公平和教育结果公平。其中,入学机会公平就要求接受高等教育的机会均等。对"机会均等"含义的理解不能脱离国家所处的高等教育基本阶段。马丁·特罗按照他的"三阶段"理论,对教育机会做了如下划分:精英型高等教育阶段,受高等教育的机会是少数人的特权;大众型高等教育阶段,受高等教育的机会是具有一定能力的人的权利;普及型高等教育阶段,受高等教育的机会是每个人的义务⑦。当前中国处于大众型高等教育阶段,高等教育机会,尤其是优质高等教育的机会,要保证对智力合格的那部分人的平等。

---

① 李进才,张丽萍,范雄飞.当前发展高等教育亟待解决的几个认识误区[J].高等教育研究,2004,25(2):16-19.
② 田正平,李江源.教育公平新论[J].清华大学教育研究,2012(1):39-48.
③ 熊建辉.2009年世界高等教育大会公报:高等教育与研究在促进社会变革和发展中的新动力[J].世界教育信息,2009(9):24.
④ 杜瑞军.从高等教育入学机会的分配标准透视教育公平问题——对新中国50年普通高校招生政策的历史回顾[J].高等教育研究,2007,28(4):29-35.
⑤ 郝文武.平等与效率相互促进的教育公平量化指标和关系状态[J].高等教育研究,2010,31(8):47-55.
⑥ 苏君阳.和谐社会教育公平的基本特征与原则[J].高等教育研究,2011,32(12):10-17.
⑦ 卢晓中.当代世界高等教育理念及对中国的影响[M].上海:上海教育出版社,2001:228.

3) 基于高等院校类型的名额分配原则分析

不同的教育机构担负着不同的使命、履行着不同的职责,因而其资源的分配也会遵循不同的原则。

从高等院校的办学经费来源上看,我国的大学包括如下几种类型:国家投资建设的高校(简称国办高校)、地方投资建设的高校(简称地方办高校)、国家和地方共建的高校(简称合办高校)以及企业(或个人)投资建设的高校(简称民办高校)。

不同类型的高校其名额分配原则不同。国家投资建设的学校,其办学经费由国家财政拨付,属于国家公共资源,从政治经济与文化的角度来讲,应该由全国纳税人平等分享其招生名额,名额分配应该遵循外部公平的原则;从人的发展需求以及教育资源的产业性的角度来讲,不同天赋和基础的同学应该享受适合自身的不同的高教资源,同时高教资源的利用效率也能达到最大化,因此名额配置又要遵循差别对待、招生效率原则。特别是国家名牌高校,担负着培养社会领军人才库的高等教育社会职能,是国家的精英教育机构,其名额配置应该在区际相对平等原则下提高办学(招生)效率;而一般性的国办高校,重在落实高等教育大众化的高教理念,是普及高等教育的机构,其名额配置应该面对全国纳税者,遵循区际平等原则。

地方投资建设的学校,其办学经费由地方财政拨付,属于区域公共资源,其招生名额可以完全由该区人民分享,区内每个人拥有同样的机会分享该区域投资建设的高等学校招生名额,其名额配置应该面对该区域的全部纳税者,遵循区内平等、择优录取的原则;混合类学校,即办学经费多重来源,则按照其投资主体所占份额来分配;民办高校,投资方自行分配各地的招生名额。

5.7.3 我国国办重点高校招生名额地区分配的特点

1) 我国国立高校名额配置现状——以 B 大学和 F 大学为例

目前我国国立高校招生以省为单位实行地区配额制,高校按照一定的标准给不同的省区分配不等的名额,但配额的依据并不是高考人口或总人口的分布,因此高考大省(例如河南、山东等)并不能拥有与当地高考总人数相对应的招生名额。考生在所属省份分配到的招生名额中竞争,这就导致了不同地区考生接受高等教育机会的不均等和高考成绩不对等现象。

下面通过计算各地区的每个高考考生考取名牌大学的相对概率大小,反映这种名额分配不公所导致的严重的"教育机会不均等"现象。

计算公式是

$$I_{pu} = \frac{E_{pu}}{T_p} \times 10\,000 \tag{75}$$

其中:I_{pu} 为 p 地区每个考生考取某名校 u 的相对概率;E_{pu} 为名校 u 在 p 地区招生的计划名额;T_p 为 p 地区的高考考生人数。

以 F 大学和 B 大学为例,根据以上公式,计算出各地区的每个考生考入相应大学的相对概率。这两所大学分布在两个不同的地区,都是以国家为主投资建设的国内最顶尖的学校,担负着全国科技创新和杰出人才培养的重大责任。

高校的本科生招生来源多样,通常包括保送生、自主选拔招生、特长生、港澳台招生以及不享受任何高考录取加分政策的高考考生(简称"裸考"考生)等不同类型。采用B大学和F大学2006—2011年六年的分地区高考招生("裸考"考生)计划数据以及2006—2011年六年的各地区高考人口数据,计算出各地区的每个考生考入B大学或F大学的相对概率(图5-4)。

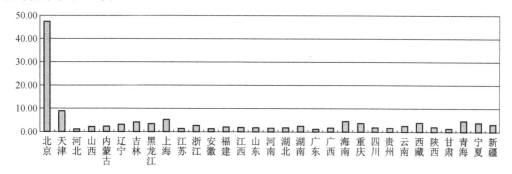

(a) 各地区考生进入B大学的相对概率

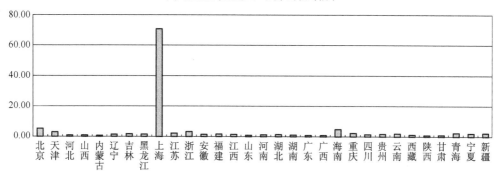

(b) 各地区考生进入F大学的相对概率

图5-4 各地区每个考生考入B大学和F大学的相对概率

注:本图涉及数据仅仅指"裸考"招生计划名额。

根据六年的数据统计得出,北京地区每一个考生进入B大学的相对概率取得最大值为47.62,紧接着第二大值是天津,但相对概率骤降为8.70(相差超过五倍),而安徽地区的每一名考生进入B大学的相对概率最低,仅为0.81,同样还有河南考生的相对概率1.09和河北考生的相对概率1.09。

根据近六年的数据统计得出,上海地区每一个考生进入F大学的相对概率取得最大值为71.78,紧接着第二大值是北京,但相对概率仅为5.28,天津取值3.06,而西藏地区的每一名考生进入F大学的相对概率最低,仅为0.43,同样还有高考大省河南考生的相对概率0.48和山东考生的相对概率0.70。

2) 名额分配现状分析

从图5-4可以看出,来自我国不同地区的考生考入F大学和B大学的概率不同:高校所在地区的考生考取该校的概率明显高于其他地区,而河南、河北、安徽、广东等地的考生考入名校就读的概率相对小得多。假如 B 大学和 F 大学的本科生办学经费都是由国家提供的,假如各地区基础教育水平无差异,那么,依据上述计算结果,B 大学和 F 大学在各地区的本科生招生名额分配结果是严重不合理的。这两所大学所在地区的考生的录取概率远远高于人口大省、高考大省的考生。

5.7.4 高校名额分配模型构建

1) 指标选取

对于任意高校(国办高校、合办高校),依据其办学经费来源的构成,将其名额资源分为两部分:全国公共资源部分和地区私有资源部分。由于民办高校的名额分配,原则上是由投资人自行决定,因而本书不考虑民办高校资源;地方办高校的资源,原则上是由该地方人民平等享受,不涉及区际配置的合理性问题,因而也不在本书的考虑范围内。

本书将针对国办高校和合办高校来构建模型,根据某院校的名额资源类型构成来设置政策倾斜系数 γ,γ 表征的是某一特定高校的总招生名额中地方资源部分所占的份额,γ 的大小能够反映地方投资高校的程度(γ 值越大,地方投资程度越高,从而名额分配的地区倾斜程度越高)。

对于全国公共资源部分的招生名额资源,名额分配首先要在"教育公平"的大原则下进行,按照各地考生总数来进行初步分配,即首先选取三项基本指标"各地区考生总数"、"全国考生总数"和"高校招生总计划名额";然后考虑各地区的生源水平高低情况以适应高校招生质量的要求,选取微调指标1——"基础教育水平系数"(反映各地区基础教育水平的高低,这里的基础教育是指高等教育阶段之前的所有教育阶段,包括幼儿教育、小学教育和中等教育);兼顾公平,选取微调指标2——"政策扶持系数"(给予少数民族地区和落后地区的名额上的扶持程度)。由于落后地区的基础教育水平低,少数民族地区不仅基础教育落后而且人口基数太少,所以把这两类群体划为政策扶持对象。

2) 基础教育水平系数的确定

(1) 指标选取

指标的选取需要满足三个原则:科学性、有效性、可及性。本节就在此原则的指导下来选取衡量各地区的基础教育水平的关键指标。

"基础教育水平系数"重在反映各地区数值之间的相对差异程度,因此应该选择差异显著并且能够获取数据的指标来统计。

本节选取了三个指标:小学学龄儿童入学率[①]、在校生人均教育经费和生师比[②]。三项指标都采用 2009 年的数据。

"在校生人均教育经费"是通过以下公式计算而得:

$$Y_p = \frac{V_p}{U_p} \tag{76}$$

[①] 小学学龄儿童入学率:上海、四川和陕西的该项数据来自于《中国卫生统计年鉴2010》;甘肃的该项数据来自于《甘肃发展年鉴2010》;其他地区的该项数据均来自于该地区2010年的统计年鉴。

[②] 生师比,包括初中生师比和高中生师比两项,数据来自于2010年中国统计年鉴主页。

其中：Y_p 为 p 地区在校生的人均教育经费；V_p 为 p 地区地方财政支出（教育项目）（万元）；U_p 为 p 地区的在校学生总数（人）。

"在校学生总数"[①]包括普通小学在校学生数、特殊教育在校学生数、职业初中在校学生数、普通初中在校学生数、普通高中在校学生数、中等职业学校（机构）在校学生数以及高等学校普通本专科在校学生数（含成人高校的普通本专科学生数）。

需要指出的是：由于各地区的基础教育总经费数据很难获取，而各地区基础教育经费主要来自于地方财政支出，因此地方基础教育经费的差异主要就是地方财政在教育方面支出差异的反映，因此就选用地方财政支出[②]（教育项目）来间接反映地方基础教育经费。因为地方财政支出（教育项目）的受益者是地方全体在校学生，所以就用各地"在校人均教育经费"指标来间接反映各地基础教育经费上的差异。

（2）数据处理

标准化数据的方法有以下两种：

① 对于正向数据

$$X' = \frac{X - \min}{\max - \min} \tag{77}$$

② 对于负向数据

$$X' = \frac{\max - X}{\max - \min} \tag{78}$$

其中：X 为原始值；X' 为标准化值；$\max$ 为最大值；$\min$ 为最小值。

运用这种标准化数据的方法，获得初中生师比标准化值 E、高中生师比标准化值 F 和人均教育经费标准化值 C，同时令小学学龄儿童入学率为 R，令基础教育水平系数为 A，则 A 就是以上四个指标的加权之和，公式为：

$$A = b_1(eE + fF + cC + rR) + b_2 \tag{79}$$

其中：e 为初中生师比指标的权重；f 为高中生师比指标的权重；c 为人均教育经费指标的权重；r 为小学学龄儿童入学率指标的权重；b_1 和 b_2 为控制系数。

初中生师比、高中生师比两项指标分别赋予权重 0.125，小学学龄儿童入学率指标赋予权重 0.25，人均教育经费赋予权重 0.5。

为了将基础教育水平系数 A 的数值控制在 0.8—1.2（本书认为，我国各地区基础教育条件虽有较大差异，但近年改善很大，为此将最好者取值为 1.2，最差者取值 0.8），分别取 $b_1 = 0.4$，$b_2 = 0.8$。

利用上述 2009 年度的数据和方法整理数据可以得出各地区的基础教育水平系数（表 5-10）。

[①] 各项在校学生数的数据来自于 2010 年中国统计年鉴主页。
[②] "地方财政支出（教育项目）"数据来自于《甘肃发展年鉴 2010》，河北的数据来自于《河北经济年鉴 2011》，其余省份的数据均来自各省的统计年鉴。

表 5-10　基于 2009 年度数据的各地区基础教育水平系数值列表

地区	北京	天津	河北	山西	内蒙古	辽宁	吉林	黑龙江	上海	江苏	浙江	安徽	福建	江西	山东	河南
A 值	1.20	1.10	0.98	0.97	1.01	1.00	0.99	1.00	1.17	1.01	1.01	0.91	0.99	0.95	0.99	0.92
地区	湖北	湖南	广东	广西	海南	重庆	四川	贵州	云南	西藏	陕西	甘肃	青海	宁夏	新疆	—
A 值	0.95	0.98	0.94	0.93	0.93	0.93	0.93	0.92	0.95	1.05	0.96	0.94	1.00	0.97	1.01	—

3) 政策扶持系数的确定

一些省区因为特殊情况需要在政策上加以扶持,在招生比例上要有所偏向,因此在原先算出的比例基础上,增加"政策扶持系数"。需要政策照顾的地区包括少数民族地区和经济欠发达地区,由于长期贫困,基础设施落后,人才匮乏,这些地区的基础教育水平较东中部地区有较大差距。假设以 1 为基准值,少数民族地区加 1 分,民族众多的青海省、云南省各加 0.5 分,边疆边境及落后地区加 0.2 分。其中,民族地区包括五大自治区(内蒙古自治区、新疆维吾尔自治区、西藏自治区、广西壮族自治区和宁夏回族自治区),经济发达和经济欠发达地区则分别按照中国社会科学院 2012 年《中国省域竞争力蓝皮书》中区经济综合竞争力排名[①]上游和下游的省区来算,由此得出各省区的政策扶持系数 B 如表 5-11 所示。

表 5-11　各地区的政策扶持系数赋值表

地区	北京	天津	河北	山西	内蒙古	辽宁	吉林	黑龙江	上海	江苏	浙江	安徽	福建	江西	山东	河南
B 值	1.0	1.0	1.0	1.2	2.0	1.0	1.2	1.0	1.0	1.0	1.0	1.0	1.0	1.0	1.0	1.0
地区	湖北	湖南	广东	广西	海南	重庆	四川	贵州	云南	西藏	陕西	甘肃	青海	宁夏	新疆	—
B 值	1.0	1.0	1.0	2.0	1.2	1.0	1.0	1.2	1.5	2.0	1.0	1.2	1.5	2.0	2.0	—

4) 高校名额配置的基本模型

对于任意高校 u,它在全国各地区的名额分配比例情况,采用的基本模型如下:

① 当 p 是政策倾斜地区时,则

$$V_{pux} = \gamma + (1-\gamma) \times K_{pux} \tag{80}$$

② 当 p 不是政策倾斜地区时,则

$$V_{pux} = (1-\gamma) \times K_{pux} \tag{81}$$

其中:V_{pux} 为在某原则下高校 u 的招生计划名额在 p 地区的分配比例;γ 为地区调节系数(除高校所在地区以外,其他地区的 γ 取值一定为 0);x 为名额配置原则的判断系数(取值范围为 1,2,3。$x=1$ 时,表示"绝对公平"的分配原则;$x=2$ 时,表示"效率优先"的分配原则;$x=3$ 时,表示"公平与效率兼顾"的分配原则)。随着 x 取值的不同,K_{pux} 分别对应下文的三个模型(K_{pu1},K_{pu2},K_{pu3}),它度量的是全国公共名额资源的分配方式。

---

① 2010 年全国各省、市、区经济综合竞争力处于上游区(1—10 位)的依次为:江苏省、广东省、上海市、北京市、浙江省、山东省、天津市、辽宁省、福建省、湖北省;排在中游区(11—20 位)的依次为内蒙古自治区、河北省、四川省、安徽省、河南省、江西省、黑龙江省、湖南省、重庆市、陕西省;处于下游区(21—31 位)的依次排序为海南省、山西省、吉林省、新疆维吾尔自治区、广西壮族自治区、宁夏回族自治区、青海省、云南省、贵州省、甘肃省、西藏自治区。

(1) 绝对公平原则下的名额配置模型 K_{pu1}（仅以全国公共名额资源为例）

度量全国公共名额资源的分配时，政策倾斜系数 γ 取值为 0，则模型简化为

$$V_{pu1} = K_{pu1} \tag{82}$$

如果招生名额分配采取"绝对公平"的原则，就是按照各地考生的人数占全国高考人数的比例来平均分配名额。采用的模型一如下：

$$K_{pu1} = \frac{T_p}{T} \tag{83}$$

其中：K_{pu1} 为在绝对公平的原则下某名校 u 的招生计划名额在 p 地区分配比例；T 为全国考生总数；T_p 为 p 地区的考生总数。

在 2006—2011 年各地区考生总数和 2006—2011 年全国考生总数的基础上，运用上述公式，计算出在公平原则下全国公共名额资源在各地区的分配比例（图 5-5）。

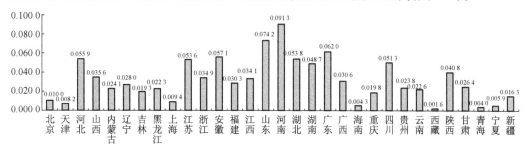

(a) 公平原则下高校名额的地区分配比例

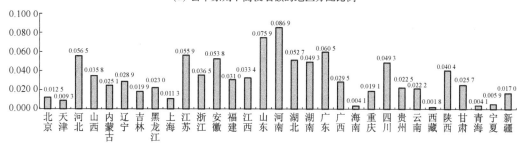

(b) 效率优先原则下高校名额的地区分配比例

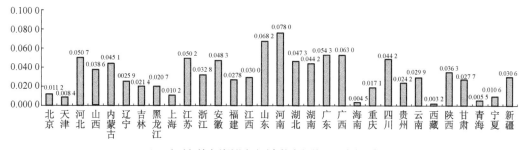

(c) 公平与效率兼顾原则下高校名额的地区分配比例

图 5-5　不同原则下全国公共名额资源在各地区的分配比例

(2) 效率原则下的名额配置模型 K_{pu2}（仅以全国公共名额资源为例）

若全国实行的是统一的教材、进行统一考试,那么,高校招生要追求效率最大化就应该统一录取分数线;但是当前在全国没有统一考试的前提下,可以参考以下模型:

① 度量全国公共名额资源的分配时,地区调节系数 γ 取值为 0,则模型简化为

$$V_{pu2} = K_{pu2} \qquad (84)$$

② 如果招生名额分配采取"效率优先"的原则,就是在模型一的基础上,乘以基础教育水平系数,给基础教育水平相对较好的地区以相对多的名额。采用的模型二公式如下:

$$K_{pu2} = \frac{T_p}{T} \times A \qquad (85)$$

其中,K_{pu2} 为在效率的原则下某名校 u 的招生计划名额在 p 地区分配比例;T 为全国高考考生人数;T_p 为 p 地区的高考考生人数;A 为基础教育水平系数。

在 2006—2011 年各地区考生总数和 2006—2011 年全国考生总数的基础上,运用上述公式,计算出在效率优先原则下全国公共名额资源在各地区的分配比例(图 5-5)。

(3) 公平与效率兼顾原则下的配置模型 K_{pu3}(仅以全国公共名额资源为例)

① 度量全国公共名额资源的分配时,政策倾斜系数 γ 取值为 0,则模型简化为

$$V_{pu3} = K_{pu3} \qquad (86)$$

② 如果招生名额分配采取"公平与效率兼顾"的原则,就是在模型二的基础上,乘以政策扶持系数,给经济落后地区和少数民族地区以相对多的名额。采用的模型三如下:

$$K_{pu3} = \frac{T_p}{T} \times A \times B \qquad (87)$$

其中:K_{pu3} 为在公平与效率兼顾的原则下某名校 u 的招生计划名额在 p 地区分配比例;T 为全国考生总数;T_p 为 p 地区的考生总数;A 为基础教育水平系数;B 为政策扶持系数。

在 2006—2011 年各地区考生总数和 2006—2011 年全国考生总数的基础上,运用上述公式,计算出在公平与效率兼顾原则下全国公共名额资源在各地区的分配比例(图 5-5)。

5) 配置模型的应用分析——以 F 大学和 B 大学 2011 年的招生计划为例

假设 B 大学和 F 大学都是国家和地方共建的重点大学。根据初步调查,这两所大学的办学经费,特别是本科生教育经费,主要来自于国家拨款。但是,地方也提供了一定的优惠条件,包括学校建设用地和基础设施等。由于国家投入和地方投入之比未知,这里假设两种情景。

情景一:国家投入和地方投入之比为 8∶2。

情景二:国家投入和地方投入之比为 6∶4。

2011 年,B 大学本科生的计划名额为 4 232 人,F 大学本科生的计划名额为 2 625

人[①]。根据上文构建的高校名额配置基本模型,分别计算出B大学和F大学在不同情境下的理论值(表5-12至表5-15)(1代指"公平原则",2代指"效率优先原则",3代指"公平与效率兼顾的原则"。例如"理论值1"是指利用公平原则配置模型所计算的理论值)。

表5-12　2011年B大学本科生名额地区分配实际值以及不同原则下的理论值($r=0.2$)

(人)

地区	北京	天津	河北	山西	内蒙古	辽宁	吉林	黑龙江	上海	江苏	浙江	安徽	福建	江西	山东	河南
实际值	819	129	119	136	61	164	119	160	162	227	208	91	128	98	182	188
理论值1	880	28	189	121	82	95	65	76	32	181	118	193	103	116	251	309
理论值2	889	32	191	121	85	98	67	78	38	189	124	182	105	113	257	294
理论值3	884	28	172	131	153	88	73	70	34	170	111	164	94	101	231	264
地区	湖北	湖南	广东	广西	海南	重庆	四川	贵州	云南	西藏	陕西	甘肃	青海	宁夏	新疆	—
实际值	174	159	128	58	29	124	129	47	65	7	131	54	23	39	74	—
理论值1	182	165	210	103	15	67	174	80	77	5	138	89	13	20	55	
理论值2	178	167	205	100	14	65	167	76	75	6	137	87	14	20	58	
理论值3	160	150	184	180	15	58	150	82	101	11	123	94	19	36	104	

表5-13　2011年B大学本科生名额地区分配实际值以及不同原则下的理论值($r=0.4$)

(人)

地区	北京	天津	河北	山西	内蒙古	辽宁	吉林	黑龙江	上海	江苏	浙江	安徽	福建	江西	山东	河南
实际值	819	129	119	136	61	164	119	160	162	227	208	91	128	98	182	188
理论值1	1 718	21	142	90	61	71	49	57	24	136	89	145	77	87	188	232
理论值2	1 724	24	143	91	64	73	51	58	29	142	93	137	79	85	193	221
理论值3	1 721	21	129	98	115	66	54	52	26	127	83	123	71	76	173	198
地区	湖北	湖南	广东	广西	海南	重庆	四川	贵州	云南	西藏	陕西	甘肃	青海	宁夏	新疆	—
实际值	174	159	128	58	29	124	129	47	65	7	131	54	23	39	74	—
理论值1	136	124	158	78	11	50	130	60	57	4	104	67	10	15	41	
理论值2	134	125	154	75	11	48	125	57	56	4	103	65	10	15	43	
理论值3	120	112	138	135	11	43	112	62	76	8	92	70	14	27	78	

综合表5-12、表5-13来看,实际值上反映河北、安徽、河南、广东、广西、甘肃等地区

---

① 数据说明:此处的本科生来源是指统一招生考试录取、自主选拔录取、保送生、艺术特长生和高水平运动员。根据B大学2011年的高考招生计划可知,其在31个省、自治区和直辖市的招生计划总额为1 779人(含B大学本部和医学部。不包含新班、新民、藏班的计划名额,共22人)。根据F大招生网可以看到其在31个省、自治区和直辖市的统考计划招生1 153人(仅仅指本科生)。根据阳光高考网的"高校特殊招生:学生名单公示"获取2011年B大学和F大学的相关数据,具体包括保送生拟录取名单、艺术特长生名单、高水平运动员名单和自主选拔名单。2011年B大学特殊招生拟录取2 453人(保送生拟录取631人,艺术特长生115人,高水平运动员57人,自主选拔1 650人);2011年F大学特殊招生拟录取1 472人(保送生拟录取110人,艺术特长生56人,高水平运动员28人,自主选拔1 278人)。虽然这些名单与实际录取会存在出入,但能够在很大程度上反映名额的地区配置情况。由此可见,2011年B大学相关本科生的计划名额为4 232人;F大学相关本科生的计划名额为2 625人。

的名额偏少,在两种情景模拟之下,这些地区的不同原则下的理论值均明显高于实际值;实际值中,天津、黑龙江、上海、浙江的名额偏多,在两种情景模拟之下,这些地区的不同原则下的理论值均明显低于实际值。

表 5-14　2011 年 F 大学本科生名额地区的分配实际值以及不同原则下的理论值($r=0.2$)

(人)

地区	北京	天津	河北	山西	内蒙古	辽宁	吉林	黑龙江	上海	江苏	浙江	安徽	福建	江西	山东	河南
实际值	61	35	55	46	11	64	43	38	856	245	243	83	62	53	72	69
理论值 1	21	17	117	75	51	59	41	47	545	113	73	120	64	72	156	192
理论值 2	26	20	119	75	53	61	42	48	549	117	77	113	65	70	159	183
理论值 3	23	18	106	81	95	54	45	43	546	105	69	101	58	63	143	164
地区	湖北	湖南	广东	广西	海南	重庆	四川	贵州	云南	西藏	陕西	甘肃	青海	宁夏	新疆	—
实际值	77	63	76	33	20	50	71	35	41	3	31	31	11	15	32	—
理论值 1	113	102	130	64	9	42	108	50	47	3	86	55	8	12	34	—
理论值 2	111	103	127	62	9	40	103	47	47	4	85	54	9	12	36	—
理论值 3	99	93	114	111	9	36	93	51	63	7	76	58	12	22	64	—

表 5-15　2011 年 F 大学本科生名额地区分配实际值以及不同原则下的理论值($r=0.4$)

(人)

地区	北京	天津	河北	山西	内蒙古	辽宁	吉林	黑龙江	上海	江苏	浙江	安徽	福建	江西	山东	河南
实际值	61	35	55	46	11	64	43	38	856	245	243	83	62	53	72	69
理论值 1	16	13	88	56	38	44	30	35	1 065	84	55	90	48	54	117	144
理论值 2	20	15	89	56	40	45	31	36	1 068	88	57	85	49	53	120	137
理论值 3	18	13	80	61	71	41	34	33	1 066	79	52	76	44	47	107	123
地区	湖北	湖南	广东	广西	海南	重庆	四川	贵州	云南	西藏	陕西	甘肃	青海	宁夏	新疆	—
实际值	77	63	76	33	20	50	71	35	41	3	31	31	11	15	32	—
理论值 1	85	77	98	48	7	31	81	37	36	3	64	42	6	9	26	—
理论值 2	83	78	95	47	7	30	78	35	35	3	64	41	6	9	27	—
理论值 3	74	70	86	84	7	27	70	38	47	5	57	44	9	17	48	—

假设情景一更能反映现实情况。表 5-15 反映出,在不同原则下,通过基本模型的调控,天津、河北、辽宁、黑龙江、吉林、重庆等地区的部分名额被均匀地分配给广西、广东、河南、安徽、山东、内蒙古、河北、甘肃等地区。

综合表 5-14、表 5-15 来看,实际值总体上反映出 2011 年 F 大学的招生名额配置明显集中在江苏、上海、浙江三地区,而在其他地区的名额绝对数值上相对均等,没有考虑各地区的考生总数差异,是一种盲目的公平。通过理论值与实际值的比较发现,北京、江苏、浙江等地区的实际名额偏多,在两种情景模拟之下,这些地区的不同原则下的理论值均明显低于实际值;河北、内蒙古、山东、河南、广西、陕西等地区的实际名额偏少,在两种情景模拟之下,这些地区在不同原则下的理论值均明显高于实际值。在不同原则下,通过基本模型的调控,江苏、浙江等地区的部分名额被分配给广西、广东、河南、安徽、山东、内蒙古、河北、甘肃等地区,实现了不等地区之间有差别的均等。

不考虑现实的高校经费构成,仅结合表 5-12 至表 5-15 来看,两种情景都反映出一个共同问题:山东、河南等高考大省,在高校名额配置实际值上都低于不同原则下的理论值。

5.7.5 结论与讨论

以上依据"各地区考生总数"、"全国考生总数"和"高校招生总计划名额",选取"基础教育水平系数"、"政策扶持系数"和"政策倾斜系数"作为微调系数,提出了高校合理分配名额的基本模型。

对于任意高校(国办高校、合办高校),依据其办学经费来源的构成,将其名额资源分为两部分:全国公共资源部分和地区所有资源部分。各校高考名额的具体分配,要在一般模型的基础上,根据办学经费来源比例进行调整。

为了配合名额配置模型的运用,本节进一步构建了适用于全国公共名额资源分配的三种理想模型:绝对公平原则下的名额配置模型、效率优先原则下的名额配置模型和公平与效率兼顾原则下的名额配置模型。从教育公平的角度上看,国办高校可以直接参考"公平与效率兼顾原则下的名额配置模型"的方案,混合高校则需要首先确定其地区调节系数,然后参考基本模型的配置方法。但是国家名牌高校,其承担着国家科技创新和高级人才培养的历史使命,更重要的是注重办学质量,应该在首先保证效率(质量)的前提下适当注重公平。因此,在实际操作中,需要根据不同高校的实际情况,选择合适的模型,并对模型进一步微调,制订最适宜的招生计划方案。

需要引起注意或进一步讨论的问题是:

(1) 系数的选取和赋值的科学性、合理性还有待检验。两项微调系数"基础教育水平系数"和"政策扶持水平系数"虽然是调控地区公平的最关键的因素,但也不一定能完全地反映调控教育公平的要求。

(2) 相关系数的赋值最好采用专家打分、地理调查等方法来进一步拟合现实情况。

(3) 对招生效率高低的衡量方式有待完善。效率是一个衡量目的达成度的概念,对于不同类型的教育机构,其办学责任不同,因而衡量其招生效率的方式应该有所区别,但本书没有进一步细分。

(4) 本模型立足于教育公平原则,但在研究的空间尺度上,却限定在省区尺度,仅能解决省区间的公平问题,而实际上省区内部的县与县之间、中学与中学之间也存在着非学生智力因素所导致的高招名额分配差异,这也应该是教育公平所关注的问题。

(5) 情景的设置粗略,可以设置间隔更小的 r 数值来拟合现实情况。

5.8 首都区位论——用定量方法确定首都选址

首都的选址是个很重要、很复杂的问题,需要考虑到政治、经济、军事、历史、文化、自然等很多因素。一般来说,首都应选在水源充足、气候温和、资源供应充足、利于国家防御的地方,但更为重要的是这一地带应尽可能接近中国南北和东西相交汇的地理中心和全国人口重心,以利于政治上的团结统一;靠近全国经济重心,以利于经济上全国的总体发展;紧邻全国交通重心,四面连通性好,据东进西出、南来北往之要冲,节省国家管理成本。

为此,本节采用各省市区的人口、社会经济和交通数据,以省会城市地理坐标代表该省地理位置,利用区域重心模型,对迁都位置进行定量选择。经济重心、人口重心和交通中心的时空变化很好地反映了我国区域经济格局的发展趋势,可为新都位置的选择提供科学依据。

5.8.1 中国的区域重心

区域重心概念:假设一个大区域由若干个小区域构成,其中,第 i 个小区域的中心坐标为 (X_i, Y_i),M_i 为该小区域的某种属性值,则该属性意义下的区域重心坐标为

$$\begin{cases} \hat{X} = \dfrac{\sum\limits_{i=1}^{n} M_i X_i}{\sum\limits_{i=1}^{n} M_i} \\ \hat{Y} = \dfrac{\sum\limits_{i=1}^{n} M_i Y_i}{\sum\limits_{i=1}^{n} M_i} \end{cases} \tag{88}$$

当某一空间现象的空间均值显著区别于区域几何中心,就指示了这一空间现象的不均衡分布,或称"重心"偏离方向,偏离方向指示了空间现象的"高密度"部位。通常在实际应用中,计算其区域重心时可以将 (X_i, Y_i) 取为各行政区域单元的首府坐标,M_i 可以为不同意义的属性值(如人口、产值等)。

1) 中国人口重心的动态变化

在式(88)中,取 M_i 为各地区总人口,取 1980—2003 年各省市区的人口数据,计算出每年的人口重心坐标,将其表示在经纬网平面坐标系中,将各个坐标点连接起来,就得到了改革开放以来中国人口重心的动态变化。

由图 5-6 可知,改革开放以来的三十多年,中国人口重心呈现出缓慢、稳定地向西南

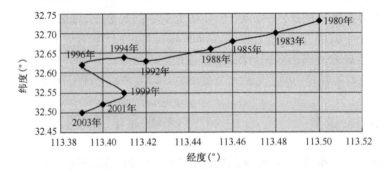

图 5-6 1980—2003 年中国人口重心的动态迁移

方向移动的趋势。与中国的几何中心(103°50′E，36°N)相比，中国人口分布明显偏向于国土的东南方。但总的来看，人口重心在经纬度上变化不大，基本上经度在113°20′E—113°30′E、纬度在32°30′N—32°45′N徘徊，大致位于中部地带的河南省南部境内。

2) 中国经济重心的动态变化

取 1952—2003 年全国各省市区每年的 GDP 数据，代入式(88)，经计算得到五十多年来我国经济重心的动态变化轨迹。

从图 5-7 可以看出，1952—2003 年五十多年间中国经济重心的变化态势为：1952—1978 年基本呈东西向移动；1979—1990 年向西南方向移动；1991—2003 年以从西北向东南向移动为主。相对于我国几何中心来说，经济重心一直偏向于东部和南部。总的来看，我国经济重心一直在 115°E—115°30′E、34°N—32°45′N 变动，大致位于河南、安徽交界处。

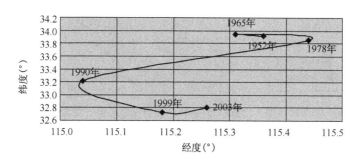

图 5-7　1952—2003 年中国经济重心的动态迁移

3) 中国交通重心的动态变化

取 1983—2003 年全国各省市区每年的铁路、内河航道、公路的营业总里程数据作为 M_i，代入式(88)，经计算得到 21 年来我国交通重心的动态变化轨迹。

由图 5-8 可知，1983—2003 年的 21 年时间，中国的交通重心的变化态势为：1983—1998 年基本呈南北向变化；1999—2003 年，急剧地向西南方向移动。与我国几何中心相比，交通重心偏向于东部和南部。总的看来，我国交通重心一直在 111°20′E—112°25′E、32°55′N—32°25′N 变动，其纬度变化不大。交通重心大致分布于河南、湖北交界处，这 20 年来，交通重心总的移动趋势是从河南西南部向湖北北部汉水流域移动。

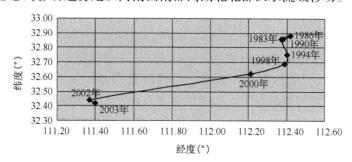

图 5-8　1983—2003 年中国交通重心的动态变化

目前中国的政治中心北京远离经济重心 799 km,远离人口重心 887 km,远离交通重心 1 001 km,远离几何中心 1 465 km,从区域管理的角度看,布局极不合理(图 5-9)。

图 5-9　2003 年中国人口重心、经济中心和交通重心的计算结果局部示意图

5.8.2　中国新都的位置选择

从上述中国区域重心的分析计算可以看出,中国的人口重心、交通重心、经济重心等都呈现出南移趋势。总的来看,几十年来中国区域重心的移动集中于中部地带的河南南部、安徽西部和湖北北部汉水流域附近。根据新都离中国区域重心最近的原则,并顺应区域重心向南移动趋势,笔者认为,中国未来的新都应是黄河以南、长江以北,不能是黄河流域,因黄河水患难以根除,只能是长江流域的江北一带。综合考虑自然、地势、安全等其他因素,河南、湖北两省交界处的汉水流域,即南阳襄樊盆地(南襄盆地)是一处建立首都的最理想位置。

以汉水流域的南襄盆地(图 5-10)作为新都主要有以下优势:

(1) 自然条件优越。缺水、地震、沙尘暴、酷热、洪涝等自然灾害或缺陷不同程度地困扰着北京、西安、南京、郑州、武汉等城市,影响人们工作,破坏城市建筑设施,制约城市的发展。而在这里这些问题则少得多,各种自然条件十分优越。气候上,处于暖温带、亚热带分界线上,一月最低气温在 0 ℃ 以上,七月南襄盆地最高气温在 30 ℃ 左右,比南京、武汉等"火炉"的温度低了许多。年降水量为 800—1 000 mm,水源充沛。这种冷热干湿都适中的气候最利于人们工作生活;地质上,结构稳定,不在地震带上,不像北京和西安那样多地震;水文上,属于独立的汉水流域,年径流量约为 550 亿 m^3,相当于一条黄河或海河、渭河各自的六倍,不用从外界调水就能够满足至少 4 000 万人口的生产生活用水需要;资源上,物产富饶,资源供应充足,是全国的资源大区、重要的粮食基地和著名的"鱼米之乡"。

图 5-10 南襄盆地遥感图像

(2) 政治上有利于全国团结统一。新都地处全国的人口重心及南北方、东西部两条分界线的结合点上,同时也是长江流域和黄河流域的大致分界线。以此为中心,可将全国分成东北、西北、西南、东南四大区域,包括新疆、西藏、云贵、两广(广东、广西)、福建、台湾等边远地区都更直接地处于中央的辐射影响之下。这样的位置能使全国各地区产生最大的向心凝聚力,从思想上就使最多数人民增强了归属感、同一感。唯一比现在远离首都的是东北地区,但总体来说还是利大于弊。

(3) 经济上有利于全国总体发展。由于该地紧邻全国人口重心和交通重心,定都后所产生的经济辐射作用,将带动周围的湖北、河南、四川、陕西、重庆地区的经济发展。相比之下,北京的经济辐射作用和潜力差得多:北面、西面是干旱的高原山地和沙漠,南面的平原也因缺水等原因一直发展迟缓。也可以反过来说,两者所依托的经济腹地不同。

(4) 军事上有利于首都自身防御和形成全国总体防御格局。盆地东侧的伏牛山、桐柏山、大洪山构成了首都的屏障,避免了北京、南京、郑州那样直接面向开阔平原的缺点,而其间的几个缺口如方城、随州、宜城等恰好是对外联系的通道,既便于军事防守,又有利于发展经济。实际上从更大范围说,与此相连的整个西南地区、西北地区和东南的丘陵山区都地形崎岖,是易守难攻的战略堡垒,中央军事力量便可控制四周的全国一半地区,可称为内聚外散、九通八达的战略中心要地。相比之下,现在首都所处的北方大部分地区如华北平原、黄土高原、内蒙古高原、东北平原都比较平坦,易攻难守[①]。

---

① 吴殿廷,袁俊,何龙娟,等.迁都——中部崛起的重要途径[J].地域研究与开发,2006(6):12-17.

6 因素贡献率分析

6.1 因素贡献率分析原理

6.1.1 子系统贡献率分析

设有 N 个部门,在考察期内,各部门净增长为 $\Delta X_i[\Delta X_i = X_i(t) - X_i(0)]$,总净增长为 ΔY,即

$$\Delta Y = \sum \Delta X_i \tag{1}$$

则各部门对增长的贡献率为

$$P_i = \frac{\Delta X_i}{\Delta Y} \times 100\% \tag{2}$$

这个模型也可以用于各地区对全国、各县市对全省经济增长的贡献分析。

6.1.2 我国南北差异中的要素贡献率分析

下面从中国南方和北方对比的角度,考察不同因素对区域经济发展的影响。

基本思路是:在考察南北方经济发展水平和速度差异的基础上,利用统计数据资料,对 1980—1999 年 20 年间南北方经济不平衡发展做了系统的分析[1]。

沿海和内陆,东部、中部、西部三大地带的差异,一直是人们关注的焦点[2-5],但是,近十几年来,由于国有企业经营的日益困难,南北差异开始引起人们的注意[6-8],北方经济发展速度明显低于南方,已导致中国经济出现了新的空间不平衡。

1) 南北差异的特点

这里的南北方划分,主要依据中国自然地理界限,特别是气候分界,即以秦岭—淮河为界。此线以北,基本是旱作农业,水田作物是一年一熟或两年三熟;以南则水田占有相当的比重,完全是一年两熟或两年五熟。此线以北,都是典型的北方文化;以南是南方文

---

[1] 吴殿廷. 试论中国经济增长的南北差异[J]. 地理研究,2001,20(2):238-246.
[2] 杨开忠. 中国区域经济差异变动研究[J]. 经济研究,1994(12):28-33.
[3] 刘树成,李强,薛天栋,等. 中国地区经济发展研究[M]. 北京:中国统计出版社,1994.
[4] 中国科学院国情分析研究小组. 机遇与挑战[M]. 北京:科学出版社,1995.
[5] 胡鞍钢,王绍光,康晓光. 中国地区差距报告[M]. 沈阳:辽宁人民出版社,1995.
[6] 陆大道,刘毅,樊杰. 我国区域政策实施效果与区域发展的基本态势[J]. 地理学报,1999,54(6):496-508.
[7] 陈钊. 我国东、中部地区的南北发展差异[J]. 地理研究,1999,18(1):79-86.
[8] 赵建安. 中国南北区域经济发展的互补性研究[J]. 地理研究,1998,17(4):375-382.

化。这样划分的南北方,其内涵是:南方包括上海、江苏、浙江、安徽、福建、江西、湖北、湖南、广东、广西、海南、重庆、四川、云南、贵州、西藏,共 16 个省区,面积约占全国的 40%,人口接近 60%;其余省区市为北方,面积约占全国的 60%,人口为 40% 多一点(表 6-1)。

表 6-1 南北方基本情况对比

地区	人口			GDP			人均 GDP		
	1980 年(万人)	2005 年(万人)	1980—2005 年平均增长率	1980 年	2005 年	1980—2005 年平均增长率	1980 年(1998 年价格)	2005 年	1980—2005 年平均增长率
北方	41 435	54 021	1.067	6 174	84 363	7.37	1 469	16 818	10.24
南方	56 831	76 735	1.208	6 977	113 426	11.80	1 228	15 279	10.61
北方/南方	0.729 1	0.704 0	0.883 3	0.884 9	0.743 8	0.624 6	1.196 3	1.100 7	0.996 7

注:表中速度未扣除物价因素。

二十多年来,南北方人口的数量、GDP 总量对比没有太大的变化,但人均 GDP 对比却发生了很大的变化:1980 年人均 GDP 北方比南方高出近 20%,2005 年北方只比南方高出 10%。这种趋势还在持续,因为南方的经济发展更强劲,北方面临的困难更严峻。

北方与南方人均收入的差别,远比人均 GDP 的差别大,2005 年农村人均纯收入北方不到南方的 93%,城市居民可支配收入只相当于南方的 87% 多一点,南北间的贫富差别已经很明显。

1980—2005 年,我国内陆与沿海人均 GDP 增长率的对比是 1.019 8∶1,南北人均 GDP 增长率的对比是 1.036∶1;沿海与内陆的差距扩大了 51.72%,南北差距变化了 8.02%。可见,南北差异的变化与东西差异变化相比相对较小。2005 年我国沿海和内陆农民人均纯收入和城市居民可支配收入的对比分别是 2.000 4∶1 和 1.279 6∶1,而南北方的这两个比例分别是 1.083 3∶1 和 1.138 9∶1,南北贫富差距(特别是城市居民之间)也可与沿海—内陆差距相比(表 6-2)。

表 6-2 2005 年南北差异与沿海—内陆差距的对比

	人均 GDP(元)	农民纯收入(元)	城市居民可支配收入(元)
南方	15 279	3 575	11 389
北方	16 818	3 300	10 000
南方/北方	0.908 5	1.083 3	1.138 9
沿海	21 496	4 991	12 759
内陆	10 258	2 495	9 971
沿海/内陆	2.095 5	2.000 4	1.279 6
(南方/北方)/(沿海/内陆)	0.433 5	0.541 5	0.890 0

总之,这二十多年来,南北经济发展的速度差别是明显的,南快北慢,由此导致南北经济发展水平对比关系出现了新的不平衡,即改革开放前北方远高于南方,目前则是南方高于北方,发生逆转的时间大约是 20 世纪 90 年代初。

2) 影响因素分析

决定经济增长的因素有很多,地理环境和历史基础、经济结构、生产要素的投入、出口的变化等,都对经济增长有影响。因受系统数据的限制,这里主要以1978—2005年的数据变化为基础进行分析。

(1) 地理环境和历史基础

应该说,自然条件各有千秋,不分伯仲。南方地区水多耕地少,水资源占全国资源总量的81%,而耕地只占全国耕地的35.9%。北方地区,水少耕地多,耕地资源占全国耕地总面积的64.1%,而水资源只占全国水资源总量的19%。但从总体上说,农业发展的潜力,特别是人均拥有的土地资源和粮食生产能力,北方要好于南方,20世纪70年代以前的南粮北运,目前已完全转变为北粮南运。工业资源绝对是北方好于南方,北方能源与矿产资源丰富,煤炭资源的90%、铁矿的60%和几乎全部石油资源都在北方。南方能源资源普遍短缺,仅稀有金属和部分有色金属占优势。

历史基础北方远好于南方。20世纪70年代以前,南方是国防前线,国家建设的重点是北方和内陆,"一五"期间的156项重点工程,大多数在北方。由此导致北方经济发展水平大大高于南方,如1980年的人均GDP,北方是1 469元,南方是1 228元,北方比南方高近20%;工业化程度(工业增加值占GDP的比例),1980年北方比南方高出近10%;城市化程度,即使到1998年,北方仍比南方高7%以上(分别为29.72%和22.27%);科技教育,尽管国人一直感叹"孔雀东南飞"和"一江春水向东流"(内地人才转移到沿海地区,北方人才流入南方),1999年北方每万人科技从业人员、大学专任教师和大学在校生人数等,仍比南方多很多,全国88所重点大学,60%以上在北方,中国科学院和工程院院士,70%以上在北方。

据此,笔者认为,地理环境和历史基础差异不构成南北经济发展速度差异的原因,至少不是主要原因。

(2) 经济结构的影响

首先考察GDP结构对南北经济发展差异的影响,数据见表6-3。改革开放初期,南北方的第三产业比重几乎一样,南北的结构差异主要表现在北方的第二产业比重高于南方,第三产业则比南方低。而这二十多年来,中国的第二产业发展最快,其次是第三产业,第一产业发展速度最慢。从份额分享的角度说,北方的这种结构,是比南方有利的。但北方的速度却比南方慢,说明第一、第二、第三产业结构的差异,不是导致南快北慢的原因。这也可以从三次产业对经济发展的贡献率对比中得到说明,见表6-3后三列,三次产业的贡献率南北方差不多。

表6-3 GDP结构的南北对比

	GDP结构(%)						增长贡献率(%)		
	801	802	803	051	052	053	第一产业	第二产业	第三产业
北方	25.94	55.06	19.00	11.86	50.36	37.78	14.26	47.95	37.69
南方	33.73	46.31	19.97	11.46	48.00	40.54	10.99	48.05	40.96
北方/南方	0.769 0	1.188 9	0.951 4	1.034 9	1.049 2	0.931 9	1.024 6	0.997 9	0.920 2

注:801指1980年第一产业,051指2005年第一产业,其他类推。

其次看工业结构差异对经济发展速度的影响。改革开放前北方工业化水平高一些,改革开放后,南方工业化进程加快,目前工业化程度南北方差不多。笔者着重考察轻重工业的比例关系和所有制结构对经济发展的影响。

轻重工业的情况见表 6-4。显然,北方轻工业比重远小于南方。近二十多年来,中国的轻工业增长速度明显高于重工业的增长速度,1998 年全国轻工业增长指数(1978 年为 100)是 1 998,而同期重工业是 1 400,二者相差近 600。北方重工业比重大,当然工业总的增长速度相对较慢。而这二十多年来,工业增长一直是中国经济增长的主要因素,工业增加值对 1978—1998 年 GDP 增长的贡献率是 41.71%,北方 GDP 增长缓慢由此可以得到部分解释。经计算,由于轻重工业比例的差别,南方将比北方在经济发展速度上快 0.073 22%。考虑到人口增长率差别很小,所以,这也可作为人均 GDP 增长率差别的解释。

表 6-4 2004 年南北方工业结构对比

地区	轻重工业增加值(亿元)	轻工业增加值(亿元)	重工业增加值(亿元)	轻工业比重(%)	轻工业增加值/重工业增加值
北方	30 754	7 195.3	23 558	23.40	0.305 4
南方	38 602	14 239	24 362	36.89	0.584 5
北方/南方	0.796 7	0.505 3	0.967 0	63.43	0.522 5

再来看看工业中所有制结构的差别,表 6-5 给出了 2005 年南北方的情况对比。显然,北方国有及国有控股企业的产值和从业人员的比重都远远高于南方,但工业总产值却大大小于南方,只有南方的 70% 多一点。而在这二十多年里,工业是全国经济最主要的增长因素,工业产值平均年增长速度为 16.13%,高于 GDP 的年增长速度(15.96%)。但是,工业企业中国有及国有控股工业的增长速度只有 7.62%,工业的增长主要靠非国有工业,其对全国工业产值增长的贡献份额是 63.27%,远远大于国有及国有控股企业的贡献率(36.73%)。南方工业乃至整个经济的快速发展,主要得益于非国有工业,1985—1995 年南方非国有工业对工业产值增长的贡献率达到 77.71%,而同期北方只有62.48%,低于南方 15% 以上。由此计算得到的结果是:由于工业所有制结构的差别,北方 GDP 增长率将比南方慢 0.238 1%。

表 6-5 2005 年南北方国有工业及其比例

地区	全国工业总产值(亿元)	其中国有及国有控股企业(亿元)	国有及国有控股所占比例(%)	全部工业从业人员(万人)	国有单位从业人员(万人)	国有单位从业人员比例(%)
北方	86 848.83	44 058.70	50.73	3 683.90	1 105.00	30.00
南方	123 649.50	39 691.21	32.10	4 978.40	769.86	15.46
北方/南方	0.702 4	1.110 0	1.580 4	0.740 0	1.435 3	1.940 5

北方国有企业工业产值略低于南方,但工业总产值却只相当于南方的 70% 多一点,国有比例高于南方 58% 以上。国有单位从业人员比例与工业总产值相似,南北方从业人

员之比 0.740 0 与工业总产值之比 0.702 4 差不多,说明南北方工业总体劳动生产率接近;但国有单位从业人员与国有单位产值之比 1.939 6 和 1.580 3,相差很大,说明北方国有工业的劳动生产率也大大低于南方。

(3) 投入要素的作用

首先看固定资产投资。考虑到固定资产投资见效的延迟性,用 2002—2005 年累计数字(外商直接投资与此同)说明。表 6-6 给出了南北方 2002—2005 年累计固定资产投资的情况对比,从中可以看出,北方固定资产投资总量远小于南方,人均投资强度也是如此,这验证了投资乘数效应在中国的存在。由此计算,南方将比北方经济发展速度快 0.125 1%。但是,南方的投资,主要不是靠国有单位,而是靠社会、个体和外商等非国有机构,国有投资比例小于 50%。而北方虽然近年来国有单位投资所占比例大大减小,但 1995—1998 年仍超过 40%,接近 45%;国有投资的人均额,北方也大于南方。由此说明,造成南北方经济发展速度差异的原因,不是国家投资所为,南方的快速发展,主要得益于非国有投资因素。

表 6-6 南北方固定资产投资情况的对比

地区	2002—2005 年累计(亿元)	其中国有企业(亿元)	国有投资所占比重(%)	2002—2005 年投资累计额的人均值(万元/人年)	2002—2005 年国有投资累计额的人均值(万元/人年)
北方	68 072.51	30 337.78	44.57	0.321 6	0.143 3
南方	90 007.69	36 444.15	40.49	0.425 3	0.121 2
北方/南方	0.756 3	0.832 4	1.100 8	0.756 2	1.182 3

再看外商直接投资的差异,数据见表 6-7。北方外商直接投资额不到南方的 40%,人均额只是南方的一半左右。根据世界银行的研究结果,外商投资使中国 1990—1994 年的 GDP 增长提高了 0.9%,贡献率为 8.6%。1990—1995 年中国工业增长过程中,资金的贡献率是 39.34%。假定中国各产业的资金贡献率相似,由外商投资占中国总投资的 1/5 可以知道,外商投资对中国经济发展的贡献率是 8%。两个结果差不多,即外商直接投资对中国经济增长的贡献率是很大的,近年可能还会高,估计可达 10% 甚至更多。南方发展比北方快,外商直接投资差别是重要因素之一。通过计算可以知道,2002—2005 年外商直接投资的差别,将使北方比南方在 GDP 和人均 GDP 增长上慢 0.285 6%。

表 6-7 外商直接投资额的南北对比

	总额的对比(亿美元/年)					人均情况的对比(美元/人年)				
	2002 年	2003 年	2004 年	2005 年	2002—2005 年	2002 年	2003 年	2004 年	2005 年	2002—2005 年
北方	2 633.873	2 952.614	3 207.098	3 724.15	12 517.73	121.89	136.64	148.42	172.35	144.82
南方	6 839.084	7 719.339	9 192.960	10 677.70	34 429.08	222.81	251.49	299.50	347.88	280.42
北方/南方	0.385 1	0.382 5	0.348 9	0.348 8	0.363 6	0.547 1	0.543 3	0.495 6	0.495 4	0.516 4

(4) 进出口的作用

北方与南方经济总量的差距,远小于进出口总额的差距(表6-8),这就是说,南方的外向型经济更发达。人均的情况也是如此,北方人均进出口总额不足南方的一半(除2002年),而且这种差距有逐年扩大的趋势,北方形势更为严峻。

表 6-8 南北方进出口总额的对比

	总额的对比(万美元/年)					人均情况的对比(美元/人/年)				
	2002年	2003年	2004年	2005年	2002—2005年	2002年	2003年	2004年	2005年	2002—2005年
北方	16 008 910	20 994 797	28 702 622.4	36 337 079.74	102 043 409.1	321.94	390.29	530.56	672.65	478.86
南方	46 067 700	64 103 963	86 752 810.8	105 853 537.40	273 181 900.0	622.56	859.53	1 151.85	1 379.47	1 003.35
北方/南方	0.347 5	0.327 5	0.330 9	0.343 3	0.373 5	0.517 1	0.454 1	0.460 6	0.487 6	0.477 3

另外,对比进口和出口情况可以发现,北方的出口能力差距更大(表6-9),2002年出口总量相当于南方的29.7%多一点,2005年出口总量只相当于南方的28.3%,每年下降0.25%以上,人均情况也是如此。南方发展比北方快,这与出口乘数规律在区域发展中的作用有关。根据大陆31个省区的数据计算,人均GDP(Y)与人均出口额(X)之间的回归关系是:$Y = 2375.587 X^{0.293}$($F = 39.337, R = 0.7590$,模型可信度达99.9%)。由此推算,南方要比北方在GDP和人均GDP增长上快0.287 3%。

表 6-9 进出口人均额的南北对比

	出口(美元/人/年)					进口(美元/人/年)				
	2002年	2003年	2004年	2005年	2002—2005年	2002年	2003年	2004年	2005年	2002—2005年
北方	149.566	177.91	236.64	310.76	218.71	172.39	212.38	293.92	361.89	260.14
南方	338.400	459.27	617.81	774.19	547.42	281.64	400.26	534.04	605.27	455.30
北方/南方	0.441 9	0.387 4	0.383 0	0.401 4	0.399 5	0.612 1	0.530 6	0.550 4	0.597 9	0.571 4

(5) 社会因素的影响

南北方社会因子的对比数据见表6-10。北方城市人口比例大,文盲、半文盲人口比例低,人口自然增长慢,这是有利于经济发展的因素。但北方经济发展速度却远比南方慢,看来,导致南北经济发展速度差异的原因,不是这些社会文化因子的作用。

表 6-10 南北方社会因子的对比

地区	2005年人口(万人)	2005年城市人口比例(%)	15岁及以上文盲半文盲比例(%)	2005人口自然增长率(‰)
北方	54 021	43.57	0.10	5.23
南方	76 735	43.34	0.12	6.17
北方/南方	0.704 0	1.005 2	0.833 3	0.847 7

那么,南北速度差异就没有社会因素的影响吗?有!事实上,南北的速度差异,在相当程度上,是由社会因素造成的,这些因素包括:

① 改革开放程度

中国改革开放的区域差别，首先是沿海和内陆的差别，但不仅是沿海、内陆，南北也有不同，尤其是东部地带，在开放程度上，南北差别很大，详见表6-11。很明显，各种开放类型区都是南多北少，而且越是高等级的开放区，北方与南方的差距越大。有道是：从北往南跑，越跑越开放；从南往北走，越走越保守。北方开放程度低，经济不活，政策优惠程度差，对各种生产要素的吸引弱，参与世界市场的能力低，经济发展慢。政策因素和由此导致的开放程度差别，是南快北慢的最主要原因之一。

表6-11　中国东部地区改革开放程度的南北对比（按开放程度由高至低排序）

类型	全国(个)	南方			北部 (环渤海地区)(个)
		合计(个)	珠江三角洲(个)	长江三角洲(个)	
保税区	13	10	7	3	3
特殊开放地区	4	4	2	2	0
经济特区	5	5	5	0	0
高新技术产业开发区	52	18	11	7	12
经济技术开发区	32	19	10	9	9
沿海开放城市	14	9	4	5	5

注：这里的珠江三角洲包括广东、广西、福建、海南；长江三角洲包括上海、江苏、浙江和安徽；环渤海地区包括北京、天津、辽宁、河北及山东。

② 地缘、人缘

近现代以来，南方人口密度大大高于北方，为了生存，南方人不得不往外闯，主要是下南洋和到北美淘金。现在这些地区，尤其是北美地区，经济发达，华侨们资产殷实，在祖国改革开放政策的感召下，在中国优惠的投资环境吸引下，纷纷回国投资。中国沿海目前利用的境外资金，60%以上来自中国香港、澳门和台湾，其他部分的80%以上是华侨或通过华侨引进的。而华侨90%以上祖籍南方，特别是广东和福建。

北方中原地区、山东半岛和关中平原近现代以来的人口密度也很大，但人口迁移的方向主要是关东和西口，基本没出国门，即使出去的，也主要是中亚和东北亚地区。而这些地区目前的经济发展水平比中国稍高，华侨回国投资有限。

第一，经济观念的差别。

中国北方历来是政治中心，封建保守思想严重，所以北方人一向重农轻商，而商业、市场恰恰是推动工业化和现代化建设的巨轮。南方人的商业意识非常强，温州的小商品经营，广州的外贸出口，上海的跨国营销，都为中国的市场经济体系建设立下了丰碑。据保守估计，经济观念差别对南快北慢的影响程度至少在一成以上。

第二，地理区位。

南方好于北方，南方靠近中国香港、澳门、台湾，接近世界大洋主航线，历史上就曾与海外有较密切的联系，现在更是海外华侨进出的主要通道，所以，南方在发展外向型经济方面有着北方不可比拟的优越性。从这个角度说，中国香港、澳门的回归和加入世界贸易组织(WTO)，将会使南北差异有可能进一步扩大。

6.1.3 结论

(1) 南北方经济发展的特点是南快北慢,而且这种差异在短期内还会持续下去。这是令人深思的,长此下去,南北方的经济发展水平差距就会拉大,这不利于国家的统一和团结,因为中国历史上形成的大分裂,都是南北分裂,如三国、东晋、南北朝等。

(2) 应该说,造成这种差异的原因是多方面的(表6-12),而且各个方面是融合在一起共同发挥作用的,以上的分析,只是从不同角度给出的解释,因而是不能加和的。从这些分析中可以得出结论:南方比北方经济发展快的原因是地缘优势和超前观念所获得的政策倾斜,导致了出口能力和投资(尤其是外商直接投资)强度的差别;工业结构(特别是所有制结构和轻重工业结构)的作用也很明显,国家投资的作用很小,而且越来越不重要。这与其他学者的研究结果不尽相同。

表 6-12 南北经济增长因素差异分析结果汇总

	人均全社会固定资产投资额(%)	人均出口额(%)	工业所有制结构(%)	轻重工业比例(%)	人均外商直接投资额(%)
百分点	0.125 1	0.287 3	0.238 1	0.073 2	0.285 6
相对贡献率	12.44	28.21	23.68	7.28	28.39

6.2 偶发因素影响效果分析

6.2.1 概述

世界充满了不确定性,2001年发生在美国的"911"等人为突发事件,台风、地震等自然突发事件,都会影响一定地域范围内经济的发展。对这些突发事件所造成的经济影响进行研究,估计这种影响的大致后果,是区域系统分析面临的紧迫课题,也是重大难题。

此类问题可以从如下几个方面展开研究:

(1) 弄清楚有关因素之间的联系,建立系统动态方程或投入产出方程,直接推算影响后果。这种推算结果比较准确,但需要获取精确的数据,把握确切的方程关系。

(2) 利用乘数效应、回归方程等间接推算影响后果。这种推算比较粗略,计算简便,但需要一定的间接数据支撑。

(3) 利用历史数据进行趋势外推,然后从趋势值中扣除实际值,得到的就是影响后果估计值。这种方法属于后验性研究,不具有预测性,只在事件影响已经充分表现出来,并有统计数据支持的情况下才能使用。

6.2.2 偶发因素对北京市涉外旅游的影响分析

图 6-1 很好地揭示了北京市三次偶然因素对其涉外旅游的影响:1989年的政治风波,2003年非典型肺炎(SARS)肆虐,2008年的国际金融危机叠加在奥运会安全保障之上。

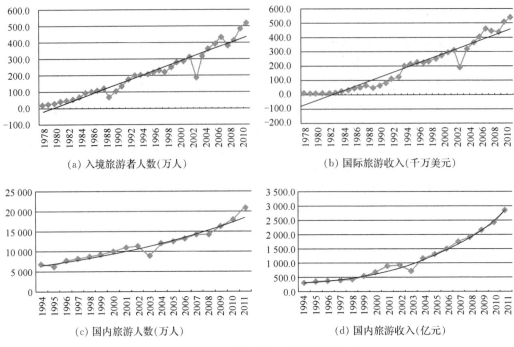

图 6-1　不同事件对北京市旅游的影响

为了估计每次偶发事件的具体影响,在这些事件的前后几年里,找几个正常年份的数据进行插值运算,插值结果与实际值之间的差就是偶发因素造成的影响。

需要说明的是,1994 年以前,北京市不统计国内旅游情况。所以,1989 年的政治事件对北京的国内旅游影响无法估计。

根据图像判断,涉外旅游方面,1989 年的政治事件,使北京市的涉外旅游直到 1992 年才恢复到正常状态。1989—1991 年为受影响年份。

因 2003 年北京的 SARS,2004 年国际旅游也受牵连,2005 年恢复正常。国内旅游仅有 2003 年一年不正常。

2008 年、2009 年国际金融危机和北京奥运会安全保卫叠加在一起,对北京市的涉外旅游影响也很明显。但国内旅游在 2009 年就恢复正常了。

详细计算结果,见表 6-13。

表 6-13　线性插值方法估计的北京市涉外旅游损失

	入境人数(万人)			外汇收入(亿美元)			国内游客(万人)			国内旅游收入(亿元)		
	实际值	趋势值	损失	实际值	趋势值	损失	实际值	趋势值	损失	实际值	趋势值	损失
1989 年	64.50	134.00	−69.50	4.72	7.71	−2.99	—	—	—	—	—	—
1990 年	100.00	148.00	−48.00	6.57	8.71	−2.14	—	—	—	—	—	—
1991 年	132.00	161.00	−29.00	8.50	9.72	−1.22	—	—	—	—	—	—
小计	296.50	443.00	−146.50	19.79	26.14	−6.35	—	—	—	—	—	—
2003 年	185.10	327.87	−142.77	19.00	32.80	−13.80	8 700.0	11 725.0	−3 025.0	706	1 115	−409
2004 年	315.50	345.33	−29.83	31.70	34.50	−2.80	—	—	—	—	—	—
小计	500.60	673.20	−172.60	50.70	67.30	−16.60	8 700.0	11 725.0	−3 025.0	706	1 115	−409

续表 6-13

	入境人数(万人)			外汇收入(亿美元)			国内游客(万人)			国内旅游收入(亿元)		
	实际值	趋势值	损失	实际值	趋势值	损失	实际值	趋势值	损失	实际值	趋势值	损失
2008 年	379.00	453.70	−74.70	44.60	47.35	−2.75	14 181.0	15 268.5	−1 087.5	1 907	1 949	−42
2009 年	412.50	471.90	−59.40	43.60	48.89	−5.29	—	—	—	—	—	—
小计	791.50	925.60	−134.10	88.20	96.24	−8.04	14 181.0	15 268.5	−1 087.5	1 907	1 949	−42
合计	1 588.60	2 041.80	−453.20	133.34	156.03	−22.69	22 881.0	26 993.5	−4 112.5	2 613	3 064	−451
总损失	1 588.60	2 041.80	−453.20	133.34	156.03	−97.58	22 881.0	26 993.5	−4 112.5	2 613	3 064	−1 939

总损失中,旅游收入方面的损失,按直接损失的 4.3 倍计算。

由表 6-13 中数字可以看出,1989 年的政治事件,使北京丧失了 146.5 万海外游客;旅游外汇收入损失 6.35 亿美元。

2003 年的 SARS,使北京市丧失了近 172.6 万的海外游客,旅游外汇收入方面由此减少了 16.6 亿美元;SARS 还使国内游客减少 3 000 多万人次,国内旅游直接损失 409 亿元。

2008 年,一方面是国际金融危机导致海外游客减少,另一方面为保证奥运会圆满成功,限制了一些涉外活动。由此给北京旅游带来的损失是:海外游客减少了 134.1 万人次,旅游外汇收入减少 8.04 亿美元;国内旅游人数减少了 1 000 多万人次,国内旅游直接损失 42 亿元。

以上计算的是直接的损失。事实上,旅游业是一个综合带动性很强的产业,其经济上的综合带动系数是 4.3,即旅游业每创造 1 元的收入,就会为整个社会带来 4.3 元的综合收入。假定北京市国内旅游和国际旅游的经济带动系数都是 4.3,那么 1989 年的政治事件,给北京市造成的综合经济损失,仅国际旅游方面就达到"$6.35 \times 4.3 = 27.31$ 亿美元"。

2003 年的 SARS,给北京市造成的综合经济损失是:

(16.6 亿美元+409 亿元)×4.3=2 349 亿元(2003 年美元兑人民币的价格是 1 美元=8.276 7 元),相当于北京市 2003 年、2004 年 GDP 的比例是:

2 349/(5 007.2+5 033.2)×100% = 23.40%。

2008 年,北京因旅游业受到冲击所造成的综合经济损失(2008 年美元兑人民币的价格是 1 美元=6.864 6 元)是:

(8.04 亿美元+42 亿元)×4.3=417.92 亿元。

上述测算中,直接损失应该没有问题,但综合损失偏大,说明 4.3 的带动系数在北京不适用。

除了线性插值外,还可以用其他插值的方法,比如三次样条函数[①]、卡尔曼滤波[②]、水文学中的基流分割方法[③]等来估计偶发因素的影响。

除了用插值法估计偶发因素影响外,也可以用该年份的前些年数据作为样本,利用多

[①] 郑东. 三次样条函数在海洋水文资料整理中的应用[J]. 海洋通报,1985(1):26-34.
[②] 陈里铭,陈喆,殷福亮,等. 基于中心差分卡尔曼—概率假设密度滤波的多目标跟踪方法[J]. 控制与决策,2013(1):36-43.
[③] 徐磊磊,刘敬林,金昌杰,等. 水文过程的基流分割方法研究进展[J]. 应用生态学报,2011(11):3073-3080.

种方法拟合该年份的趋势值,然后用趋势值减去实际值,就是偶发因素的直接影响(损失);若能利用旅游带动系数,或结合投入产出模型,则可以估计出偶发因素的综合影响。

6.2.3 东道主效应及2008年奥运会中国金牌超过美国的可行性预测

1984年中国代表团在恢复国际奥委会席位后,在首次参加的洛杉矶奥运会上以15枚金牌排名金牌榜第四位;2004年雅典奥运会中国代表团以32枚金牌的成绩上升到了金牌榜第二的位置。除了1988汉城奥运会之外,中国代表团所获金牌、奖牌数量均逐渐增加。相反,美国虽然仍然是体育强国,但除了1996年亚特兰大奥运会之外,金牌、奖牌数量没有明显增加,甚至有减少的趋势。在2008年北京奥运会到来之际,国人对于利用东道主优势,在金牌甚至奖牌总数赶超美国,充满期待。有鉴于此,本节提出东道主效应的概念及其测算办法,在此基础上对中国赶超美国的可能性作出回答[①]。

1) 东道主效应及其测算

(1) 东道主效应

竞技体育中的"东道主效应"是指运动员在自己的家乡参加比赛要比在其他地方参加比赛能取得更好的成绩。东道主效应也可以一般地理解为主场效应,特别是对于球类比赛而言。从历史上各类比赛的经验来看,当两个或几个实力相当或相近的赛队进行比赛时,东道主队常常会取得好成绩,即便跟比自己实力强一些的队比赛,也可能有超水平发挥。

美国心理学家巩米亚(Coumeya)将东道主效应定义为"在主客场比赛场次对等情况下,主队在竞赛中获胜的比例超过50%"。他总结了棒球、足球、篮球等一些运动项目的主场胜率,发现主场明显高于客场[②]。东道主效应现象的普遍存在引起了运动心理学家和体育工作者的广泛关注。

(2) 东道主效应形成的原因

对于东道主效应产生的原因,加拿大安大略省布罗克大学心理学部研究小组研究发现,在比赛中,有几个心理因素都会起到作用:自信、渴望、人群的支持、旅行因素、行为偏见、所有参赛队伍的水平、场地器械熟悉程度,等等。而分析其生理因素,研究组指出,主场作战球队的球员的睾丸酮和皮质醇两种激素水平会比非主场球员的高[③]。这两种激素和球员的好斗、优势感等都有密切的关系。

保护领地是动物的一种本性。在低级灵长类动物和啮齿动物中,好斗性与睾丸酮激素水平和保护领地不受侵犯的本能的关系十分密切,当它们的领地受到侵犯时,会本能地采取防御和抵抗,而这时它们身上睾丸酮激素含量会急剧增高,超出正常水平,表现出好斗、冒险、勇敢等行为特征。作为高等动物的人类来说,也隐藏着这种动物性,也能在

[①] 吴殿廷,吴颖. 2008北京奥运会中国金牌赶超美国的可能性——基于东道主效应的分析与预测[J]. 统计研究,2008,25(3):60-64.

[②] Nevill A M, Holder R L. Home advantage in sport [J]. Sports Medicine, 1999,28(4):36.

[③] 路爱道. 东道主凭啥撞好运[J]. 大科技,2006(14):31-32.

激烈竞争的状态下,体现出不易被人们察觉的为保护领地而异常勇猛的动物本能[①]。

而当人感受到强烈的外部压力时,肾上腺会分泌一种叫皮质醇的激素,这种激素的作用主要是快速激发人的内在潜能,保证人们有足够的精力缓解和释放压力[②]。东道主之所以常常有超水平的能力发挥,原因之一就是他们所承受的外部压力比客队相对要大。但这种激素是一把双刃剑,当外部压力过大导致激素分泌过多时,相应地会使大脑发生萎缩,使人的记忆力减退,甚至能增加人们患心脏病和其他疾病的危险。因此,在运动员比赛时,皮质醇达到一定的水平是非常必要的,它可以激励运动员打好比赛。纵观国内外重大体育赛事,东道主效应大多是正面的、有利的。

(3) 东道主效应的测算

尽管关于东道主效应的讨论由来已久,但多数还停留在对表面现象的描述和定性讨论上,对于东道主效应的定量测算甚少。邓运龙统计了1992—2000年这三届奥运会中,东道主举办当届、上一届、再上一届和后一届获得金牌、奖牌的排名情况,论证夏季奥运会确实存在着东道主效应[③]。考虑到其样本数量偏少,只有三届,本节统计了历届奥运会东道主获取金牌的数量变化情况,通过计算总共29届奥运会东道主当届获得的金牌数增幅情况的平均值(表6-14),即得到奥运会金牌数的东道主效应。同时,采用中华人民共和国第九届全国运动会奖牌赋分的官方标准,将金牌赋分为13分,银牌为11分,铜牌为10分[④],赋予各国在各届奥运会上的分值,从而从整体实力上计算奥运会的东道主效应(表6-15)。

$$AE_{金牌} = \frac{\sum_{t=1}^{n}(X_0 - \overline{X})}{n} \times 100\% \tag{3}$$

其中:$AE_{金牌}$指金牌数的东道主效应;X_0指东道主当届获得的金牌数占当届总金牌数的百分比;$\overline{X}$指东道主其他届次获得金牌数占该届总金牌数百分比的平均值。

表6-14 历届奥运会金牌数的东道主效应测算表

届第/东道主	东道主届次	东道主那届获得的金牌占该届金牌的比例(%)	其他届次获得金牌所占的平均比例(%)	东道主那届获得金牌比例—其他届次金牌比例(%)	东道主那届得分所占比例(%)	其他届次整体得分的平均比例(%)	东道主那届得分比例—其他届次得分比例(%)
1 希腊	1	23.26	0.96	22.30	36.42	0.50	35.92
2 法国	1	28.89	4.43	24.46	37.14	4.27	32.87
3 美国	1	81.05	21.34	59.71	84.93	17.05	67.88
4 英国	1	50.91	3.88	47.03	45.51	4.70	40.81
5 瑞典	1	23.30	3.97	19.33	21.24	4.04	17.20

---

① 马佳. 世界杯东道主优势找到生理依据[N]. 北京科技报,2006-06-27(5).
② Shawn M T, William K. The Cortisol Connection [M]. New York: Hunter House Inc, 2002:13-14.
③ 邓运龙. 奥运会东道主效应分析及中国体育代表团参赛策略研究[J]. 中国体育科技,2007(1):3-6.
④ 罗智. 奥运会区域竞技格局的动态演变研究[J]. 体育与科学,2005(3):68-72.

续表 6-14

届第/东道主	东道主届次	东道主那届获得的金牌占该届金牌的比例(%)	其他届次获得金牌所占的平均比例(%)	东道主那届获得金牌比例－其他届次金牌比例(%)	东道主那届得分所占比例(%)	其他届次整体得分的平均比例(%)	东道主那届得分比例－其他届次得分比例(%)
7 比利时	1	8.92	1.53	7.39	8.23	1.12	7.11
8 法国	2	10.32	24.46	5.89	10.13	4.27	5.86
9 荷兰	1	5.45	2.20	3.25	5.85	1.77	4.08
10 美国	2	35.34	21.34	14.00	30.20	17.05	13.15
11 德国	1	25.38	9.10	16.28	23.08	9.14	13.94
14 英国	2	2.17	3.88	−1.70	5.43	4.70	0.73
15 芬兰	1	4.03	3.34	0.69	4.64	3.12	1.52
16 澳大利亚	1	8.50	2.77	5.73	7.49	2.42	5.07
17 意大利	1	8.55	4.53	4.02	7.84	4.05	3.79
18 日本	1	9.82	3.42	6.40	6.02	3.09	2.93
19 墨西哥	1	1.72	0.77	0.95	1.71	0.43	1.28
20 德国	2	16.92	9.10	7.82	17.60	9.14	8.46
21 加拿大	1	0.00	1.91	−1.91	1.66	2.01	−0.35
22 苏联	1	39.22	18.50	20.72	31.70	16.08	15.62
23 美国	3	36.73	21.34	15.39	26.43	17.05	9.38
24 韩国	1	4.98	2.67	2.31	4.50	1.58	2.92
25 西班牙	1	5.00	0.90	4.10	2.90	0.66	2.24
26 美国	4	16.24	21.34	−5.10	12.35	17.05	−4.70
27 澳大利亚	2	5.32	2.77	2.55	6.24	2.42	3.82
28 希腊	2	1.99	0.96	1.03	1.75	0.50	1.25
29 中国	1	16.89					
东道主效应							

表 6-15 中国历届奥运会获得金牌的比例

年份	金牌总数(枚)	中国金牌数(枚)	中国金牌比例(%)
1984	222	15	6.756 8
1988	237	5	2.109 7
1992	257	16	6.225 7
1996	271	16	5.904 1
2000	300	28	9.333 3
2004	301	32	10.631 2
2008	302	51	16.887 4

$$AE_{整体实力} = \frac{\sum_{t=1}^{n}(Y_0 - \overline{Y})}{n} \times 100\% \tag{4}$$

其中：$AE_{整体实力}$ 指整体实力的东道主效应；Y_0 指东道主当届获得的奖牌数得分占当届总奖牌分数的百分比；$\overline{Y}$ 指东道主其他届次获得奖牌数得分占该届总奖牌分数百分比的平均值。

从单个国家来看,除了 1948 年的第 14 届英国伦敦奥运会、1976 年的第 21 届加拿大蒙特利尔奥运会、1996 年美国亚特兰大奥运会东道主效应为负值以外,其他各届东道主国家的东道主效应均有所体现,或于金牌数,或于整体实力上,或两者均有大幅度提高。

采用简单平均法综合各届奥运会东道主效应,所得结果是:金牌数的东道主效应为 11.31%,整体实力的东道主效应为 11.71%。也就是说,从平均水平上讲,因为东道主效应的存在,使得各届奥运会中东道主在当届奥运会获得金牌数和奖牌数大约都提高了 11%。

作为 2008 年奥运会的东道主,中国代表队极有可能受益于东道主效应,实现金牌、奖牌数的历史新高。

还有一个现象值得注意,法国、英国、德国、澳大利亚、希腊作为两次奥运会东道主,其东道主效应无一例外地出现了边际递减现象。而美国代表团作为四届奥运会东道主,其东道主效应屡次下降,以致在 1996 年第 26 届亚特兰大奥运会时,其东道主效应已经降至负值。这与其他国家,尤其是亚洲、非洲、拉丁美洲一些国家体育竞技实力的迅速增强有很大关系,同时也符合边际效应递减规律,随着举办奥运会次数的增加,东道主效应将在该国代表团成绩中表现出逐渐减小的趋势。

1984—2004 年的六届奥运会,中国获金牌总数占奥运会金牌总数的比例平均为 6.8268%;2008 年北京奥运会中国金牌总数所占比例为 16.8874%。按照前述算法,北京奥运会中国东道主效应是:(16.8874% − 6.8268%) = 10.0606%。

2) 中国、美国奥运金牌大战的初步预测

英国奥林匹克委员会于 2007 年年初发布了一份关于奥运会前景的调查报告,将中国、美国、俄罗斯三国在 2006 年所有的奥运项目世界级比赛中的表现进行了横向比较。据此估计,中国运动员在北京奥运会上可能获得 48 枚金牌,从而以绝对优势将美国的 37 枚金牌和俄罗斯的 32 枚金牌甩在身后[①]。中国队的优势究竟是否如此明显?笔者将首先根据中国、美国两国历届奥运会的成绩,用 GM(1,1) 分别预测中国、美国下届奥运会可能获得的金牌总数,然后再把中国的东道主效应加进来,对比分析 2008 年中国、美国两国将获得的奥运会金牌数。

(1) GM(1,1)模型原理

① 对原始数据进行累加

设原始灰色数据为 $x^{(0)}(1), x^{(0)}(2), \cdots, x^{(0)}(n)$,记 $x^{(0)} = \{x^{(0)}(1), x^{(0)}(2), \cdots, x^{(0)}(n)\}$,对其做一次累加,得

$$x^{(1)} = x^{(1)}(1), x^{(1)}(2), \cdots, x^{(1)}(n) \tag{5}$$

$$x^{(1)}(k) = \sum_{t=1}^{k} x^{(0)}(t) \quad (k = 1, 2, \cdots, n) \tag{6}$$

累加数列克服了原始数列的波动性和随机性,转化为规律性较强的递增数列,为建立微分方程形式的预测模型做好准备。

---

① 李剑南. 奥运猜想:2004 雅典只差三金 2008 世界看好中国[N]. 深圳晚报,2007-08-08(8).

② 建立 GM(1, 1)模型

微分方程为

$$\frac{\mathrm{d}x^{(1)}}{\mathrm{d}t} + ax^{(1)} = u \tag{7}$$

式(7)就是灰色预测模型,其中 a 和 u 为常数,根据灰色理论,系数向量 $\hat{a} = (a, u)^T$ 可通过最小二乘法拟合得到

$$\hat{a} = (B^T B)^{-1} B^T Y_n \tag{8}$$

其中

$$B = \begin{bmatrix} -\frac{1}{2}(x^{(1)}(1) + x^{(1)}(2)) & 1 \\ -\frac{1}{2}(x^{(1)}(2) + x^{(1)}(3)) & 1 \\ \vdots & \vdots \\ -\frac{1}{2}(x^{(1)}(n-1) + x^{(1)}(n)) & 1 \end{bmatrix} \tag{9}$$

$$Y_n = [x^{(0)}(2), x^{(0)}(3), \cdots, x^{(0)}(n)]^T \tag{10}$$

微分方程式(7)的解为

$$\hat{x}^{(1)}(t+1) = \left[x^{(0)}(1) - \frac{u}{a} \right] e^{-at} + \frac{u}{a} \tag{11}$$

式(11)就是数列的预测公式。由于式(9)对一次累加生成数列的预测值,可通过式(12)求得原始数列的还原预测值,即

$$\hat{x}^{(0)}(t) = \hat{x}^{(1)}(t) - \hat{x}^{(1)}(t-1) \tag{12}$$

③ 模型检验

预测数列与原始数列拟合的精度高可用于外推预测,否则,不可直接用于预测,需经过残差修正后方可用于外推预测。拟合检验指标有平均相对误差与后验差值比 C 及小误差概率 P。

第一,求原始数列的方差与标准差。

$$s_1^2 = \frac{1}{n-1} \sum_{t=1}^{n} [x^{(0)}(t) - \bar{x}^{(0)}]^2$$
$$s_1 = \sqrt{s_1^2} \tag{13}$$

其中

$$\bar{x}^{(0)} = \frac{1}{n} \sum_{t=1}^{n} x^{(0)}(t) \tag{14}$$

第二,求残差的方差与标准差。

残差为

$$\varepsilon^{(0)}(t) = x^{(0)}(t) - \hat{x}^{(0)}(t) \quad (t = 1, 2, \cdots, n) \tag{15}$$

记残差的方差与标准差为 s_2^2 和 s_2。

第三,求后验差比值与小误差概率。

后验差比值为

$$C = \frac{s_2}{s_1} \tag{16}$$

小误差概率为

$$P = P\{|\varepsilon^{(0)}(t) - \bar{\varepsilon}^{(0)}| < 0.6745s_1\} \tag{17}$$

如果满足 $|\varepsilon^{(0)}(t) - \bar{\varepsilon}^{(0)}| < 0.6745s_1(t=1, 2, \cdots, n)$ 的 $\varepsilon^{(0)}(t)$ 个数为 r,则

$$P = \frac{r}{n} \tag{18}$$

当 $C \leq 0.35$,$P \geq 0.95$ 时,预测模型精度为一级(好)。当 $0.35 < C \leq 0.5$,并且 $0.8 \leq P < 0.95$ 时,预测模型精度为二级(合格),否则可用残差序列建模法修正[①]。

(2) 中国、美国两国金牌数的灰色模型预测

自第23届奥运会开始,中国与美国代表队才开始在奥运会赛场上同台竞技,而第23届奥运会由于受到以苏联为首的"东方集团"的抵制,该届所获得的成绩严重缺乏可比性,因此,实际可计算的成绩只有第24届至第28届总共五届奥运会的金牌数(表6-16)。在以往的因素分析中常用的数理统计分析方法,如回归分析、方差分析、主成分分析等,往往需要有大量样本,要求典型的概率分布。而灰色系统理论的统计方法则能够克服上述方法之不足,只要四个数据就可以建立模型,并且精确度较高[②]。考虑到历届奥运会金牌数属于时间序列数据,其间隔时间固定,原始数据序列较少,分布难以看出规律,故采用累加生成建立灰色预测模型GM(1, 1)来计算2008年北京奥运会中国、美国两国代表团的金牌数。

表6-16 中国、美国两国奥运会所获金牌情况

届第	东道国	美国所获金牌数	美国理论获得金牌数(扣除东道主效应)	中国所获金牌数
24	韩国	36	36	5
25	西班牙	37	37	16
26	美国	44	39.5292	16
27	澳大利亚	39	39	28
28	希腊	35	35	32

① 中国代表队金牌数预测

将中国代表队金牌数列 $\{5, 16, 16, 28, 32\}$ 作为原始数据代入灰色预测模型GM(1, 1),采用数据处理系统(Data Processing System,简称DPS)计算得到:

[①] 苏为华,余明江. 对灰色系统综合评价方法中两个问题的认识[J]. 统计研究,2002(10):49-52.
[②] 李国胜. 灰色预测2008年奥运会田径各项目成绩的可行性研究(综述)[J]. 河南科技学院学报(自然科学版),2005(1):86-87.

$a = 0.474\,494, u = 2.422\,289$

$\hat{x}^{(1)}(t+1) = -4.234\,879 e^{-0.474\,494 t} + 5.104\,998$

$C = 0.064\,1, P = 1.000\,0$。预测模型精度为一级(好)。

实际值和预测值对照见表 6-17：

表 6-17　中国代表队实际值与预测值对照表

届次	实际值	预测值	绝对误差	相对误差(%)
25	16	15.516 2	0.483 8	3.023 6
26	16	16.995 5	-0.995 5	-6.221 7
27	28	27.818 4	0.181 6	0.648 7
28	32	31.478 3	0.521 7	1.630 4

下一时刻(即 2008 年第 29 届奥运会)的预测值为：$\hat{x}^{(1)}(t+1) = 42.741\,51$

因此，根据灰色模型预测 GM(1,1) 的结果，2008 年中国代表团金牌数应为 43 枚左右。

② 美国代表队金牌数预测

将美国代表队金牌数列{36, 37, 39.529 2, 39, 35}作为原始数据代入灰色预测模型 GM(1,1)，采用 DPS 计算得到：

$a = -0.373\,281, u = -0.113\,553$

$\hat{x}^{(1)}(t+1) = 0.808\,358 e^{0.373\,281 t} + 0.304\,202$

$C = 0.292\,8, P = 1.000\,0$。预测模型精度为一级(好)。

实际值和预测值对照见表 6-18：

表 6-18　美国代表队实际值与预测值对照表

届次	实际值	预测值	绝对误差	相对误差(%)
25	37.000 0	37.365 8	-0.365 8	-0.988 6
26	39.529 2	39.922 9	-0.393 7	-0.996 1
27	39.000 0	38.247 2	0.752 8	1.930 2
28	35.000 0	35.473 1	-0.473 1	-1.351 6

下一时刻的预测值为 $\hat{x}^{(1)}(t+1) = 38.220\,99$

因此，根据灰色模型预测 GM(1,1) 的结果，2008 年美国代表团金牌数应为 38 枚左右(美国队实际取得 36 块金牌，预测得结果很理想)。

(3) 考虑东道主效应的预测

在不考虑东道主效应的情况下，利用 GM(1,1) 模型预测中国代表队在 2008 年将会获得的金牌数量是四十二三枚。再加上东道主效应值 11.31%，则中国队在 2008 年奥运会上应获得的金牌数为：$42.741\,51 \times (1 + 0.113\,1) = 47.575\,57$，即四十七八枚金牌(实际取得 51 块，预测结果也还可以；东道主效应发挥到了极致)。

(4) 初步结论

通过运用灰色预测模型 GM(1,1) 的初步预测，并考虑到中国作为东道主的有利因素,得出预测:在2008年北京奥运会上,中国队有可能以四十七八枚金牌的成绩,赶超美国(38枚金牌),跃升金牌榜首。这个结果与英国奥委会根据2006年中国、美国两国在各世界大赛上的表现所计算得到的预测值相差无几,不知是巧合还是注定。

3) 结论和讨论

(1) 中国金牌数赶超美国极有可能

近几届中国奥运代表队士气越来越高涨,金牌和奖牌总量不断攀新高;而美国代表队金牌和奖牌数的增加均不明显,甚至出现了下滑趋势。奥运会是一个具有极强东道主效应的赛事,其金牌数和奖牌数都具有明显的东道主效应,历届奥运会东道主在金牌数和奖牌数上的平均增幅都在10%以上。作为2008年奥运会的东道主,也是第一次作为奥运会东道主,中国如果能充分利用好东道主的"天时"、"地利"、"人和"等综合机遇,并在运动员的训练、管理等方面不断强化,在金牌数上赶超美国是极有可能的。当然,这些结论是初步的,只具有趋势性的参考意义。

(2) 冷静看待东道主效应

尽管东道主效应的积极性是明显的,但也有一些负面效应。奥运会的项目共分为三种类型:技能型、体能型和技能+体能型,而中国代表队的优势大多集中在体操、跳水、射击等技能型项目上。这些项目都要求很高的心理素质,这点刚好与东道主心理相背离,在家门口作战的紧张和迫切感往往让运动员心理处于下风。因此,冷静看待东道主效应,控制运动员们赛前来自社会、家庭,尤其是媒体等各方面的信息干扰,强化运动员心理承受能力和协调能力。

(3) 夺取金牌第一仍有软肋

尽管中国队在传统强项上继续保持优势,但夺金点已基本饱和,增值空间不大。而在田径、游泳和水上基础大项上,实力依然薄弱,夺金点屈指可数。此外,北京奥运会一些中国队的优势项目被取消,取而代之的恰恰是我国水平很低或者没有开展的项目。拳击、赛艇、摔跤等一些潜在优势项目虽有亮点,但发挥不稳定,这些都是争夺金牌榜第一的不利因素[1]。因此切不可大意。

(4) 避免狭隘的金牌情结

利用东道主优势取得金牌、奖牌新突破固然重要,但不是最重要的。东道主举办一届奥运会是否成功的标准主要体现在以下几个方面:

① 在政治上是否提高了举办国的国际地位和国际威望。
② 是否增强了举办国人民的凝聚力、自信心等。
③ 是否促进了举办城市的城市建设。
④ 是否增强了举办国国民的体育意识。
⑤ 举办国的运动成绩是否有较大幅度的提高。
⑥ 是否促进了举办国经济的发展。

---

[1] 闫雯雯. 东道主优势明显 2008北京奥运中国金牌拿第一[N]. 华西都市报,2007-08-08(7).

⑦ 是否进一步普及和传播了奥林匹克精神,等等①。

作为正处在和平崛起的中国来说,应怀有大国的胸怀,避免狭隘的奖牌情结,绝不能拿了金牌丢了世界。

6.1.4 城市化的四岛效应——以西北五省区首府为例

本节选取西北地区作为研究区域,分析了西北地区城镇化的特点及近四十年西北地区城市气候的变化趋势,考察了城市发展对气候的影响,发现西北地区城市存在显著的热岛效应、干岛效应、雨岛效应和暗岛效应。在此基础上建立了城市发展与城市气候变化之间的回归模型,证明西北地区城市发展对气候的影响不完全符合库兹涅茨曲线特征②。

1) 思路与数据来源

在全球气候变化过程中,人类活动对气候的影响越来越明显,尤其是在人类活动最活跃的城市地区。对于城市气候(人类活动影响的气候)的变化,过去的研究有的停留在对某一城市与郊区的一般对比上③④;有的针对某一地区,包括西北地区的气候变化研究比较多,也很深刻⑤—⑩,但都缺乏城市化过程对区域性气候变化的影响研究。本节分析西北地区城镇化对气候的影响,试图通过由点到面、由特殊到一般、由经验研究到实证分析的过程,建立城市发展与气候变化之间的关联模型。

首先是对西北地区各省会城市近四十年来的气候变化趋势进行分析,着重于对城市化因素的影响研究。此类方法是以西部大城市(选取省会城市)气象站为基础,在每个大城市周边选择高度相近的三四个气象站,利用加权平均法取其算术平均值为参照系,代表没有城市化或者受城市化影响小的气候背景值。其中权重是依据各参照站点与城市站点间距离确定的——根据与城市距离越近背景气候越接近的原则,取距离的倒数$(1/d_i)$作为权重$[W = (1/d_i)/(\sum 1/d_i)]$。这种方法比泰森三角形法简单实用,将城市气候与气候背景值之间的差别(差值)视为城镇化对气候的影响。参照站点的选择遵循高度和经纬度相近、自然条件相似的原则,然后计算1960—2001年以来,城市气象站与参照系各气象指标的差别,这样就排除了大气候因素的影响,突出表现"城市"这一因子的作用。具体气候指标包括:年相对湿度U、年平均降水量R、年平均气温T、年日照时数

---

① 赵丙军,司虎克,章建成,等.衡量2008年北京奥运会成功的主要标准探析[J].上海体育学院学报,2005(1):1-5.
② 任春艳,吴殿廷,董锁成.西北地区城市化对城市气候环境的影响[J].地理研究,2006,25(2):233-240.
③ 周淑贞.上海大气湿度的城、郊对比分析[J].海洋湖沼通报,1994(2):13-24.
④ 周淑贞,王行恒.上海大气环境中的城市干岛和湿岛效应[J].华东师范大学学报(自然科学版),1996(4):68-80.
⑤ 陈隆勋,等.中国近45年来气候变化的研究[J].气象学报,1998(3):257-271.
⑥ 丁一汇,戴晓苏.中国近百年来的温度变化[J].气象,1994(12):19-26.
⑦ 谢南金.中国西北干旱气候变化与预测研究第一卷[M].北京:气象出版社,2000.
⑧ 杨新,延军平.陕甘宁地区气候暖干化趋势分析[J].干旱区研究,2002(3):67-70.
⑨ 钱正英,周干峙.西北地区城镇发展及水务对策研究城镇卷[M].北京:科学出版社,2004.
⑩ 施雅风,沈永平,李栋梁,等.中国西北气候由暖干向暖湿转型的特征和趋势探讨[J].第四纪研究,2003(2):152-164.

S。通过分析发现,西北地区气候变化与城市发展密切相关。陈隆勋等[1]用类似的方法研究了一些大中城市的热岛效应。

在此基础上,通过建立数学模型分析城市发展对气候的影响,并对影响气候环境的因素进行了分析。本节首先用一次回归模型进行建模分析,然后又尝试将"环境库兹涅茨曲线"模型(二次回归模型)应用于城市气候的研究上。环境库兹涅茨曲线是于20世纪90年代初由美国环境经济学家克罗斯曼(Crossman)、克鲁格(Krueger)和沙菲克(Shafik)、班德亚帕德耶(Bandyopadhyay)[2][3]提出的概念,目前环境经济学家讨论国家或区域经济发展与环境污染关系时常引用这一模型,并形象地称经济发展与环境污染水平呈倒"U"字形关系,我国学者董锁成等在此方面获得了一些很有价值的结论[4][5]。本节也将考察西北地区城市化对环境影响是否存在库兹涅茨现象。具体方法是:

先对各个城市的城市发展指标数据和气候数据进行标准化处理,然后用主成分分析的方法选取第一主成分作为综合的城市发展指标,再用它与各气候指标建立回归模型。模型建立后,再求出各城镇化指标的偏相关分析,进一步考察各城镇化因素对气候的影响程度。

气候资料来自于国家气象局,社会经济数据取自《中国城市统计年鉴》(1992—2002年)及各省和城市统计年鉴。

2) 西北地区城镇化对气候的影响

(1) 西北地区城镇化发展历程

城镇化是伴随工业化、经济增长、非农业人口比例增大和农村人口向城市集中的过程。中国城市化的进程开始于新中国成立初期。总结前人(周干峙、顾朝林、陈栋升等学者)[6][7]的工作成果,可以将新中国成立以来西北地区的城市发展历程大致分为四个阶段。

第一阶段:快速稳定发展时期(1949—1957年)。国民经济全面恢复,西北五省作为国家重点建设地区,这一时期是其解放以来城镇化发展最快的时期,省会城市作为国家重点工业建设项目城市,得到了巨大的发展。

第二阶段:波动发展时期(1958—1965年)。1958年由于受"大跃进"影响,西北五省城镇化突进,其中陕西省一年间市镇人口增加了157.5万,但随后由于天灾及经济滑坡,

---

[1] Chen L, Shao Y, Ren Z. Climatic Change in China During the Past 70 Years and Its Relationship to the Variation[R]. Wiley Company: To be Published in the Proceedings of International Symposium on the Environment, 1992.

[2] Crossman G M, Krueger A B. Environmental Impacts of a North American Free Trade Agreement[M]. Princeton, NT: Woodrow Wilson School, 1992.

[3] Shafik N, Bandyopadhyay S. Economic Growth and Environmental Quality: Time Series and Cross-country Evidence[R]. World Bank,Washington, DC: Background Paper for World Development Report 1992, 1992.

[4] 董锁成,吴玉萍. 中国经济增长与环境污染相互作用规律研究[J]. 中国学术期刊文摘(科技快报),2001(7):1470-1473.

[5] 吴玉萍,董锁成,宋键峰. 北京市经济增长与环境污染水平计量模型研究[J]. 地理研究,2002(2):1-8.

[6] 顾朝林. 中国城镇体系——历史·现状·展望[M]. 北京:商务印书馆,1996:159-167.

[7] 陈栋生. 西部工业化历程的回眸与启迪[J]. 新视野,2000(5):18-20.

国家采取调整措施,城镇人口大量下放到农村。

第三阶段:徘徊停滞时期(1966—1977年)。虽然我国生产力布局向"三线"地区战略转移("西进"),西部地区发展比东部快,但是"文革"期间,一方面经济增长缓慢,导致城镇的萎缩;另一方面,大量的工业企业布置在远离城镇的山区,城镇发展徘徊停滞。

第四阶段:缓慢发展时期(20世纪70年代末到80年代初)。全国经济发展、国土开发战略重点由西向东转移("东回"),西北地区城市化速度缓慢。

第五阶段:活跃发展时期(20世纪80年代以来)。新疆和陕西、甘肃、宁夏地区石油、天然气勘探取得重大突破,西北在扩建准噶尔、延长、柴达木和长庆等老油田的同时新开发了远景储量可观的塔里木、吐(鲁番)哈(密)和陕西、甘肃、宁夏盆地的油气田,建设了从陕西、甘肃、宁夏至北京、天津和西安等城市的输气管道。西北地区的原油加工与石化工业得到相应发展,对新疆、宁夏两个自治区产业结构的升级与关联带动发挥了重要作用,所以20世纪80年代以来西北地区的城市化速度又开始加快起来。

以上是基本的城市发展规律,不同省会城市又各自有不同的特点,导致城市气候的差别。

(2) 西北地区城镇化地区的气候变化

通过对各省会城市本身的气候变化和受城镇化影响的气候(城市气候)变化分别做五年滑动平均曲线图,观察各气候指标的变化趋势,进而联系西北地区城镇化的特点及各城市本身地形地貌的特点,分析西北地区城镇化对气候的影响结果。选用的资料是西北五省的省会城市——陕西西安、甘肃兰州、新疆乌鲁木齐、宁夏银川和青海西宁以及各城市周边三四个参照站点1960—2001年的气象资料(包括年平均相对湿度U、年平均降水量R、年平均气温T、年日照时数S),验证甚至发现了一些有意义的现象。

① 对年平均气温的影响——热岛效应

城市热岛效应是指城市温度高于周边地区的现象。城市热岛效应的程度与城市规模密切相关,其影响因子主要有两个方面:第一,下垫面性质,包括城市中的建筑群、柏油路面等,它们的反射率小而吸收较多的太阳辐射,为城市热岛的形成奠定了能量基础;第二,城市中的大量人为热,包括冬季取暖、夏季空调开放散热,工业耗能散热等,也加剧了城市的热岛效应[①]。

此前对于全球变暖的结论主要有:根据政府间气候变化专门委员会(Intergovernmental Panel on Climate Change,简称IPCC)1990年、1996年的科学评估报告,19世纪末以来,北半球地表温度呈波动上升趋势;20世纪20年代前北半球平均增暖为0.3℃左右,40—70年代降温0.1℃左右,70年代末以来的增暖超过0.3℃[②]。

图6-2是西北各省会城市42年来气温数据的五年滑动平均曲线图,用城市气温减去背景气温就是城镇化影响的气温值,图6-3是用西北各省会城市1960—2001年42年受城镇化影响的气温值做的五年滑动平均曲线图。从图中可以清楚地看到西北地区城

---

① 周淑贞,张超. 城市气候学导论[M]. 上海:华东师范大学出版社,1985:128-132.
② IPPC. Climate change [M] // Houghton J T, Meira F L G, Callendar B A, et al. The IPCC Scientific Assessment. Cambridge: Cambridge University Press, 1996:572.

市的热岛效应,以及在城市发展的不同阶段,热岛效应的强弱变化。具体分析如下。

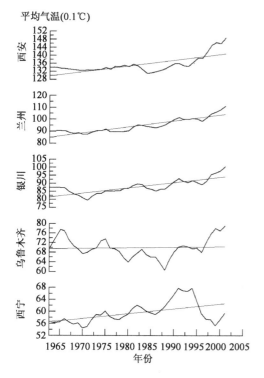

图6-2 1960—2001年西北地区省会城市年平均气温五年滑动平均曲线图

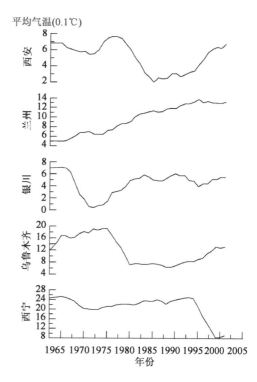

图6-3 1960—2001年西北地区省会城市受城镇化影响的年平均气温五年滑动平均曲线图

首先,就同一城市在其城市发展历史过程中气温的变化看,西北地区城市热岛效应明显。从图6-2可以看出,除了西宁以外,各城市的气温出现上升趋势,上升幅度比IPCC测量的结果高。西安、兰州、银川基本上一直在上升,上升幅度为1℃—1.5℃;乌鲁木齐的温度从20世纪80年代末开始显著上升,之前有波动;西宁在1994年之前是呈上升趋势,但之后显著下降,主要是由气象观测站点的迁移引起的,属于特例。

其次,通过与图6-3的对比可以看出,热岛效应的年际变化随着城镇化的发展呈现出波动性。西安、银川和乌鲁木齐的城市热岛在20世纪六七十年代出现过极大值。西安从1980年开始随着城市发展又出现了加大趋势,而后又趋于稳定;银川1972—1980年热岛效应越来越明显,而后趋于稳定;乌鲁木齐的热岛效应在1975—1978年降到最低,后来又开始缓慢回升,到近几年也出现减缓趋势;兰州城市热岛效应开始一直很大,直到近几年出现减缓趋势;西宁在1970—1994年的气温差值也呈加大趋势。这与西北地区城市化发展阶段基本吻合,进一步证明了城市热岛效应的存在。近几年城市热岛效应在某些城市出现减缓趋势,主要原因是各城市的环保措施逐渐加强,一定程度上减缓了人类活动对环境的干扰,似乎验证了库兹涅茨现象的存在;当然,也不排除所选择的参考站也受到了城市化的影响,使测算精度降低。

6 因素贡献率分析

② 对年平均相对湿度的影响——干岛效应

这里的"干岛效应"指的是就全年平均相对湿度来说,城市的全年平均相对湿度比郊区低。干岛效应的成因是:城区下垫面大多是不透水层,降雨后雨水很快流失,因此地面比较干燥;城区植被覆盖度低,蒸散量比较小;由于热岛效应的存在,气温较高,所以城区年平均相对湿度与周边地区的差异更为明显[①]。西北地区的城市存在干岛效应吗?

图6-4是用西北各省会城市42年的相对湿度数据所做的五年滑动平均曲线图,用城市相对湿度减去背景相对湿度就是城镇化对相对湿度的影响值,图6-5是其五年滑动平均曲线图。

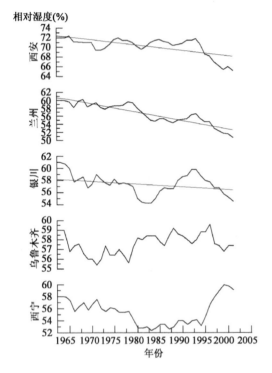 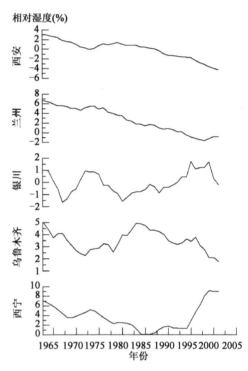

图6-4 1960—2001年西北地区省会城市年平均相对湿度五年滑动平均曲线图

图6-5 1960—2001年西北地区省会城市受城镇化影响的年平均相对湿度五年滑动平均曲线图

从图6-4可以看出,西安、兰州的相对湿度一直呈下降趋势;银川和乌鲁木齐的相对湿度有先下降后上升又下降的变化;而西宁在没有迁移观测站点之前也是一直下降的。对比图6-5可以看出,随着城市的发展,西安、兰州城市相对湿度减小的速度逐渐加快;银川和乌鲁木齐的相对湿度变化是先波动增加又开始降低,这是由于这两个城市的大规模的城镇化开始的时间不同引起的;西宁在1994年以前的相对湿度也是逐渐下降的。总体说来,相对湿度的变化随着城市的发展有下降的趋势——干岛现象显著。干岛效应

---

① 康慕谊. 城市生态学与城市环境[M]. 北京:中国计量出版社,1997:47.

最明显的是西安和兰州,银川、乌鲁木齐在1992年之后出现干岛效应,西宁在1994年(迁站)之前的干岛效应也很明显。

③ 对年降水量的影响——雨岛效应

有人认为城市有使城区及下风方向降水增多的效应,即"雨岛效应"。其机制是:

第一,由于城市中有热岛效应,大气层结不稳定,有利于产生热力对流,增加对流性降水。

第二,城市因有高高低低的建筑物,不仅能引起机械湍流,而且对移动滞缓的降水系统有阻碍效应,使其移动速度减慢,因而导致城区的降水强度增大,降水时间延长。

第三,城市空气中的凝结核多,如工厂、汽车排放的废气中的凝结核,能形成非常有效的降水。所有这些都与城市发展密切相关。

西北地区城市有雨岛效应吗?图6-6是用西北各省会城市42年的年降水量数据做的五年滑动平均曲线图,图6-7是西北各省会城市1960—2001年42年受城镇化影响的年降水量值的五年滑动平均曲线,从中可以发现西北地区的城市确有"雨岛"现象。

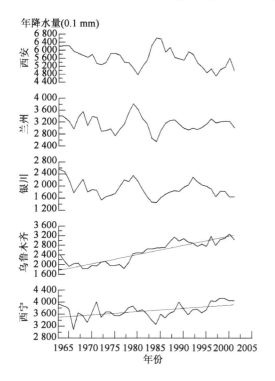
图6-6 1960—2001年西北地区省会城市年降水量五年滑动平均曲线图

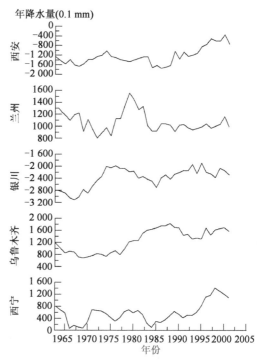
图6-7 1960—2001年西北地区省会城市受城镇化影响的年降水量五年滑动平均曲线图

图6-6中,降水量变化没有统一规律,西安、兰州、银川的降水量都呈波动变化,19世纪六七十年代出现峰值;西宁和乌鲁木齐的变化缓慢增加。但是通过比较城市与背景区域(图6-7)可以看出,受城市影响,除了兰州,其余的城市的降水量变化基本上是波动增加的;兰州除了19世纪七八十年代有峰值外,其余的年份基本稳定,但仍可以看出降水量比周

边地区多。这说明,随着城市的发展,城市中的降水量多于周边地区——城市雨岛效应是存在的。近几年城市雨岛效应有减小的趋势,说明环保措施已发挥一定作用。

④ 对年日照时数的影响——暗岛效应

城市日照时间是由当地的纬度、高度和太阳赤纬所决定的,还受大气透明度的影响。城市中由于空气污染,大气透明度减小,云雾多,市区的日照小于郊区[①]。另外城市中的日照主要还受建筑物的影响,在狭窄的街道上,两旁矗立着高耸的建筑物,其底层的日照被削弱得更厉害。现在所讨论的"暗岛效应"主要指由于城市空气污染使大气透明度减少和城市雨岛效应而使日照时间减少的可能。

图 6-8 是西北各省会城市 42 年的年日照时数数据五年滑动平均曲线。可以看出,西北各省会城市日照时数,除了兰州先减少、20 世纪 90 年代略有回升外,其余城市的日照时数都是减少的。这可能是城市暗岛的结果,也可能是西部地区气候变化的长期趋势使然。

为了深入探讨这个问题,笔者采用同样方法得到各个城市年日照时数的背景值。用城市年日照时数值减去背景值就是城镇化影响的年日照时数值,图 6-9 是受城镇化影响的年日照时数五年滑动平均曲线。

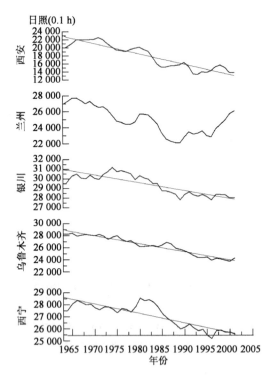

图 6-8　1960—2001 年西北地区省会城市年日照时数五年滑动平均曲线图

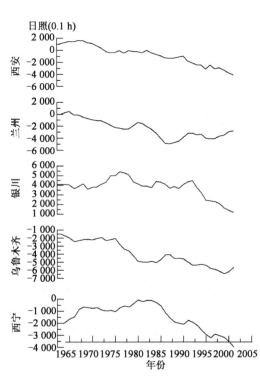

图 6-9　1960—2001 年西北地区省会城市受城镇化影响的日照时数五年滑动平均曲线图

---

① 周淑贞,张超. 城市气候学导论[M]. 上海:华东师范大学出版社,1985:168-182,211-226.

从图 6-9 可以看出,西安在 20 世纪 70 年代以前,城市日照时数并不比背景区域日照时数少,但从此以后却减少得越来越多;兰州日照时数先是减少得越来越多,后又从 20 世纪 80 年代末(1985 年)略有回升,这是环境保护,特别是燃煤供暖技术、措施改进的结果;而银川先是稳定,从 1992 年开始减少得越来越多,说明银川的城市暗岛效应是从 20 世纪 90 年代以后才逐渐显现的;乌鲁木齐的日照时数在 1975—1980 年减少得很快,说明这一时期乌鲁木齐的空气污染很厉害,在短暂的稳定后,又从 1985 年以后开始减少,从 2000 年开始又有回升的趋势,也是环保措施实施的结果;西宁在 1985 年之前的日照时数有回升,从 1985 年开始逐年减少。总体来说,西北地区城市的暗岛效应还是存在的。值得一提的是,兰州城市的日照时数从 1990 年开始有回升,说明兰州城市的大气质量有了很大改善。

3) 西北地区气候变化与城镇化之间的联系模型及互动机制分析

(1) 基本假设及指标的选取

西北地区城镇化对气候影响的大体规律已经被发现,即城市热岛效应、干岛效应、雨岛效应和暗岛效应在相当程度上是存在的。下面进一步通过建立数学模型分析城市化对气候变化的具体影响。

假设各个城市对气候的影响机理相同;西北五省会城市与其背景区域的各项气候指标的差异及其变化完全是由城市化强度不同引起的;时间样本和空间样本具有同样的价值。在此假设下建立城市发展对气候影响的关系模型。

城镇化强度不仅取决于城镇内的人口,也包括社会经济活动。考虑到数据的可获得性,选择市区人口、GDP、工业总产值、非农产业增加值和全年用电量等指标作为城镇化强度指标。城市建成区面积也是很好的指标,但因该指标统计口径不一,只好作罢。城市发展指标的数据均来自《中国城市统计年鉴》(1992—2002 年),个别缺失数据通过内插的办法补齐,以便数学模型的应用。

(2) 模型建立的具体过程以及互动机理分析

首先,用 SPSS 对各个城市(西安、兰州、乌鲁木齐、银川、西宁)的城市发展指标数据和气候数据进行标准化处理,采用的是标准差标准化,即

$$Z_{ij} = (X_{ij} - X_j)/\sigma_j \tag{19}$$

其中:X_j 为指标的平均值;σ_j 为 X_j 的标准差。

其次,对各个城市的城市发展指标与气候指标进行相关分析,得表 6-19。

表 6-19 各城市发展指标与气候指标之间的相关系数

变量	变量1	变量2	变量3	变量4	变量5	变量6	变量7	变量8	变量9
变量1	1.000	—	—	—	—	—	—	—	—
变量2	0.825**	1.000	—	—	—	—	—	—	—
变量3	0.849**	0.909**	1.000	—	—	—	—	—	—
变量4	0.822**	1.000**	0.905**	1.000	—	—	—	—	—
变量5	0.467**	0.402**	0.547**	0.402**	1.000	—	—	—	—
变量6	−0.599**	−0.559**	−0.655**	−0.549**	−0.424**	1.000	—	—	—

续表 6-19

变量	变量1	变量2	变量3	变量4	变量5	变量6	变量7	变量8	变量9
变量7	0.278	0.199	0.214	0.212	0.478**	0.325*	1.000	—	—
变量8	0.081	0.140	0.170	0.151	0.652**	0.070	0.714**	1.000	—
变量9	−0.567**	−0.429**	−0.385**	−0.439**	−0.372*	−0.052	−0.782**	−0.556**	1.000

注：** 代表变量在 0.01 的置信区间内相关；* 代表变量在 0.05 的置信区间内相关。

表 6-19 中，变量 1—5 分别是城市发展指标中的市区非农业人口、GDP、工业总产值、非农产业附加值和全年用电量，变量 6—9 分别是气候指标中的年平均相对湿度、年平均降雨量、年平均温度和年日照时数。

通过表 6-19 可以看出，五个城市指标之间具有很大的相关性，因此可以用一个主成分进行代替；变量 6，即年平均相对湿度与五个城市化指标的负相关性都很大，说明五个城市化指标都对城市干岛效应有作用；变量 9，即年日照时数与五个城市化指标中的相关性在 0.05 的置信区间内均呈负相关，说明西北地区五个城市化指标都对城市暗岛效应有影响；变量 7（年平均降雨量）和变量 8（年平均温度）与全年用电总量的相关性大，且呈正相关，说明用电量的增加是产生城市雨岛和热岛的主要因素。

第三，计算城市化数据的主成分得分，作为综合城市发展指标。五个特征根分别是 3.938、0.747、0.223、0.092 和 0.000 1。只有第一主成分特征根大于 1，所以选取第一主成分，并以其对应的因子载荷计算主成分得分，并作为城市发展指数，即

$$X_{10} = 0.231X_1 + 0.244X_2 + 0.245X_3 + 0.243X_4 + 0.149X_5 \tag{20}$$

第四，通过建立综合城市发展指标与气候指标之间的一次、二次、三次回归模型，然后选出最佳回归模型——都是以三次回归模型的解释方差量最高、图形更接近，因此认为，西北地区城市化对气候影响大体符合三次回归模型规律，如表 6-20。

表 6-20 西北地区城市发展与气候变化关系模型表

指标		最佳回归模型	F 检验值	R^2 值
城市发展指标 X	气候指标 Y			
综合城市发展指数	年平均温度	$Y = 0.5820 + 0.1998X − 0.7217X^2 + 1 834X^3$	9.55	0.417
	年平均相对湿度	$Y = 0.2317 − 0.8280X − 0.2406X^2 + 0.1504X^3$	10.90	0.450
	年平均降雨量	$Y = 0.6715 + 0.1096X − 0.8745X^2 + 0.2723X^3$	15.62	0.539
	年日照时数	$Y = −0.6967 + 0.2588X + 1.0702X^2 − 0.5192X^3$	32.96	0.712

从图 6-10 至图 6-13 中可以看出，热岛效应、雨岛效应有随着城市化先升高后降低的大体规律，都出现了转折点，一定程度上验证了环境库兹涅茨现象的存在；城市年平均相对湿度有随着城市发展先减小后减缓的趋势，也是城市环境改善的体现，说明过去由于高耗能工业的发展，温室气体排放量高、污染严重，城市对环境的干扰加剧。但随着城市发展，尤其是其近几年开始注重改善环境，增加绿化面积，加强治理污染，减少温室气

体排放量,使城市的经济结构也发生了变化,反映在城市气候上,就是各种城市效应减缓。城市日照时数有先减少后增加再减少的反复趋势,说明"城市暗岛"现象在西北地区仍然没有好转,治理大气污染仍是西北地区的一项艰巨的任务。

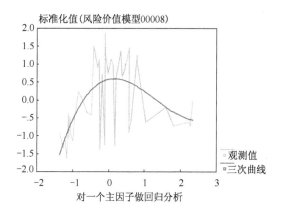

图6-10　温度与综合城市发展指数三次回归模拟曲线图

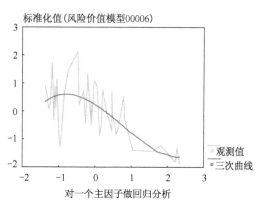

图6-11　年平均相对湿度与综合城市发展指数三次回归模拟曲线图

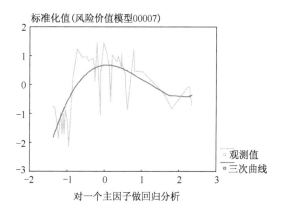

图6-12　年平均降雨量与综合城市发展指数三次回归模拟曲线图

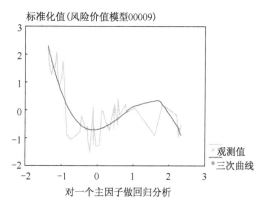

图6-13　年日照时数与综合城市发展指数三次回归模拟曲线图

定量计算的结果与前人研究成果不完全相同——城市化指数对各气候因子的影响程度不是简单的先增加后减少,而是以三次曲线模型精度最高。这说明,西北地区城市化对环境的影响是复杂的,局部改善是暂时的,也是不稳定的。笔者认为,库兹涅茨规律是较长时间内的规律,用来解释西北地区近二十年来的变化不具有针对性。

4）结论和讨论

(1) 结论

① 城市化对气候环境的影响是多方面的,也是复杂的。城市干岛效应、热岛效应、暗岛效应、雨岛效应等,在西北地区都一定程度的存在。

② 从长期变化过程看,随着市区产业结构的调整和环保措施的加强,这些效应都在减弱,库兹涅茨环境规律基本适用于西北地区。

③ 对气候环境影响较大的城市化因子包括市区人口规模、经济规模（GDP 和用电量）、产业结构（工业总产值、非农产业产值）等。不同因子对气候环境的影响是不同的，对城市热岛影响较大的城市发展因子是非农产业附加值和全年用电总量；对城市干岛影响较大的因子是 GDP 和全年用电总量；对城市雨岛影响较大的因子是非农产业附加值和全年用电总量；对城市暗岛影响较大的因子主要有非农产业附加值，人口和全年用电总量与日照时数呈弱负相关关系。经济（GDP）的发展并不一定导致城市气候的恶化。

④ 总的说来，相对湿度和气温变化与所选择的城市发展指标之间的相关性大，而年平均降雨量和年日照时数与所选择的城市发展指标相关性小，说明降雨量与日照时数的变化更复杂。在前面的分析中也发现，在这两个指标上各个城市的情况并不完全一致。

(2) 讨论

城市化对环境的影响是复杂的，通过定量测算发现，西北地区城市化对环境的影响是复杂的，不完全符合环境库兹涅茨规律；库兹涅茨现象是较长时间的环境演变规律，用西北地区近二十年的实测资料还不足以证明该规律的存在。

由于城市统计数据的缺乏，气候观测站点的变化，还有环境影响因素的复杂性，本节的研究结论只能是初步的；但研究思路可能对其他地区也适用。

图片来源

图 1-1 至图 1-4 源自:笔者绘制.

图 2-1 源自:笔者绘制.

图 2-2 源自:任启平.人地关系地域系统结构研究——以吉林省为例[D].[硕士学位论文].长春:东北师范大学,2005.

图 2-3 源自:张超,沈建法.区域科学概论[M].武汉:华中科技大学出版社,1991.

图 2-4、图 2-5 源自:中国统计年鉴(各年份).

图 2-6 至图 2-11 源自:笔者绘制.

图 3-1 源自:中国统计年鉴,2005 年.

图 4-1 源自:笔者绘制.

图 5-1 至图 5-5 源自:笔者绘制.

图 5-6 至图 5-8 源自:中国统计年鉴(各年份).

图 5-9 源自:笔者绘制.

图 5-10 源自:笔者根据谷歌遥感影像截取绘制.

图 6-1 源自:北京市统计年鉴(各有关年份).

图 6-2 至图 6-9 源自:国家气象局.

图 6-10 至图 6-13 源自:笔者绘制.

表格来源

表 1-1 至表 1-11 源自:笔者绘制.

表 2-1 源自:百度百科.

表 2-2 源自:笔者绘制.

表 2-3 源自:国家统计局网站,国际统计年鉴 2011 年.

表 2-4、表 2-5 源自:笔者绘制.

表 2-6 源自:国际统计年鉴(各年份)、各省统计年鉴.

表 2-7 至表 2-14 源自:笔者绘制.

表 2-15 源自:笔者根据国家主体功能规划和部分省份规划资料整理绘制.

表 2-16 至表 2-20 源自:笔者绘制.

表 2-21 至表 2-23 源自:联合国粮农组织(网站).

表 2-24 源自:联合教科文组织(网站);国际电信联盟《衡量信息社会发展》2011 年;联合国开发计划署《人文发展报告》2011 年.

表 2-25 源自:世界银行世界发展指标(WDI)数据库.

表 2-26、表 2-27 源自:世界贸易组织数据库.

表 2-28、表 2-29 源自:笔者绘制.

表 2-30 源自:笔者根据联合国粮农组织(网站)数据和前述内容计算绘制.

表 2-32 源自:联合国粮农组织(网站)和世界贸易组织数据库.

表 2-33 至表 2-40 源自:笔者绘制.

表 3-1 源自:冯邦彦,马星. 中国城市化发展水平及省际差异[J]. 经济经纬,2005(1):62-65.

表 3-3 源自:笔者根据陈衍泰,陈国宏,李美娟. 综合评价方法分类及研究进展[J]. 管理科学学报,2004(2):69-79 补充、完善.

表 3-4、表 3-5 源自:国家统计局网站,国际统计年鉴(各年份).

表 3-6、表 3-7 源自:世界银行数据库.

表 3-8 至表 3-12 源自:中国统计年鉴、世界统计年鉴(各有关年份).

表 3-13、表 3-14 源自:笔者绘制.

表 3-15 源自:中国统计年鉴 2006 年、2011 年.

表 3-16 源自:中国统计年鉴,2012 年.

表 3-17 源自:各地区"十二五"规划.

表 3-22 源自:中国统计年鉴(各有关年份).

表 3-24 源自:中国统计年鉴,2011 年.

表 3-25、表 3-26 源自:笔者绘制.

表 4-1 源自:笔者绘制.

表 4-2 源自:邓聚龙. 灰色系统——社会、经济[M]. 北京:国防工业出版社,1985.

表 4-3 源自:笔者绘制.

表 4-4 源自:中国统计年鉴(各有关年份).

表 4-5 源自:中国统计年鉴,2010 年.

表 4-6 源自:笔者绘制.

表 5-1 源自:吴殿廷.区域分析与规划教程[M].北京:北京师范大学出版社,2008.

表 5-2 至表 5-15 源自:笔者绘制.

表 6-1 至表 6-10 源自:中国统计年鉴(各有关年份).

表 6-11、表 6-12 源自:笔者绘制.

表 6-13 源自:北京市统计年鉴(各有关年份).

表 6-14 至表 6-18 源自:中国奥委会官方网站.http://www.olympic.cn.

表 6-19、表 6-20 源自:笔者绘制.

后记

我在中等师范学校是学数学的(数学专科班毕业),也接受过大学数学专业函授教育,上大学之前还在中等师范学校教过高等数学。所以,我对数学情有独钟。

1981年考大学,阴差阳错地被分到了地理学专业。开始时很不习惯,觉得地理学有地无理,不像数学那样严谨。所以,大学毕业报考研究生时我理所当然地选择了地理数学模型方向,师从国内著名计量地理学专家杨秉赓教授。三年硕士研究生的生活,我几乎都在计算机房,亲手编写了数十个常见地理数学模型的计算机程序。不仅我一直在使用这些程序,我当年的部分同学和同事也在使用。

1990年我开始攻读陈才教授的博士研究生,陈老师是国内外最著名的区域经济地理专家。师从陈老师之后,我开始将地理数学模型方法及其有关的计算机程序应用到区域系统分析之中。站在两位巨人的肩膀上使我受益匪浅,二十多年来,我不仅编著出版了很多著作、教材和学术论文,也获得了诸多荣誉,包括省部级及以上六项教学、科研成果奖和全国马克思主义重大理论建设工程建设(区域经济学)首席科学家的称号。现在摆在读者面前的,就是这些年来我主笔或指导学生完成的近百篇与区域系统分析方法相关的论文的整合和提炼成果,个别数据略显陈旧,请读者谅解。

学科的进步往往得益于方法手段的进步。恩格斯曾经说过,一个学科只有成功地应用了数学才算是成熟的。正因为如此,近十几年来的诺贝尔经济学奖几乎都是授予那些在经济研究中擅于使用数学工具的经济学家,目前西方发达国家经济学的主流动向,也是将数学模型方法与经济学问题紧密地结合和融合起来。我庆幸自己当年良好的数学功底,也庆幸自己最终步入地理学殿堂。把数学模型方法和地理学问题紧密融合起来,无疑是中国地理学界的大趋势。希望本书的出版能为这种大趋势作出贡献,并借此机会向两位导师致以诚挚的谢意。也感谢参与研究的博士生、硕士生们,特别是王维同学不辞辛劳帮我更新了大量数据,吴迪帮助整理了一些文字资料。

日积月累点滴在,三年五载即可观。

人间哪有参天树,一土一石堆成山。

但愿读者能从我当年自勉的诗句中体味到这部著作对我的意义。

吴殿廷

2014年2月17日于北京